APRENDER FRANCÉS

**OBJETIVO:
IDIOMAS**

APRENDER FRANCÉS
Nivel principiantes
A2

Anthony Bulger

Adaptado al español por:
Belén Cabal

**COLECCIÓN
OBJETIVO: IDIOMAS**

SOBRE EL MARCO EUROPEO COMÚN DE REFERENCIA PARA LAS LENGUAS

¿A partir de qué momento se puede considerar que se «habla» una lengua extranjera? ¿Y cuándo se puede decir que se habla «correctamente»? Es decir, ¿cuándo se «domina» una lengua? Esta cuestión inquieta a los especialistas de la lingüística y de la enseñanza desde siempre. Importaría poco si los hablantes de hoy en día no tuvieran que justificar sus competencias en este terreno, especialmente para acceder a un empleo.

El Marco europeo común de referencia para las lenguas (MCER), más conocido como «Marco europeo de las lenguas» fue creado por el Consejo de Europa en 2001, entre otras cosas para responder a esta pregunta. Su principal propósito es proporcionar un modelo de evaluación del dominio neutro de las lenguas y se adapta a todas las lenguas para facilitar su aprendizaje en el territorio europeo. Originalmente tenía la intención de facilitar los intercambios y la movilidad, pero también poner un poco de orden en las pruebas de evaluación privadas que florecieron a finales del siglo XX y que eran, en su mayor parte, propias de una lengua.

Más de 15 años después de su lanzamiento, su éxito es tal que excede los límites de Europa y se utiliza en todo el mundo; como prueba, sus parámetros están disponibles en 39 lenguas. Los profesores, los cazatalentos y las empresas los utilizan ampliamente y los profesionales «piensan que son una ventaja para trabajar con las medidas y normas establecidas y reconocidas[1]».

LOS 6 NIVELES DEL MARCO EUROPEO DE LAS LENGUAS

El marco europeo se divide en tres niveles generales y seis niveles comunes de competencia:

A USUARIO BÁSICO
- A1 Acceso
- A2 Plataforma

B USUARIO INDEPENDIENTE
- B1 Intermedio
- B2 Intermedio alto

C USUARIO COMPETENTE
- C1 Dominio operativo eficaz
- C2 Maestría

---

1. *Marco Común Europeo de Referencia para las lenguas,* Éditions Didier (2005).

Cada uno de los niveles comunes de competencia está detallado en función de las actividades lingüísticas de comunicación:
• la producción oral (hablar) y escrita (escribir);
• la recepción (comprensión oral y escrita);
• la interacción (oral y escrita);
• la mediación (oral y escrita);
• la comunicación no verbal.

En el marco de nuestro método de aprendizaje y de su utilización, las actividades de comunicación se limitan, claro está, a la recepción (principalmente) y a la producción (en menor cantidad). La interacción, la mediación y la comunicación no verbal se realizan a través del contacto y/o el intercambio con hablantes nativos (con o sin la presencia real de ellos, por decirlo de otra manera).

LAS COMPETENCIAS DEL NIVEL A2

Con el nivel A2, se puede:
- **comprender** expresiones y mensajes simples y muy frecuentes;
- **leer** textos cortos y encontrar información en documentos normales;
- **comprender** correos personales cortos y sencillos;
- **comunicar** tareas simples y habituales;
- **describir** de manera sencilla a mi familia, a otras personas, mis condiciones de vida, mi formación y mi actividad profesional;
- **escribir** notas o mensajes cortos y sencillos.

La mayoría de los métodos actuales de autoaprendizaje de idiomas utilizan el nombre de uno de los niveles del marco de referencia (la mayoría B2), pero esta categorización a menudo se ha hecho *a posteriori* y no necesariamente corresponden con los parámetros del marco.
Seguir las lecciones, escuchar los diálogos y hacer los ejercicios propuestos, te llevará al nivel A2. Pero recuerda que esto es solo un comienzo. Lo más importante viene después: interactuar con hablantes nativos, hablar el idioma y no dejar que se oxide; todo ello hará que mejore constantemente tu comprensión y tu expresión.

APRENDER FRANCÉS

CONTENIDOS

- PRONUNCIACIÓN
- CONSONANTES
- VOCALES
- DIACRÍTICOS

- UNIÓN DE LOS SONIDOS: EL ENCADENAMIENTO Y LA LIAISON
- ACENTO
- PUNTUACIÓN

◆ PRONUNCIACIÓN

Aunque muchas palabras en francés son similares o idénticas a las palabras en español cuando están escritas (por ejemplo, **peluche**, *peluche*), suenan muy diferentes. Por supuesto, la mejor manera de adquirir un buen acento es hablar con hablantes franceses. Pero si escuchas con atención los audios que vienen con este método, repites cuidadosamente los diálogos y ejercicios en voz alta y compruebas tu pronunciación con el material grabado, seguro que serás capaz de comunicarte con eficacia. Cuando tengas oportunidad, también debes escuchar la radio francesa, ver películas y programas de televisión, y leer los periódicos en línea para familiarizarte con los sonidos y ritmos del idioma. Más importante aún, debes habituarte a leer en voz alta, ya sea eligiendo una sección de uno de los diálogos de este libro o practicando los grupos de sonidos que aparecen a continuación. (Recuerda que los niños pequeños franceses también tienen que aprender estos sonidos con un **cahier de sons** o *cuaderno de sonidos*).

Aunque el francés es un idioma oficial en casi 30 países, incluidos Bélgica, Canadá y Suiza, hemos utilizado la pronunciación estándar de Francia (el acento de la región de Touraine es supuestamente el «más puro» de todos).

Una advertencia sobre las grabaciones en esta sección: la forma en que se pronuncia una palabra escrita cambiará ligeramente según su lugar en la oración. La mayoría de los ejemplos siguientes aparecen en los diálogos del curso para que puedas escucharlos y comparar las pronunciaciones y detectar las diferencias.

◆ CONSONANTES

La mayoría de las consonantes tienen más o menos los mismos sonidos en francés y español. Escucha y repite:

a. **papier**	d. **femme**	g. **collègue**
b. **bien**	e. **professeur**	h. **vrai**
c. **merci**	f. **travail**	i. **directeur**

Las consonantes finales, especialmente las **-s** y **-x** del plural, suelen ser mudas:

a. **magasins**	d. **réseaux**
b. **bateaux**	e. **femmes**
c. **professeurs**	f. **travaux**

Hay cuatro excepciones: **-c**, **-f**, **-l** y **-r**:

a. **sac**	c. **persil**
b. **tarif**	d. **car**

Otro sonido que difiere del español es la **j** [ye]:

| a. **jardin** | b. **joli** | c. **jambon** |

Algunas consonantes dobles difieren del español en la pronunciación. Por ejemplo, la **ll** generalmente se pronuncia [l], pero si está precedida por una **i** y otra vocal, suena un poco como [y]. Del mismo modo, **gn** se pronuncia [ñ], **ch** es [sh] y **th** es [t]:

a. **belle**	d. **oignon**	g. **chance**	j. **maths**
b. **bouteille**	e. **Bretagne**	h. **Michel**	k. **thé**
c. **travailler**	f. **ligne**	i. **enchanté**	l. **théâtre**

(Observa que **ville**, *pueblo / ciudad*, y **mille**, *mil*, son excepciones a la regla y se pronuncian [vil] y [mil]).

– La letra **h** al comienzo de una palabra es muda, pero hay una distinción entre la **h muet** (*h muda*) y la **h aspiré** (*h aspirada*). La mayoría de las palabras que comienzan con **h** son del primer tipo y siguen la regla de la *liaison*.
Por ejemplo, **un hôpital**, *un hospital*, se pronuncia [anopital]; con el artículo definido **le**, la **e** final se omite: **l'hôpital** [lopital]. Estas reglas no se aplican a las palabras que comienzan con una **h aspirada**, por lo que **un havre** (*un puerto*, *un refugio*) y **Le Havre** (*El Havre*) se pronuncian [an **|** avre] y [le **|** avre], con una ligera pausa, indicada aquí por el símbolo **|**, entre el artículo y la primera vocal de la palabra. A pesar de su nombre, la **h** «aspirada» no se pronuncia.
En la siguiente grabación, las primeras seis palabras comienzan con una **h** muda y las otras seis con una **h** aspirada. Escucha atentamente la palabra que precede a la palabra con **h**:

a. **une heure**	d. **l'hébergement**	g. **Les Hauts**	j. **un haricot**
b. **un hôtel**	e. **très heureux**	h. **la haine**	k. **le hasard**
c. **elle habite**	f. **un homme**	i. **la halle**	l. **le hockey**

Determinar a qué categoría de palabra con **h** pertenece es difícil (aunque muchas palabras extranjeras importadas al francés, como **le hip-hop**, se clasifican como **h** aspirada. Debes aprender las listas de palabras, por lo que te sugerimos que prestes mucha atención a la pronunciación de nuestras grabaciones y, si es necesario, que hagas tu propia lista.
La **r** en francés puede ser difícil de pronunciar porque no hay un sonido equivalente en español. Se pronuncia en la parte posterior de la garganta, con la punta de la lengua contra los dientes inferiores. Para acercarte al sonido, imagina que estás intentando aclararte la garganta o haciendo gárgaras antes de pronunciarla.

a. rouge	d. réseau	g. en retard
b. garage	e. merci	h. manger
c. trente	f. très	i. régulièrement

Y, por supuesto, la **r** no se pronuncia al final de una palabra (escucha **au revoir**).

◆ VOCALES

El francés tiene dos tipos de sonidos vocales, orales y nasales, mientras que en español todas las vocales son orales. Estos son los primeros cuatro sonidos vocálicos básicos:

a. avoir	d. expo	g. mardi	j. orange
b. acheter	e. merci	h. ici	k. projet
c. salle	f. cher	i. ski	l. voler

La pronunciación de la **e** cambia dependiendo de si la letra tiene acento (ver más adelante, Diacríticos) o si va seguida de otra letra. En los ejemplos anteriores, habrás observado que la **e** final es muda.

El sonido **u** representa un problema para los hispanohablantes porque no hay un equivalente exacto. Para producirlo, di [u] mientras colocas tus labios para pronunciar [i]. Este sonido es importante porque hay varios pares de palabras similares, como **vu** y **vous**, que pueden confundirse fácilmente, así que practica con atención. Escucha la **u** en el primer grupo de palabras, compáralas con el segundo grupo y luego practica en voz alta en pares de palabras:

a. tu	d. dessus	g. tout	j. dessous
b. vu	e. du	h. vous	k. doux
c. pu	f. rue	i. poux[1]	l. roux[2]

[1] *pulga* [2] *rojizo*

Otras vocales son nasalizadas, lo que significa que se pronuncian a la vez por la nariz y por la boca. (Puedes imitar el sonido tapando una de tus fosas nasales con un dedo). La nasalización es particularmente evidente cuando el sonido vocálico (de una sola vocal o de una combinación de vocales como **ei** y **ai**) va seguido por las consonantes **n** o **m**, que se vuelven mudas.

a. lin[1]	d. en	g. on	j. importer
b. vin	e. encore	h. son	k. main
c. pain	f. Jean	i. pardon	l. frein[2]

[1] *lino* [2] *freno*

Las vocales se pueden combinar para producir los siguientes sonidos: **ai** → [e abierta]; **au** → [o]; **eu** → [e cerrada]; y **ou** → [u]. Escucha y repite:

a. **lait**	d. **aussi**	g. **deux**	j. **vous**
b. **mais**	e. **autre**	h. **peu**	k. **beaucoup**
c. **français**	f. **gauche**	i. **cheveu**	l. **pouvez**

La vocal **e**, sin acento agudo (ver más adelante), al final de una palabra suele ser muda: por ejemplo, **une pile**, *una pila*, es [un pil]. Sin embargo, cuando se añade al final de un adjetivo masculino para hacerlo femenino, la **e** hace que se pronuncie la consonante final. Escucha la diferencia con estos pares de adjetivos:

a. **grand → grande**	d. **vert → verte**	g. **important → importante**
b. **français → française**	e. **brun → brune**	h. **prochain → prochaine**
c. **petit → petite**	f. **haut → haute**	i. **amusant → amusante**

En francés, hay una vocal especial que se forma cuando la **o** y la **e** se escriben como un solo carácter: **œ**. Esta combinación se pronuncia generalmente [e cerrada]. Escucha las siguientes palabras:

a. **un œil**	d. **une sœur**
b. **un œuf**	e. **un cœur**
c. **un bœuf**	f. **un nœud**

De hecho, la pronunciación dependerá de algunos otros factores, incluida la etimología de la palabra (griego o latín). Pero para nuestros propósitos, con la regla anterior es suficiente.

◆ DIACRÍTICOS

Hay tres acentos principales, o diacríticos, que se pueden colocar sobre las vocales: ´ (agudo), ` (grave) y ^ (circunflejo). En algunos casos, simplemente proporcionan una indicación visual de la función gramatical, sin modificar la pronunciación: por ejemplo, **a** y **à** (respectivamente: la tercera persona del singular de **avoir** y la preposición que significa *a* o *en*). Del mismo modo, el acento grave indica la diferencia entre la conjunción **ou**, *o*, y el pronombre/adverbio **où**, *dónde/donde*.
En otros casos, el acento diacrítico altera la pronunciación. La letra **e** es importante porque es la única vocal que puede llevar los tres acentos. La **e** «desnuda» puede ser muda, generalmente al final de una palabra (**balle**), o sin acento (**merci**). Con un acento agudo, la **é** siempre se pronuncia, aunque esté al final de la palabra. Escucha la diferencia entre cada par de palabras:

a. occupe → occupé	c. souffle → soufflé
b. désire → désiré	d. allume → allumé

El acento grave, **è**, produce un sonido abierto. A menudo, pero no siempre, se coloca sobre la letra cuando la siguiente sílaba es muda:

a. père	e. pièce
b. mère	f. espèce
c. très	g. achètes
d. quatrième*	h. problème

* la terminación -**ième** añadida a un número cardinal sirve para formar el ordinal.

El circunflejo, ^, es el único acento que se puede usar con las cinco vocales. Tiene varias funciones. Por ejemplo, indica que una palabra es de origen latino y que una o más letras, generalmente la **s**, se han eliminado. Por lo tanto, ayuda a distinguir entre homófonos como **sur** / **sûr** (sobre / seguro) y **du** / **dû** (de / debido). Sin embargo, las únicas vocales que realmente cambian su pronunciación con el acento circunflejo (y, aun así, solo de manera sutil), son la **a**, la **e** y la **o**. Escucha estos pares de palabras:

a. prêt → pré	c. tâche → tache	e. côte → cote
b. hôte → hotte	d. pâtes → pattes	

Para los propósitos de este curso, es más importante reconocer las diferencias entre las palabras escritas que las pequeñas diferencias en los sonidos.

Además de los tres acentos que acabamos de ver, hay otros dos signos diacríticos que debes aprender porque pueden cambiar la pronunciación de la vocal o consonante sobre la que se aplican.

La *diéresis*, **tréma**, indica que dos vocales se deben pronunciar por separado y no como un diptongo. Las más comunes son **Noël**, *Navidad* [no-el] y **maïs**, *maíz* [ma-is] (en lugar de **mais**, *pero*, que se pronuncia [me]).

Con otros pares de palabras (por ejemplo, **chat** y **château**), las diferencias son pequeñas y no deben preocuparnos por el momento.

Finalmente, tenemos la **cédille**, *cedilla*, una marca con forma de gancho debajo de la letra **c** que cambia la pronunciación a una [s]. Se usa solo si la **c** aparece antes de las vocales **a**, **o** y **u**. Esto se debe a que la **e** y la **i** siempre producen el sonido [s] cuando van precedidas de una **c**. Escucha estas palabras, mientras observas la ortografía.

a. France → français	d. recevoir → reçu
b. commerce → commerçant	e. lancer → lançons
c. glace → glaçon	f. grincer → grinçant

◆ UNIÓN DE LOS SONIDOS: EL ENCADENAMIENTO Y LA LIAISON

El encadenamiento (**enchaînement**) es cuando la consonante final de una palabra se pronuncia junto con la vocal (o la **h**) inicial de la siguiente. La *liaison* es similar al encadenamiento, pero implica la pronunciación de una consonante final que de otro modo sería muda. En ambos casos, el objetivo es hacer que las oraciones fluyan suavemente. Las reglas básicas son simples:

– La **n** final del artículo indefinido masculino **un** es sonora si las siguientes palabras comienzan con una vocal: **un ami**. La misma regla se aplica a **une** porque la **e** final es muda (ver anteriormente): **une amie**.
– La **s** final del plural de los artículos definidos **ils** y **elles** se convierte en una [s]: **elles achètent**. Lo mismo ocurre con los pronombres **nous** y **vous**: **nous avons, vous allez**.
– La **s** final en un adjetivo plural forma *liaison* con su sustantivo: **les grands enfants**.
– Las **t** o **d** finales producen *liaison*, y ambas se pronuncian [t]: **petit ami, grand artiste**.
– La misma regla se aplica a una **x** final: **beaux arts**.

La *liaison* no está permitida en algunos casos:
– con la conjunción **et**: **un café et un thé**
– entre un sustantivo singular y la siguiente palabra: **un enfant intéressant**
– con una **h aspirada** (ver anteriormente)
– con nombres propios: **Robert est intelligent**

(En los módulos iniciales de este curso, mostramos todas estas uniones usando el subrayado). Escucha y repite:

a. elles achètent	e. trois euros	i. des héros	m. ils ont une voiture
b. nous avons	f. plus occupé	j. un grand artiste	n. elles ont une voiture
c. beaux arts	g. deux hôtels	k. un petit ami	o. Robert est intelligent
d. avant-hier	h. tout à l'heure	l. un enfant intéressant	p. un café et un thé

En algunos casos, la *liaison* (pero no el encadenamiento) se usa solo en el registro formal, o por hablantes cuidadosos, para demostrar que tienen una buena educación. Por ejemplo, en una frase como **ils ont une voiture**, el primer encadenamiento (**ils_ont**) es obligatorio, pero el segundo (**ont_une**) es opcional.

Básicamente, el francés hablado usa únicamente las *liaisons* obligatorias. Al escuchar la radio pública, por ejemplo, los locutores solo se atienen a las reglas básicas, pero un miembro de la **Académie française** al presentar su última novela utilizará todas las uniones posibles. Cuanto más fluido sea tu francés, más a gusto te sentirás con la unión de las palabras.

◆ ACENTO

El francés es un idioma silábico, lo que significa que todas las sílabas de una palabra o frase tienen más o menos la misma importancia. Como resultado, las sílabas no se enfatizan unas más que otras. Por el contrario, el español es un idioma que destaca algunas sílabas dependiendo de dónde se sitúe la tilde (palabras agudas, llanas o esdrújulas). Escucha las siguientes palabras y observa cómo no destaca ninguna de las sílabas:

a. **une conférence**	e. **une exposition**	i. **malheureusement**
b. **un informaticien**	f. **l'hébergement**	j. **une téléspectatrice**
c. **confortable**	g. **un renseignement**	k. **le surlendemain**
d. **une messagerie**	h. **énormément**	l. **un réfrigérateur**

Como regla general, la última sílaba de una palabra francesa se acentúa ligeramente más que las otras. Si bien algunas vocales cortas pueden sonar «comprimidas» por el acento de una sílaba, el sonido es bastante claro. Escucha las siguientes oraciones, sin preocuparte demasiado por el significado (que se proporciona en una tabla separada después):

a. **Comment vas-tu ?**	f. **Je fais du ski chaque année en décembre.**
b. **Je suis très occupée.**	g. **Nous n'avons pas pensé à cela.**
c. **Combien est-ce que ça coûte ?**	h. **Les appartements coûtent les yeux de la tête.**
d. **J'ai fait la grasse matinée.**	i. **Pour quelle date souhaitez-vous réserver ?**
e. **Ce n'est pas grave.**	j. **Je prendrai des pommes de terre, des oignons et quelques poireaux.**

Ahora tapa la tabla anterior y escucha.

a. ¿Cómo estás?	f. Voy a esquiar todos los años en diciembre.
b. Estoy muy ocupada.	g. No habíamos pensado en eso.
c. ¿Cuánto cuesta?	h. Los pisos cuestan un ojo de la cara.
d. Me he levantado tarde.	i. ¿Para qué fecha quiere reservar?
e. No importa.	j. Me llevaré patatas, cebollas y unos puerros.

◆ **PUNTUACIÓN**

Por último, unas palabras sobre la puntuación. El objetivo de este libro no es que consigas escribir en francés, sino que lo hables y leas. Sin embargo, nos vemos obligados a destacar algunas diferencias en la forma en que se escriben los signos de puntuación. En particular, debes saber que en francés solo se utiliza el signo de cierre en la interrogación y la exclamación y además deja un espacio en blanco antes del signo (**Quel est votre nom ?** / ¿*Cómo te llamas?*; **Attendez-moi !** / *¡Espérame!*). También se deja un espacio antes de los dos puntos (:) y del punto y coma (;). Si quieres escribir algo en francés, te sugerimos que cambies las preferencias de idioma de tu procesador de textos. Pero, si te olvidas de hacerlo, también te entenderán. *¡Por supuesto!* / **Bien entendu !**

I.
SALUDOS Y PRIMEROS CONTACTOS

II.
CONVERSAR

1.
PRESENTACIONES

2.
CONOCER A ALGUIEN

3.
EN LA BRETAÑA

4.
CASA Y FAMILIA

5.
¿DÓNDE ESTÁ...?

6.
¿QUÉ HORA ES?

7.
UNA CITA

8.
ESTE FIN DE SEMANA

9.
VACACIONES

10.
DESCANSAR

11.
DE COMPRAS

12.
CONVERSACIÓN TELEFÓNICA

13.
HABLAR DE LAS VACACIONES

14.
BUSCAR PISO

III.
CONTAR HISTORIAS

IV.
DISFRUTAR DEL TIEMPO LIBRE

15.
ESCUCHAR MÚSICA

16.
LA HISTORIA DE UNA VIDA

17.
¡VAMOS AL MERCADO!

18.
LAS DIETAS

19.
LA RESERVA

20.
EL DEPORTE

21.
LA ENFERMEDAD

22.
LA VIDA PROFESIONAL

23.
PASARLO BIEN

24.
LA LOTERÍA

25.
LA POLÍTICA

26.
ALQUILAR UN COCHE

I

SALUDOS

Y PRIMEROS

CONTACTOS

1. PRESENTACIONES

PRISE DE CONTACT

OBJETIVOS

- PRESENTARTE
- DECIR HOLA Y ADIÓS
- DAR LAS GRACIAS

CONTENIDOS

- MASCULINO Y FEMENINO
- *ÊTRE* (SER / ESTAR) Y *AVOIR* (TENER / HABER)
- *TU* Y *VOUS*
- NEGACIÓN

PRESENTACIONES

– Hola *(buen día)*, yo soy Léon. ¿Y usted?
– Yo me llamo Virginie. Encantada.
– Estoy aquí en la Sorbona por la conferencia sobre el clima.
– Yo también.
– ¿Es usted *(usted es)* francesa, Virginie? Tiene un poco de acento.
– No, soy suiza. Pero vivo en Lyon.
– Lyon es una ciudad bonita.
– Sí, muy agradable. ¿Y usted? ¿Es usted *(usted es)* de París?
– No, para nada. No soy francés. ¡Soy belga!

– Hola, Virginie. ¿Cómo estás?
– Hola, Jean. Muy bien, gracias. ¿Y tú?
– Bien. Pero llego tarde a la conferencia.
– ¡Entonces yo también! Adiós, Léon.
– Pero, ¡espérenme!

03 PRÉSENTATIONS

– Bonjour, je suis Léon. Et vous ?
– Je m'appelle Virginie. Enchantée.
– Je suis ici à la Sorbonne pour la conférence sur le climat.
– Moi aussi.
– Vous êtes française, Virginie ? Vous avez un petit accent.
– Non, je suis suisse. Mais j'habite à Lyon.
– C'est une belle ville, Lyon.
– Oui, très sympa. Et vous ? Vous êtes de Paris ?
– Non, pas du tout. Je ne suis pas français. Je suis belge !

– Salut, Virginie. Tu vas bien ?
– Salut, Jean. Très bien, merci. Et toi ?
– Ça va. Mais je suis en retard pour la conférence.
– Alors, moi aussi ! Au revoir, Léon.
– Mais, attendez-moi !

■ COMPRENDER EL DIÁLOGO
PALABRAS Y FRASES

→ **Bonjour** significa literalmente *buen día* (**bon + jour**), pero se utiliza para desear *buenos días*, *buenas tardes* o simplemente para decir *hola*. **Salut** es un saludo coloquial utilizado por los jóvenes o entre buenos amigos. Para decir *adiós*, se utiliza **au revoir**.

→ **enchanté**, *encantado*. Como en la conversación la persona que utiliza esta expresión es mujer, la palabra tiene que concordar en género. Por eso, se añade una **-e** más al final de la palabra: **Enchantée**. Esto no modifica la pronunciación. Hablaremos más delante de la concordancia.

→ **sympa** es una abreviatura del adjetivo **sympathique**, que traduce varios adjetivos españoles, como *simpático*, *amable*, *ameno*, *agradable*…

→ **Français / français**: los sustantivos de nacionalidad se escriben con mayúscula inicial: **Les Français sont sympas**, *Los franceses son agradables*. Sin embargo, los adjetivos de nacionalidad se escriben con minúscula: **Il est français**, *Él es francés*.

NOTAS CULTURALES

Aunque este libro se concentra en el lenguaje hablado en Francia, el francés es el idioma oficial en otros 28 países en todo el mundo, desde Argelia hasta las islas Seychelles. También se utiliza en numerosas organizaciones internacionales, incluida la ONU, la OCDE y el Comité Olímpico Internacional. Así que, cuando escuches a alguien hablando francés, ¡vale la pena que le preguntes si nació en Burdeos, Bélgica o Burundi!

Lyon, en el centro-este de Francia, es la tercera ciudad más grande del país. Un lugar Patrimonio Mundial de la UNESCO, también es famosa por su título de Capital Mundial de la Alimentación.

La Sorbonne es una prestigiosa universidad fundada en París en el siglo XIII por Robert de Sorbon. Aunque el edificio principal todavía se encuentra en el antiguamente bohemio barrio latino (llamado así porque el latín era la única lengua que se usaba para enseñar en la universidad en la Edad Media), en realidad hay 14 facultades e institutos afiliados a la Sorbona repartidos por todo París.

◆ GRAMÁTICA
GÉNERO

Todos los sustantivos franceses son masculinos o femeninos, pero a veces el género no coincide con el español. Identificar el género puede ser un problema a veces, pero hay unas reglas básicas:

– Lógicamente, todos los sustantivos que se refieren a los hombres (**homme**, *hombre*; **frère**, *hermano*; **père**, *padre*; **mari**, *marido*, etc.) son masculinos, y todos los que se refieren a mujeres (**femme**, *mujer / esposa*; **sœur**, *hermana*; **mère**, *madre*, etc.) son femeninos;
– Los sustantivos acabados en **-é** (**café**, *café / cafetería*), **-age** (**ménage**, *tareas domésticas*), **-isme** (**tourisme**, *turismo*), **-eau** (**manteau**, *abrigo*), **-in** (**vin**, *vino*) y **-ment** (**gouvernement**, *gobierno*) son normalmente masculinos;
– Los sustantivos acabados en **-be** (**robe**, *vestido*), **-té** (**beauté**, *belleza*), **-erie** (**boulangerie**, *panadería*), **-tion** (**nation**, *nación*), **-ssion** (**émission**, *programa de TV / radio*) son generalmente femeninos. (No obstante, hay algunas excepciones).
Los artículos que los acompañan también concuerdan: **le** y **un** (*el* y *un*) son masculinos, **la** y **une** (*la* y *una*) son femeninos: **un accent**, *un acento*; **une conférence**, *una conferencia / un congreso*; **la ville**, *la ciudad*, **le climat**, *el clima*. Sin embargo, si la primera letra de un sustantivo es una vocal, la segunda letra del artículo definido se omite: **l'accent**. Por eso es muy importante aprender el género de los sustantivos franceses y su significado

PRONOMBRES SUJETO

Estos son los pronombres sujeto en francés:

je	yo	nous	nosotros/as
tu	tú	vous	vosotros/as/usted(es)
il	él	ils	ellos/ellas
elle	ella		

Recuerda que la **s** final no se pronuncia, por lo tanto, **il** e **ils** se pronuncian igual y lo mismo ocurre con **elle** y **elles**. Sin embargo, debido a que el verbo que lo acompaña estará en singular o en plural, dependiendo del contexto, casi no hay posibilidad de confusión.

ÊTRE Y *AVOIR* – «SER / ESTAR» Y «TENER / HABER»

Son los verbos más importantes en francés porque ambos son verbos principales y verbos auxiliares. Y también son irregulares:

	être, *ser / estar*		
je suis	*yo soy*	**nous sommes**	*nosotros/as somos*
tu es	*tú eres*	**vous êtes**	*vosotros/as/usted(es) sois / es / son*
il / elle est	*él / ella es*	**ils sont**	*ellos / ellas son*

avoir, tener / haber			
j'ai	yo tengo	nous avons	nosotros/as tenemos
tu as	tú tienes	vous avez	vosotros/as/usted(es) tenéis / tiene / tienen
il / elle a	él / ella tiene	ils ont	ellos / ellas tienen

* Nota de pronunciación: ten cuidado de no confundir **ils sont** (*ellos / ellas son*) –pronunciado con una «s» suave [ilson]– e **ils ont** (*ellos / ellas tienen*), pronunciado con una «s» más fuerte: [ilsson].

TU Y VOUS

Básicamente, **tu** se utiliza para dirigirse a la familia, amigos y gente joven, mientras que **vous** es más formal; y, como ya has visto, también es la segunda persona del plural. Así que, cuando hables con tu hijo o hija, por ejemplo, dirás **Comment vas-tu ?**, *¿Cómo estás?*, pero si te diriges a un extraño –o a más de una persona– lo correcto será **Comment allez-vous?** Hay diferencias sutiles, pero la regla básica es: **tu** = familiar; **vous** = formal, plural.

LA NEGACIÓN

Para negar se utilizan dos palabras: **ne** inmediatamente antes de la palabra y **pas** inmediatamente detrás de ella: **Je suis française** → **Je ne suis pas française**. ¡No utilices una sin la otra!

LA INTERROGACIÓN

Hay varias formas de hacer una pregunta. La más sencilla es con una entonación ascendente al final de la frase. Así, la oración afirmativa **Vous êtes française**, *Usted es francés*, se puede convertir en pregunta «*¿Es usted francés?*» simplemente subiendo la entonación en **français**: **Vous êtes français?** Más adelante veremos las otras posibilidades.

VOCABULARIO

avoir *tener / haber*
attendre *esperar*
être *ser / estar*
s'appeler *llamarse*
habiter *vivir, habitar*

un accent *un acento*
le climat *el clima*
une conférence *una conferencia, un congreso*
une ville *un pueblo / una ciudad*

suisse *suizo/a (adjetivo)*
belge *belga (adjetivo)*
français *francés/esa (adjetivo)*

oui *sí*
non *no*
bien *bien, bueno*
en retard *tarde, con retraso*
sympa *agradable, amable*

Au revoir *Adiós*

Este es el final de tu primera lección. Vamos de manera lenta y progresiva, pero ya puedes construir oraciones simples y hacer preguntas básicas. ¡Incluso podrías asistir a una conferencia sobre el clima! **Allons-y** *(Vamos allá)*.

EJERCICIOS

1. CONJUGA LOS VERBOS AVOIR Y ÊTRE

a. Je ...suis... (être) français et ma femme ...est... (être) belge.
b. Virginie ...a... (avoir) un petit accent.
c. Ils ...sont... (être) en retard pour la conférence.
d. Vous ...êtes... (être) très sympa.
e. Elles ...ont... (avoir) un frère et il ...a... (avoir) deux sœurs.

2. PON ESTAS FRASES EN FORMA NEGATIVA

a. Alain est français. ...Alain n'est pas français...
b. Ils sont en retard. ...Ils ne sont pas en retard...
c. Virginie a deux sœurs. ...Virginie n'a pas deux sœurs...
d. Lyon est une belle ville. ...Lyon n'est pas une belle ville...
e. Nous sommes à la Sorbonne. ...Nous ne sommes pas à la Sorbonne...
f. Je suis belge. ...Je ne suis pas belge...

3. ¿QUÉ GÉNERO TIENEN ESTOS SUSTANTIVOS? AÑADE LOS ARTÍCULOS DEFINIDOS E INDEFINIDOS A CADA UNO DE ELLOS.

a. émission	la	une	g. robe	la	une
b. ville	la	une	h. manteau	—	—
c. manteau	le	un	i. vin	le	un
d. boulangerie	la	une	j. père	le	un
e. café	le	un	k. nation	la	une
f. conférence	la	une			

4. TRADUCE ESTAS FRASES AL FRANCÉS

03

Cuando hayas acabado, escucha la grabación y comprueba tus respuestas:

a. – Hola, Jean, ¿cómo estás? – Muy bien, gracias. ...Salut Jean, ça va? Très bien, merci.
b. – ¿Es usted belga? – Para nada. Soy suiza. ...Vous êtes belge? Pas du tout. Je suis suisse.
c. Lyon es una ciudad bonita. ...Lyon est une belle ville.
d. – Ella llega tarde. – Yo también. ...Elle est en retard – Moi aussi.
e. – Adiós. – ¡Espéreme! ...Au revoir – Attendez-moi.

2. CONOCER A ALGUIEN

FAIRE CONNAISSANCE

OBJETIVOS

- HACER PREGUNTAS SENCILLAS
- DAR INFORMACIÓN SOBRE TU TRABAJO

CONOCIMIENTOS

- POSICIÓN Y CONCORDANCIA DE LOS ADJETIVOS
- SUSTANTIVOS PLURAL
- GÉNERO (CONTINUACIÓN)
- INTERROGACIÓN (CONTINUACIÓN)

¿A QUÉ TE DEDICAS?

– ¿En qué trabajas *(qué haces como trabajo)*, Lucien?

– Soy profesor en una escuela de primaria en Marsella.

– ¿Cuántos alumnos tienes en tu clase?

– Tengo dos clases de treinta alumnos en este momento porque uno de mis compañeros está enfermo.

– Es una profesión muy difícil, ¿no?

– Realmente no. Los niños son encantadores y mis colegas son agradables. Ya sabes, toda mi familia está en la enseñanza: mi padre es profesor de francés, mi hermana enseña *(el)* inglés y *(las)* matemáticas en un instituto *(una escuela secundaria)* y mi hermano mayor es [el] director de [una] escuela.

– ¿Estás casado?

– Sí, y tengo dos hijos: un niño de seis años y una niña de cuatro *(años)*.

– ¿Tú mujer es profesora también?

– No, es directora de una pequeña agencia de viajes. ¿Y tú a qué te dedicas *(qué haces)*, Sophie?

– Soy informática, especialista en *(las)* redes.

– Muy interesante. Tengo un primo que es informático. ¿Para qué compañía trabajas *(trabajas para qué compañía)*?

– No trabajo para una empresa: soy independiente.

– ¡Tienes suerte!

04 — QUE FAITES-VOUS ?

– Qu'est-ce que vous faites comme travail, Lucien ?

– Je suis professeur dans une école primaire à Marseille.

– Vous avez combien d'élèves dans votre classe ?

– J'ai deux classes de trente élèves en ce moment parce qu'un de mes collègues est malade.

– C'est une profession très difficile, non ?

– Pas vraiment. Les enfants sont adorables et mes collègues sont gentils. Vous savez, toute ma famille est dans l'enseignement : mon père est professeur de français, ma sœur enseigne l'anglais et les maths dans un lycée et mon frère aîné est directeur d'école.

– Est-ce que vous êtes marié ?

– Oui, et j'ai deux enfants : un fils de six ans et une fille de quatre ans.

– Est-ce que votre femme est professeur aussi ?

– Non, elle est directrice d'une petite agence de voyages. Et vous, que faites-vous, Sophie?

– Je suis informaticienne, spécialisée dans les réseaux.

– Très intéressant. J'ai un cousin qui est informaticien. Vous travaillez pour quelle société ?

– Je ne travaille pas pour une société : je suis indépendante.

– Vous avez de la chance !

COMPRENDER EL DIÁLOGO

PALABRAS Y FRASES

→ **combien** significa *cuánto*: **combien d'élèves**, *cuántos alumnos*, **combien de temps**, *cuánto tiempo*.

→ **malade** es un adjetivo que significa *enfermo*. **Mon fils est malade**, *Mi hijo está enfermo*. También se puede usar como sustantivo para referirnos a *un enfermo*.

→ **le travail** significa *el trabajo*: **Le travail est essentiel**, *El trabajo es esencial*, mientras que para referirnos concretamente a un trabajo por el que se paga decimos **un emploi**, *un empleo*. (La agencia de empleo financiada por el gobierno en Francia se llama **Pôle emploi**). Las dos palabras a veces se intercambian; volveremos a encontrarnos con ellas más adelante en este libro.

→ **oui**, *sí*, y **non**, *no*, son suficientes por sí mismas. Pero con una pregunta informal, realizada con una entonación ascendente al final de la oración, se puede añadir **non** para enfatizar la interrogación: **C'est difficile, non ?** *Es difícil, ¿no?*

→ **avoir de la chance**: *tener (de la) suerte*. En el módulo siguiente veremos el artículo partitivo **de**.

→ **une fille** puede ser *una hija* o *una niña*: **Ma fille s'appelle Sophie**, *Mi hija se llama Sophie*. **Il enseigne dans une école de filles**, *Él enseña en una escuela de niñas*. En la mayoría de los casos, se puede determinar el significado a partir del contexto. Del mismo modo, **une femme** puede significar *una mujer* o *una esposa*: **Sophie est ma femme**, *Sophie es mi esposa*. **Un de mes collègues est une femme**, *Uno de mis compañeros es una mujer*.

NOTAS CULTURALES

El sistema escolar francés se divide en cuatro niveles: **l'école maternelle** ("maternal" o *escuela infantil*), **l'école primaire** (*escuela primaria*), **le collège** (aproximadamente equivalente a la escuela intermedia) y **le lycée** (*escuela secundaria o instituto*). La educación es obligatoria entre los 6 y los 16 años, pero la mayoría de los niños comienzan la escuela mucho antes de la edad mínima.

◆ GRAMÁTICA

FAIRE, HACER

Otro verbo importante –e irregular– es **faire**, que significa *hacer*.

| je fais | yo hago | nous faisons | nosotros/as hacemos |

tu fais	tú haces	vous faites	vosotros/as / usted(es) hacéis/hace/hacen
il/elle fait	él / ella hace	ils/elles font	ellos / ellas hacen

En la pronunciación, recuerda que la consonante final es muda.

SUSTANTIVOS PLURAL

La forma habitual de formar el plural es agregando una **s** final –y muda– al sustantivo: **un collègue, deux collègues**, etc. Los sustantivos singulares que terminan en **s** no se modifican en el plural: **un fils, deux fils**; *un hijo, dos hijos*. Esta misma regla se aplica a los sustantivos que terminan en **x** y **z**: **un nez, deux nez** (*nariz*); **une voix, deux voix** (*voz*). Hay algunas formas ligeramente irregulares que veremos más adelante.

POSICIÓN Y CONCORDANCIA DE LOS ADJETIVOS

Los adjetivos generalmente van detrás del nombre al que califican (aunque algunos van antes) y siempre concuerdan tanto en género como en número. Para el género, generalmente agregamos una **e** final a la forma masculina para crear el femenino: **un frère aîné**, *un hermano mayor*, **une sœur aînée**, *una hermana mayor*. Para los adjetivos que terminan en **l, n** y **s**, se duplica la consonante antes de añadir la **e**: **Il est gentil, Elle est gentille**, *Él es agradable, Ella es agradable*. No obstante, la forma masculina de ciertos adjetivos termina en **e**, por ejemplo, **difficile**, *difícil*. En este caso, no cambian en femenino: **un travail difficile, une profession difficile**.

Para formar el plural de un adjetivo, simplemente añade una **s** final: **Le collègue est malade → Les collègues sont malades**, *Los compañeros están enfermos* (recuerda que la **s** es muda en ambos casos).

Observa que, según estas reglas el mismo adjetivo puede tener cuatro formas, aunque la pronunciación sea casi idéntica:

gentil	masculino singular	un fils gentil	un niño agradable
gentille	femenino singular	une sœur gentille	una hermana agradable
gentils	masculino plural	des enfants gentils	niños agradables
gentilles	femenino plural	des familles gentilles	familias agradables

GÉNERO (CONTINUACIÓN)

Varios sustantivos, especialmente aquellos que se refieren a ocupaciones, tienen una forma masculina y otra femenina:

– en muchos casos, basta con añadir una **e** final al nombre masculino: **un avocat** → **une avocate** *(un(a) abogado/a)*. Si el sustantivo ya termina en **e**, simplemente cambia el artículo definido o indefinido: **un / le journaliste** → **une / la journaliste** *(un(a) periodista)*
– la terminación **-ien** cambia añadiendo **-ne**: **l' / un informaticien** → **l' / une informaticienne**
– los sustantivos masculinos que terminan en **-eur** tienen tres terminaciones femeninas: **-euse: un serveur** → **une serveuse** *(un(a) camarero/a)*, **-ice: le / un directeur** → **la / une directrice** *(el/un director* → *la/una directora)* **-esse: le / un prince** → **la / une princesse** *(el/un príncipe* → *la/una princesa)*.

Dado que el francés es una lengua viva, las palabras y el uso están en constante evolución. Además, el género es un tema delicado, por lo que no te sorprendas si encuentras dos formas para el mismo sustantivo: **une maire** y **une mairesse** para *una alcaldesa*, por ejemplo.

ARTÍCULOS DEFINIDOS

En general, los cuatro artículos definidos –**le** (masculino), **la** (femenino), **l'** (usado antes de los sustantivos masculinos o femeninos que comienzan con una vocal) y **les** (plural masculino o femenino)– se usan de la misma manera que en español: para introducir una oración afirmativa como las de este módulo: **Les enfants sont adorables**, *Los niños son encantadores*. Pero también se usan antes de los sustantivos genéricos: **Elle enseigne l'anglais et les maths**, *Ella enseña inglés y matemáticas*. **Il est spécialise dans les réseaux**, *Él está especializado en redes* (es decir, en las redes en general). Este es un punto muy importante para recordar, como veremos en el siguiente módulo.

LA INTERROGACIÓN (CONTINUACIÓN)

Sabemos cómo hacer una pregunta al elevar la entonación al final de una oración declarativa (ver Módulo 1). Otra forma simple hacer una pregunta consiste en agregar **est-ce que** (literalmente «es eso que», pronunciado [esske]) antes del sustantivo o pronombre: **Sophie est mariée** → **Est-ce que Sophie est mariée ?**, *Sophie está casada* → *¿ Sophie está casada?* La **e** final de **que** se elimina si la siguiente palabra comienza con una vocal: **Est-ce qu'elle est mariée ?**

●VOCABULARIO

avoir de la chance *tener suerte*
enseigner *enseñar*
faire *hacer*
savoir *saber*
travailler *trabajar*

une agence de voyages *una agencia de viajes*
la chance *suerte*
une classe *una clase*
un(e) collègue *un(a) compañero/a*
un(e) cousin(e) *un(a) primo/a*
un directeur / une directrice *un(a) director(a)*
une école *una escuela, un colegio*
une école primaire *una escuela primaria*
une famille *una familia*
une femme *una esposa, una mujer*
une fille *una hija, una niña*
un fils *un hijo, un niño* (la **s** se pronuncia: [fis])
un(e) informaticien(ne) *un(a) informático/a*
un moment *un momento*
le travail *el trabajo*
un professeur *un profesor*
un réseau *una red* (el plural añade una **x** muda: **réseaux**)
une société *una compañía, una empresa*

adorable *adorable*
aine(e) (adj.) *mayor*
difficile *difícil*
gentil(le) *agradable, amable*

indépendant(e) *independiente, autónomo/a, freelance*
malade *enfermo*
marie(e) *casado/a*

combien *cuánto*
parce que *porque*
trente *treinta*
très *muy*
vraiment *realmente*
en ce moment *en este momento*

EJERCICIOS

1. CONJUGA EL VERBO *FAIRE*

a. Nous (faire) l'enseignement en français. → *faisons*
b. Je (faire) une conférence à Marseille. → *fais*
c. Qu'est-ce qu'elle (faire) comme travail ? → *fait*
d. Qu'est-ce que vous (faire) dans votre classe ? → *faites*

2. CAMBIA ESTOS SUSTANTIVOS MASCULINOS AL FEMENINO Y VICEVERSA

a. un serveur *une serveuse*
b. une journaliste *un journaliste*
c. un avocat *une avocate*
d. un directeur *une directrice*
e. une informaticienne *un informaticien*

3. PON LOS ADJETIVOS EN LA FORMA CORRECTA

a. Les familles sont (gentil). *gentilles*
b. L'école est très (petit). *petite*
c. Mes collègues sont (malade). *malades*
d. L'informaticien est (spécialisé) dans les réseaux. *spécialisé*
e. Sophie travaille dans une (petit) agence de voyages. *petite*

4. TRADUCE ESTAS FRASES AL FRANCÉS

a. Él enseña matemáticas en una escuela primaria. → *Il enseigne le maths dans une école primaire.*
b. – ¿Estás casada, Sophie? – Sí, y tengo un hijo. → *Est-ce que tu es mariée, Sophie? – Oui, j'ai un fils.*
c. ¿A qué te dedicas? → *Qu'est-ce que vous faites comme travail?*
d. ¿Cuántos alumnos tienes en clase en este momento? → *Combien d'élèves as-tu dans votre classe en ce moment?*
e. Es director de una pequeña agencia de viajes en Lyon. → *Il est directeur d'une petite agence de voyage à Lyon.*

2. Conocer a alguien

3.
EN LA BRETAÑA

EN BRETAGNE

OBJETIVOS

- PREGUNTAR POR LA DISTANCIA / EL LUGAR
- DAR DIRECCIONES
- EXPLICAR LO QUE SE QUIERE HACER

CONTENIDOS

- FORMA INTERROGATIVA (CONTINUACIÓN)
- PARTITIVOS
- ADJETIVOS INTERROGATIVOS

VISITAR LA BRETAÑA

– Buenos días, señor. ¿En qué le puedo ayudar *(Qué puedo hacer por usted)*?

– Estoy pasando unos días aquí en Bretaña con mi familia y queremos ir al Mont Saint Michel en bicicleta. ¿Me puede dar algún consejo *(algunos consejos)*?

– Pues claro. Es una gran idea. ¿En qué hotel o habitación turística está?

– No estamos en el hotel. Estamos en casa de unos *(los)* amigos en Rennes.

– ¡Pero está demasiado lejos! ¡Hay más de ochenta *(cuarenta-veinte)* kilómetros! Mire este plano. ¿Lo *(Usted)* ve?

– ¡En efecto! Lo siento, no conozco la zona *(región)*. Soy de Niza.

– Ah, entiendo. ¿Tiene *(un)* coche?

– No.

– No hay problema. Puede salir esta noche en autobús y pasar la noche en La Rive. Está a dos kilómetros del Mont. Tenga, tome estos folletos y esta tarjeta.

– Gracias, es muy amable.

– ¿Tiene alguna otra pregunta?

– Sí: ¿conoce un buen restaurante cerca de aquí?

– Pruebe Chez Yannick: tienen crepes, buena carne y sidra. ¿Quiere la dirección?

– Por favor.

05 — VISITER LA BRETAGNE

– Bonjour monsieur. Qu'est-ce que je peux faire pour vous ?

– Je passe quelques jours ici en Bretagne avec ma famille et nous voulons aller au Mont Saint Michel à vélo. Pouvez-vous me donner quelques conseils ?

– Mais bien sûr. C'est une excellente idée. À quel hôtel ou quelle chambre d'hôte êtes-vous ?

– Nous ne sommes pas à l'hôtel. Nous sommes chez des amis à Rennes.

– Mais c'est beaucoup trop loin ! Il y a plus de quatre-vingts kilomètres ! Regardez ce plan. Vous voyez ?

– En effet ! Désolé, je ne connais pas la région. Je suis de Nice.

– Ah, je comprends. Avez-vous une voiture ?

– Non.

– Pas de problème. Vous pouvez partir ce soir en car et passer la nuit à La Rive. C'est à deux kilomètres du Mont. Tenez, prenez ces brochures et cette carte.

– Merci, vous êtes très gentille.

– Avez-vous d'autres questions ?

– Oui : est-ce que vous connaissez un bon restaurant près d'ici ?

– Essayez *Chez Yannick* : ils ont des crêpes, de la bonne viande et du cidre. Voulez-vous l'adresse ?

– S'il vous plaît.

COMPRENDER EL DIÁLOGO
PALABRAS Y FRASES

→ **passer**, *pasar*, tiene el sentido de *estar* cuando se usa con expresiones de tiempo: **Nous passons quelques jours à Nice chaque année**, *Pasamos unos días en Niza cada año*.

→ **à vélo**, **en car**: en español, usamos *en* con un verbo de acción para describir un medio de transporte (*en autobús*, etc.), excepto *a pie*. En francés, normalmente se usa **en** (**en car**, *en autocar*, **en voiture**, *en coche*, etc.), pero también hay algunas excepciones: **à pied**, *a pie* y **à vélo**, *en bicicleta*.

→ **chez** es una palabra muy útil. Del latín *casa*, **chez** básicamente significa *casa* u *hogar*: **Je suis chez Rémi**, *Estoy en casa de Rémi*. Generalmente va seguido de un nombre propio —muchos restaurantes llevan el nombre de sus dueños: **Chez Jean, Chez Georges**, etc.— o de un pronombre: **chez nous**, *en nuestra casa*.

→ **beaucoup de** significa *mucho*: **Elle n'a pas beaucoup de temps**, *Ella no tiene mucho tiempo*; **Je n'ai pas beaucoup d'élèves dans ma classe**, *No tengo muchos estudiantes en mi clase*. La palabra también se usa con frecuencia en la expresión **Merci beaucoup**, *Muchas gracias*.

→ Tenez **es** la forma imperativa de **tenir**, *tener, sostener, sujetar* y se usa para dar o mostrar algo a alguien. La forma imperativa de la segunda persona del singular es **Tiens !** Atención: este infinitivo es un falso amigo: *tener* (en el sentido de *poseer*) es **avoir**.

→ **s'il vous plaît**, literalmente «si le place», simplemente significa *por favor*. – **Voulez-vous un plan? – Oui, s'il vous plaît**, – *¿Quiere un plano? – Sí, por favor*. Se puede omitir **oui** porque se entiende el consentimiento: – **Voulez-vous une crêpe ? – S'il vous plaît**, – *¿Quiere un crepe? – Por favor*.

NOTAS CULTURALES

Francia es el principal destino turístico del mundo, y *el turismo* –**le tourisme**– representa alrededor del 7 % del producto interior bruto. Desde la escarpada Bretaña –**la Bretagne**– en el norte hasta las glamorosas playas bañadas por el sol –**la Côte d'Azur** o *Costa Azul*– a orillas del Mediterráneo, el país cuenta con algunos de los paisajes más hermosos y variados del mundo. Una de las atracciones más visitadas es el **Mont Saint Michel**, una diminuta isla coronada por un monasterio medieval y enclavada en una bahía en la costa de Normandía / Bretaña.

◆ GRAMÁTICA
LA TERCERA INTERROGATIVA

Sabemos cómo hacer una pregunta simple con una entonación ascendente al final de una oración declarativa (Módulo 1) y utilizando **est-ce que** al principio de la pregunta (Módulo 2). Hay una tercera posibilidad, que consiste en invertir el pronombre y el verbo principal: **Vous avez une voiture → Avez-vous une voiture ?** (*Tienes un coche → ¿Tienes un coche?*). Esta es más formal que las otras dos construcciones, aunque se usa habitualmente con los auxiliares **être** (*ser*) y **avoir** (*tener*). Así pues, para preguntar a alguien si proviene de Niza, por ejemplo, tienes tres opciones: 1) **Vous êtes de Nice ?** 2) **Est-ce que vous êtes de Nice ?** 3) **Êtes-vous de Nice ?** El significado es el mismo pero el registro es diferente: (1) hablado, (2) informal, (3) formal. (Ver la nota en **vouloir**).

DE

Ya hemos aprendido la preposición **de**, que puede significar de (**Vous êtes de Paris**, *Usted es de París*; **Il est professeur de français**, *Él es profesor de francés*). No confundir **de** con uno de los artículos partitivos (ver más abajo).

DU, DE LA, DE L', DES

Estos artículos partitivos expresan una cantidad no especificada de un sustantivo: **du** con masculino, **de la** con femenino y **des** con plural. Generalmente no se traducen en español: **Nous avons du cidre, de la viande et des crêpes**, *Tenemos sidra, carne y crepes*. Si el sustantivo comienza con una vocal, usamos **de l'** en singular, independientemente del género: **Il a de l'argent**, *Él tiene dinero*. Los mismos artículos se utilizan con las tres formas del interrogativo:
Avez-vous des enfants ? *¿Tiene hijos?*
Est-que tu as de la famille en Bretagne ? *¿Tienes familia en Bretaña?*
Yannick a du travail ? *¿Yannick tiene trabajo?*

QUEL, QUELLE, QUELS, QUELLES

Estos adjetivos interrogativos son el equivalente de *cuál* o *qué*: **Pour quelle société est-ce qu'elle travaille ?** *¿Para qué compañía trabaja ella?*; **À quel hôtel êtes-vous ?** *¿En qué hotel está?*; **Quels restaurants sont ouverts le dimanche?** *¿Qué restaurantes están abiertos los domingos?*; **Quelles cartes voulez-vous ?** *¿Qué mapas quiere?* Las cuatro palabras se pronuncian de la misma manera, excepto antes de una vocal (**quels accents ?**, **quelles écoles ?**, etc.). Volveremos sobre esto más adelante.

TRES VERBOS IRREGULARES IMPORTANTES: *ALLER, VOULOIR, POUVOIR*

Estos son tres de los verbos más útiles en francés: **aller**, *ir*, **vouloir**, *querer* y **pouvoir**, *poder*. Los tres son irregulares:

• **aller**: **je vais; tu vas; il/elle va; nous allons; vous allez; ils/elles vont**, *yo voy; tú vas, él / ella va; nosotros/as vamos; vosotros/as / usted(es) van; ellos / ellas van.*

Las formas negativas e interrogativas son las mismas que para otros verbos: **Je ne vais pas à Rennes ce soir,** *No iré a Rennes esta noche.* **Est-ce qu'ils vont au Mont Saint Michel ?** *¿Van al Mont Saint Michel?* No obstante, como vimos en el primer módulo, **aller** también se usa, en lugar de *estar*, para hablar sobre cómo te sientes: **Je vais bien**, *Estoy bien*. (Este verbo también se usa como auxiliar, como veremos más adelante).

• **vouloir**: **je veux; tu veux; il/elle veut; nous voulons; vous voulez; ils/elles veulent**, *yo quiero; tú quieres; él / ella quiere; nosotros/as queremos; vosotros/as / usted(es) queréis; ellos / ellas quieren.*

Si bien **est-ce que** se puede usar para hacer una pregunta con **vouloir** (**est-ce que vous voulez ... ?**), la forma invertida es muy común, incluso en el habla informal: **Voulez-vous / Veux-tu le nom du restaurant ?** *¿Quiere(s) el nombre del restaurante?*

• **pouvoir**: **je peux; tu peux; il/elle peut; nous pouvons; vous pouvez; ils/elles peuvent**, *yo puedo; tú puedes*, etc.

Cualquier verbo que vaya detrás de **pouvoir** está siempre en infinitivo: **Est-ce que vous pouvez me donner un conseil ?** *¿Me puede dar algún consejo?*, **Nous pouvons partir ce soir,** *Podemos irnos esta noche.* **Désolé, je ne peux pas vous aider**, *Lo siento, no puedo ayudarle.*

PRONOMBRES PERSONALES DE OBJETO DIRECTO *LE, LA, LES*

Observa la construcción en francés:
Il veut le faire, *Él quiere hacerlo.*
Je ne la connais pas, *Yo no la conozco.*
– **Où sont les vélos?** – **Nous les avons**, – *¿Dónde están las bicicletas?* – *Las tenemos nosotros.*

VOCABULARIO

aller *ir*
comprendre *comprender, entender*
connaître *conocer*
donner *dar*
partir *irse*
passer *pasar (tiempo)*
pouvoir *poder*
prendre *tomar, coger*
regarder *mirar*
vouloir *querer*

une adresse *una dirección*
l'aide *la ayuda*
un(e) ami(e) *un(a) amigo(a)*
une idée *una idea*
un car *un autocar*
une carte *un mapa*
une chambre *una habitación*
le cidre *la sidra*
un conseil *un consejo*
une crêpe *un crepe*
une famille *una familia*
un guide *una guía* (libro)
une nuit *una noche*
une question *una pregunta*
une région *una región, una zona*

un restaurant *un restaurante*
la viande *la carne*
une voiture *un coche*

autre / d'autre(s) *otro(s)*
beaucoup (de) *mucho*
chez *en casa de*
quelque *alguno(a)* (pl. **quelques**)

Bien sur *por supuesto*
En effet *De hecho, en efecto*
Merci pour tout *Gracias por todo*
Pas de problème *Sin problema*
S'il vous plaît *Por favor*
Tenez ! *¡Tenga!*

A estas alturas, ya sabes que **vous** se utiliza tanto para la 2.ª persona del plural como para *usted* o *ustedes*, así que, para simplificar, dejaremos de señalarlo en las tablas de verbos. Sin embargo, en los diálogos y en los ejemplos lo traduciremos por ti.

EJERCICIOS

1. CONJUGA EL VERBO ENTRE PARÉNTESIS

a. Nous ...pouvons... (*pouvoir*) aller à Rennes en car.

b. Je ...vais... (*aller*) chez mon ami Georges ce soir.

c. Jean-Pierre et Amélie ...veulent... (*vouloir*) venir avec nous.

d. Elle ...peut... (*pouvoir*) nous donner l'adresse d'un bon restaurant.

e. Ils ...veulent... (*vouloir*) des crêpes et du cidre.

2. CAMBIA CADA FRASE A INTERROGATIVA UTILIZANDO LA SEGUNDA Y TERCERA FORMAS DE LA INTERROGACIÓN (VER GRAMÁTICA)

a. Il est de Nice. → Est-ce qu'il est de Nice? Est-il de Nice?

b. Elles connaissent bien la région. → Est-ce qu'elles connaissent bien? Connaissent-elles bien la région?

c. Vous prenez le bus pour aller au Mont Saint Michel. → Est-ce que vous prenez le bus? Prenez-vous le bus?

d. Nous sommes en retard. → Est-ce que nous sommes en retard? Sommes-nous en retard?

e. Ils font de la bonne viande dans ce restaurant. → Est-ce qu'ils font de la bonne viande?

3. AHORA PON EN NEGATIVO LAS FRASES AFIRMATIVAS

a. Il n'est pas de Nice / b. Elles ne connaissent pas bien / c. Vous ne prenez pas le bus / d. Nous ne sommes pas en retard / e. Ils ne font pas de la viande

4. PON EN LA FORMA CORRECTA LA PALABRA ENTRE PARÉNTESIS

a. À ...quelle... (*quel*) chambre d'hôte êtes-vous ?

b. ...Quelle... (*Quel*) est l'adresse de la sœur de Philippe ?

c. ...Quels... (*Quel*) restaurants sont ouverts le week-end ?

d. ...Quelles... (*Quel*) émissions aimez-vous à la télévision ?

e. Nous avons ...du... (*de*) café, ...de la... (*de*) viande et ...des... (*de*) crêpes

5. TRADUCE ESTAS FRASES AL FRANCÉS

a. – ¿Eres de Niza?* – No, soy de París.

b. El hotel está a dos kilómetros de la escuela.

c. – Tome este mapa. – Muchas gracias por su ayuda.

d. – ¿Puede darme* algún consejo? – Por supuesto.

e. – No tenemos mucho tiempo. – Puede irse en autobús esta noche.

* (2 formas posibles: **vous** y **tu**)

4. CASA Y FAMILIA

LA MAISON ET LA FAMILLE

OBJETIVOS	CONTENIDOS
- HABLAR SOBRE LAS RELACIONES FAMILIARES - PRESENTAR UN PLANO DE LA CASA - PREGUNTAR SOBRE UBICACIONES	- PRESENTE DE LOS VERBOS ACABADOS EN *-ER* - POSICIÓN DE LOS ADJETIVOS - ADJETIVOS POSESIVOS - FUTURO INMEDIATO

EN CASA

(En la casa de Margaux en Boulogne-sur-Mer)

— Esta noche, mi hermano Olivier y su amiga Alice cenan en nuestra casa, con sus hijos. Tienen una hija y un hijo. Vienen a cenar todos los miércoles y nosotros vamos a su casa una vez al *(por)* mes.

— ¿Tiene hermanas, Margaux?

— Sí, tengo dos. La mayor, Mégane, está en Alemania. Mi otra hermana se llama Ariane y vive en Estrasburgo. Está bastante lejos, pero hablamos regularmente por teléfono o nos enviamos mensajes *(mensajería)*. Mis padres también viven en Alsacia: mi madre es contable y mi padre es el alcalde de su pueblo.

— ¿Qué va a cocinar *(cocinas)* esta noche?

— Estoy preparando una ensalada de tomate, un asado de cerdo y un pastel de chocolate. A Alice le encantan los postres, pero no le gusta la fruta fresca.

— ¿Puedo ayudarle a hacer algo?

— Puede poner la mesa si quiere.

— ¿Dónde está el comedor?

— Esta noche vamos a cenar en el salón. Vaya a buscar los cubiertos a la cocina. Los tenedores, los cuchillos y las cucharas están en los cajones junto a la nevera, y los platos y los vasos están en el armario rojo.

— No encuentro los vasos. ¿Dónde están?

— En ese caso, están todavía en el lavaplatos, detrás de la puerta.

— Ya está, todo *(está)* listo.

— Gracias por su ayuda.

(Más tarde)

— Pero ¿dónde están Olivier y Alice? Ya son las ocho y media. Tengo mucha hambre, y tú también, supongo.

— Espero que no se hayan perdido *(estén perdidos)*. ¿O tal vez *(que)* Olivier todavía está en la oficina?

— Voy a llamarlo. Páseme mi móvil, por favor Espere un minuto. ¡Soy tonta! Hoy es *(somos)* martes, no miércoles…

06 — À LA MAISON

(Chez Margaux, à Boulogne-sur-Mer)

— Ce soir, mon frère Olivier et son amie Alice mangent chez nous, avec leurs enfants. Ils ont une fille et un garçon. Ils viennent dîner tous les mercredis et nous allons chez eux une fois par mois.

— Avez-vous des sœurs, Margaux ?

— Oui, j'en ai deux. L'aînée, Mégane, est en Allemagne. Mon autre sœur s'appelle Ariane et elle habite à Strasbourg. C'est assez loin, mais nous nous parlons régulièrement par téléphone ou messagerie. Mes parents aussi habitent en Alsace : ma mère est comptable et mon père est le maire de leur village.

— Qu'est-ce que vous cuisinez ce soir ?

— Je prépare une salade de tomates, un rôti de porc et un gâteau au chocolat : Alice adore les desserts mais elle n'aime pas les fruits frais.

— Est-ce que je peux vous aider à faire quelque chose ?

— Vous pouvez mettre la table si vous voulez.

— Où est la salle à manger ?

— Ce soir nous allons manger dans le salon. Allez chercher les couverts à la cuisine. Les fourchettes, les couteaux et les cuillères sont dans les tiroirs à côté du frigo, et les assiettes et les verres sont dans le placard rouge.

— Je ne trouve pas les verres. Où sont-ils ?

— Dans ce cas, ils sont toujours dans le lave-vaisselle, derrière la porte.

— Voilà : tout est prêt.

— Merci pour votre aide.

(Plus tard)

— Mais où sont Olivier et Alice ? Il est déjà huit heures et demie. J'ai très faim, et vous aussi je suppose.

— J'espère qu'ils ne sont pas perdus. Ou peut-être qu'Olivier est toujours au bureau ?

— Je vais l'appeler. Passez-moi mon portable s'il vous plait. Attendez une minute. Je suis bête ! Aujourd'hui nous sommes mardi, pas mercredi…

COMPRENDER EL DIÁLOGO
PALABRAS Y FRASES

→ **La famille**, *la familia*, generalmente compuesta por **la mère**, *la madre* y **le père**, *el padre*, así como por uno o más hijos, **un enfant / des enfants**: **le fils**, *el hijo* (observa la pronunciación: [fiss]) y **la fille**, *la hija* (ya visto en el módulo 2). Otros miembros también pueden ser **le frère**, *el hermano* y **la sœur**, *la hermana* (ver la sección de Pronunciación al comienzo de este libro), **l'oncle**, *el tío*, **la tante**, *la tía* y **le cousin / la cousine**, *el primo / la prima*.

→ Los días de la semana: **lundi**, *lunes*, **mardi**, *martes*, **mercredi**, *miércoles*, **jeudi**, *jueves*, **vendredi**, *viernes*, **samedi**, *sábado*, **dimanche**, *domingo*
Los siete son masculinos y no se escriben con mayúscula inicial. Y *el fin de semana* se lo han copiado al inglés (pero con guion), **le week-end**.

→ **eux**, *ellos*, es un pronombre disyuntivo. De momento, memoriza simplemente **chez nous** (*nuestra casa*) y **chez eux** (*su casa*). Lo veremos en detalle más adelante.

→ Al igual que **de** (Módulo 3), la *preposición* **à** tiene varios significados: *en* (**Je suis à la Sorbonne**, *Estoy en la Sorbona*; **Elle travaille à Strasbourg**, *Ella trabaja en Estrasburgo*) y cuando se usa con un verbo de movimiento, *a*: **Nous allons à Rennes**, *Vamos a Rennes*.

→ **maire**, **mère**, **mer**: como todos los idiomas, el francés tiene muchos homófonos (palabras con la misma pronunciación, pero con diferente ortografía). Aquí hay tres: **le maire**, *el alcalde*, **la mère**, *la madre* y **la mer**, *el mar*.

→ **un couvert**, el participio del verbo **couvrir**, *cubrir*, significa en la mesa *un cubierto*. Consiste en **un couteau**, *un cuchillo* (atención al plural irregular: **couteaux**), **une fourchette**, *un tenedor*, **une cuillère** (o **cuiller**), *una cuchara* y **une serviette**, *una servilleta*. También puedes encontrar **une cuillère à café**, *una cucharilla de café*, así como **le sel**, *la sal*, **le poivre**, *la pimienta* y **la moutarde**, *la mostaza*.

→ **toujours** traduce dos palabras en español: *siempre* (si la acción ocurre continuamente) o *todavía* (si continúa). **Jean est toujours en retard**, *John siempre llega tarde*; **Les verres sont toujours dans le lave-vaisselle**, *Los vasos están todavía en el lavaplatos*.

→ **bête** se usa como un adjetivo que significa cualquier cosa, desde *estúpido* hasta *tonto*, según el contexto y el hablante.

NOTAS CULTURALES

Las identidades regionales son muy fuertes en Francia, cada región tiene su propia personalidad característica. Se siguen identificando como **un Breton** (*un bretón*), un **Auvergnat** (*un auvernés*) o **un Provençal** (*un provenzal*). **Alsace**, *Alsacia*, en el este de Francia, es un buen ejemplo. Rodeada por las montañas de los Vosgos (**les Vosges**, pron. [vog]) por oeste y el río Rin (**le Rhin**, pron. [ran]) por el este, es parte de la región conocida como **le Grand Est** («el gran este»). Alsacia tiene fuertes lazos culturales con su vecino inmediato. De hecho, en términos de arquitectura, cultura, religión (protestantismo) y comida, la región es muy diferente del resto de Francia. También tiene su propio idioma germánico, **l'alsacien** o **Elsässisch**, usado junto con el francés en la señalización de autopistas y en los letreros de las calles y todavía hablado por algunos *alsacianos* (**Alsaciens**).

◆ GRAMÁTICA
VERBOS ACABADOS EN -*ER*

Hay tres grupos de verbos, clasificados por sus terminaciones. El primer grupo —y más numeroso— son los verbos regulares acabados en **-er**. En esta lección, hemos visto 15 de los más comunes. El presente indicativo se conjuga así:

je trouve	encuentro	nous trouvons	encontramos
tu trouves	encuentras	vous trouvez	encontráis
il/elle trouve	encuentra	ils/elles trouvent	encuentran

Las formas negativas son:
je ne trouve pas; tu ne trouves pas; il/elle ne trouve pas; nous ne trouvons pas; vous ne trouvez pas; ils/elles ne trouvent pas, *no encuentro*, etc.

Y las formas interrogativas, usando **est-ce que**, son:
Est-ce que je trouve; tu trouves; il/elle trouve; nous trouvons; vous trouvez; ils/elles trouvent ?, *¿Encuentro?, ¿encuentras?*, etc.

Solo hay un verbo irregular en este grupo (**aller**, *ir*, consulta el Módulo 3) pero, en algunos casos, las raíces de los verbos pueden cambiar de forma. Como estas excepciones no afectan a la pronunciación, las veremos más adelante.

POSICIÓN DE LOS ADJETIVOS

Los adjetivos que describen colores, formas, nacionalidades, etc., van inmediatamente después del sustantivo que describen: **le placard rouge**, *el armario rojo*; **des fruits frais**, *la fruta fresca*; **une profession difficile**, *una profesión difícil*. No obstante, algunos adjetivos comunes se colocan delante del sustantivo: **un petit verre**, *un vaso pequeño*, **une belle ville**, *una ciudad bonita*, **un bon restaurant**, *un buen restaurante*. Daremos más ejemplos en las próximas lecciones.

ADJETIVOS POSESIVOS

Ya hemos encontrado estas palabras en los módulos anteriores. Ahora es el momento de aprenderlos de memoria:

mon / ma / mes	mi / mis	notre / nos	nuestro/a/os/as
ton / ta / tes	tu	votre / vos	vuestro/a/os/as / su(s) (de usted)
son / sa / ses	su(s) (de él/ella)	leur / leurs	su(s) (de ellos/ellas)

• Los adjetivos posesivos siempre van delante del sustantivo al que describen, concordando con él tanto en género como en número: **Voici ma femme, mon frère et mes parents**, *Estos son mi esposa, mi hermano y mis padres*. Al igual que en español, los adjetivos posesivos concuerdan con el sustantivo: **Ses enfants habitent en Bretagne mais sa sœur est en Alsace**, *Sus hijos viven en Bretaña, pero su hermana está en Alsacia*. Otra razón más para insistir en que te aprendas siempre el género de los sustantivos.

• Sin embargo, si un sustantivo femenino singular (o un adjetivo) comienza con una vocal, utilizamos el posesivo masculino para que sea más fácil de pronunciar: **son assiette**, *su plato*; **ton aide**, *tu ayuda*; **mon autre sœur**, *mi otra hermana*. Esta regla se aplica solo a las tres formas singulares: **mon, ton** y **son**.

ALLER PARA EXPRESAR EL FUTURO INMEDIATO

El verbo **aller** se utiliza en francés para expresar el futuro inmediato, de manera similar a como usamos en español *ir a*. **Nous allons manger à huit heures**, *Vamos a comer a las ocho*. **Je vais appeler ma sœur**, *Voy a llamar a mi hermana*.

●VOCABULARIO

adorer *adorar, encantar*
aider *ayudar*
aimer *gustar, querer, amar*
appeler *llamar*
avoir faim *tener hambre*
avoir soif *tener sed*
chercher *buscar*
cuisiner *cocinar*
dîner *cenar*
habiter *vivir*
manger *comer*
mettre *poner*
mettre la table *poner la mesa*
parler *hablar*
peut-être *quizás, puede ser* (formado con la 3.ª persona del verbo **pouvoir**, ver Módulo 3)
préparer *preparar*
supposer *suponer*
trouver *encontrar*

à côté de *junto a, al lado de*
bête *tonto/a, estúpido/a*
déjà *ya*
derrière *detrás*
frais *fresco/a*
perdu *perdido/a*
régulièrement *normalmente*
rôti *asado/a*

l'aine(e) (sust.) *el/la mayor*
l'Allemagne *Alemania*
le porc *cerdo*

un (téléphone) portable *un (teléfono) móvil.* También se dice **un mobile**

un bureau *una oficina, un despacho*
un(e) comptable *un/a contable*
un couteau (pl. **couteaux**) *un cuchillo*
un couvert *un cubierto*
une cuillère *una cuchara* (también se dice **une cuiller**)
une cuisine *una cocina*
un dessert *un postre* (la **s** doble es silbante)
une fourchette *un tenedor*
un frère *un hermano*
un frigo *una nevera* (forma abreviada de **un réfrigérateur**, *un refrigerador*)
un gâteau *un pastel*
un lave-vaisselle *un lavaplatos, un lavavajillas*
un maire *un alcalde* (sirve tanto para hombres como para mujeres)
une mère *una madre*
une messagerie *un servicio de mensajería*
un mois *un mes*
un père *un padre*
une porte *una puerta*
une salle *una habitación, una sala*
une salle à manger *un comedor*
un salon *un salón*
un tiroir *un cajón*
une sœur *una hermana*
une tomate *un tomate*

Attendez une minute *Espera un minuto/un momento*
Dans ce cas *En ese caso*
Merci pour votre aide *Gracias por tu ayuda*
Voilà *Ya está, eso es*

⬢ EJERCICIOS

1. CONJUGA ESTOS VERBOS EN AFIRMATIVO

a. Jean et sa femme ....*habitent*.... (*habiter*) à Strasbourg.
b. Nous ....*cherchons*.... (*chercher*) la salle de conférence.
c. Qu'est-ce que tu ....*prépares*.... (*préparer*) pour le dîner de ce soir ?
d. Vous ....*cuisinez*.... (*cuisiner*) vraiment très bien, madame !
e. Je ....*mange*.... (*manger*) tout, et ma femme ....*aime*.... (*aime*) beaucoup les desserts.

2. PON ESTOS VERBOS EN LA FORMA NEGATIVA

a. Je trouve les verres dans le placard. →
b. Le lave-vaisselle est derrière la porte. →
c. Ma sœur et son fils habitent en Alsace. →
d. Nous aidons mon frère au bureau. →
e. Vous parlez très bien le français. →

3. ELIGE EL ADJETIVO POSESIVO CORRECTO

a. (*Notre* - **Nos**) enfants sont en Alsace avec (**mon** - *ma* - *mes*) père.
b. Appelez (**son** - *sa* - *ses*) frère : il est très sympa.
c. Passe-moi (**ton** - *ta* - *tes*) assiette, s'il te plaît.
d. J'adore (*votre* - **vos**) gâteaux, ils sont vraiment bons.
e. (*Leur* - **Leurs**) amis sont à Rennes, où (**leur** - *leurs*) fils est professeur.

4. TRADUCE ESTAS FRASES AL FRANCÉS

🔊 06

a. Los cuchillos, tenedores y cucharas todavía están en el lavaplatos. →
b. Mi hermana trabaja en la Sorbona en París, pero ella va a Rennes. →
c. – Yo tengo hambre y sed. – Yo también. →
d. Vaya a buscar los platos del armario del salón. →
e. – ¿Puedo ayudarle a hacer algo? – No, gracias. Todo está listo. →

> Observarás que estamos ampliando el vocabulario de una lección a otra en lugar de darte una larga lista de todas las palabras que necesitas para hablar de un tema en particular. ¡Así es como se aprende un idioma de manera natural!

5.
¿DÓNDE ESTÁ...?
OÙ EST...?

OBJETIVOS

- HACER PREGUNTAS SENCILLAS
- DAR INFORMACIÓN SOBRE TU TRABAJO

NOTIONS

- PRONOMBRES DE OBJETO DIRECTO
- PREGUNTAS CON *COMBIEN DE*
- *N'EST-CE PAS?*
- *IL Y A, OU/OÙ Y QUAND*

COSAS QUE HACER

(En la calle)

– Disculpe, ¿puede ayudarme? ¿Sabe dónde está el museo de Orsay?

– Sí, está frente al Louvre y cerca de la Asamblea Nacional. Puede ir *(allí)* a pie, pero está un poco lejos. Es mejor coger el metro.

– No, prefiero caminar. Hace bueno, ¡por una vez!

– De acuerdo. Tome por *(a)* la izquierda y vaya hasta la iglesia [que hay] en la esquina de la calle Bonaparte. Gire a la derecha y continúe todo recto durante quinientos o seiscientos metros. A continuación, atraviese el cruce, pero no tome la primera calle a la izquierda…

– Bueno… ¿dónde está la estación de metro?

(En la cafetería)

– A tus amigos les gusta el arte moderno, ¿verdad? Hay una exposición en la galería Quinze-Vingt *(quince-veinte)* pero durante dos días solo. Mañana no abre antes de las diez *(horas)* y cierra para comer *(la comida)* entre las doce *(el mediodía)* y las dos *(horas)*. Después, abre de nuevo durante tres o cuatro horas por *(en)* la tarde.

– ¿Cuánto cuestan las entradas?

– Hay varias posibilidades: si los compras en el *(sobre)* lugar, cuestan 22 euros, pero puedes comprarlas en línea por 17. Hay incluso tarifas reducidas para los jóvenes de 18 a 25 años.

– ¿Cuánto cuestan?

– No sé el precio.

– ¿Y sabes si se puede pagar con smartphone?

– No estoy seguro, pero supongo que sí. En todo caso, la exposición es muy interesante: todo el mundo habla de ella y yo tengo muchas granas de *(allí)* ir.

– [A] nosotros también nos interesa.

– Entonces, ¿cuántas entradas compro?

07 — DES CHOSES À FAIRE

(Dans la rue)

— Excusez-moi, pouvez-vous m'aider ? Savez-vous où est le musée d'Orsay ?

— Oui, il est en face du Louvre et près de l'Assemblée nationale. Vous pouvez y aller à pied, mais c'est un peu loin. Il vaut mieux prendre le métro.

— Non, je préfère marcher. Il fait beau, pour une fois !

— D'accord. Prenez à gauche ici et allez jusqu'à l'église à l'angle de la rue Bonaparte. Tournez à droite et continuez tout droit pendant cinq ou six cents mètres. Ensuite, traversez le carrefour mais ne prenez pas la première rue à gauche…

— Bon…. où est la station de métro ?

(Au café)

— Tes amis aiment l'art moderne, n'est-ce pas ? Il y a une exposition à la Galerie Quinze-Vingt mais pendant deux jours seulement. Demain elle n'ouvre pas avant dix heures et ferme pour le déjeuner entre midi et deux heures. Puis, elle ouvre à nouveau pendant trois ou quatre heures dans l'après-midi.

— Combien coûtent les billets ?

— Il y a plusieurs possibilités : si tu les achètes sur place, ils coûtent vingt-deux euros mais tu peux les acheter en ligne pour dix-sept. Il y a même des tarifs réduits pour les jeunes de dix-huit à vingt-cinq ans.

— C'est combien ?

— Je ne connais pas le prix.

— Et est-ce que tu sais si on peut payer par smartphone ?

— Je ne suis pas sûr, mais je suppose que oui. En tout cas, l'expo est très intéressante : tout le monde en parle et j'ai très envie d'y aller.

— Nous aussi, ça nous intéresse.

— Alors, j'achète combien de billets ?

COMPRENDER EL DIÁLOGO
PALABRAS Y FRASES

→ Para dar instrucciones usamos verbos como **aller** (*ir*) y **tourner** (*girar*): **Tournez à gauche et ensuite à droite**, *Gire a la izquierda y luego a la derecha*. También se puede usar el verbo **prendre**, *tomar*, que veremos en detalle en el siguiente módulo. Otras expresiones útiles son **jusqu'à**, *hasta*: **Allez jusqu'à l'église**, *Vaya hasta la iglesia*; **en face de**, *en frente de*; **près de**, *cerca de*; y **tout droit**, *todo recto* (no confundas **droit** con **droite**): **Continuez tout droit: le musée est en face de l'école, sur votre droite**, *Continúe recto: el museo está frente a la escuela, a su derecha*.

→ **une station**, *una estación*, se utiliza para **le métro** (abreviatura de **le métropolitain**), el sistema de trenes subterráneos que operan en París y otras ciudades importantes, como Lyon y Marsella. El sustantivo **le métro** puede referirse tanto al sistema (**le métro parisien**, *el metro de París*) como a una estación particular: **el métro Jourdain**, *la estación de metro Jourdain*. En el sistema ferroviario, *una estación* se llama **une gare**. (Ten en cuenta también el término **arrêt de bus**, *parada de autobús*).

→ **beau** significa *bonito/a*, *guapo/a*, etc. La expresión idiomática **il fait beau** describe el buen tiempo. **Il fait beau aujourd'hui**, *Hoy hace buen tiempo* o, coloquialmente, *Hoy hace bueno*.

→ **peu** es una palabra útil. Como sustantivo (**un peu**, seguido de **de**), significa *un poco*, *no mucho*: **Avez-vous un peu de temps ?** *¿Tiene (un poco de) tiempo?* – **Parlez-vous français ?** – **Un peu**, – *¿Habla francés?* – *Un poco*. **Peu** también es un adverbio (y, por lo tanto, va sin artículo): **J'ai peu de temps ce matin**, *Tengo poco tiempo esta mañana*. **Elle mange très peu**, *Ella come muy poco*.

→ Aquí tienes los números cardinales del uno al setenta:

1 un/une	11 onze	21 vingt et un	40 quarante
2 deux	12 douze	22 vingt-deux	50 cinquante
3 trois	13 treize	23 vingt-trois	60 soixante
4 quatre	14 quatorze	24 vingt-quatre	70 soixante-dix
5 cinq	15 quinze	25 vingt-cinq	
6 six	16 seize	26 vingt-six	
7 sept	17 dix-sept	27 vingt-sept	
8 huit	18 dix-huit	28 vingt-huit	
9 neuf	19 dix-neuf	29 vingt-neuf	
10 dix	20 vingt	30 trente	

– Recuerda que **un** se usa con sustantivos masculinos y **une** con los femeninos.
– Los números superiores a 20 se forman con la unidad de las "decenas" (20, 30, 40, etc.) seguidas directamente por los números del 1 al 9 unidos por un guion. Las únicas excepciones son el 21, 31, 41, 51 y 61, que añaden **et** (**vingt et un**, **trente et un**, etc.), sin guion.
– Los números del 71 al 99 son un poco más complicados, por lo que los guardaremos para el siguiente módulo.
– La práctica es vital para aprender números. Intenta hojear rápidamente este libro, leyendo los números de página en voz alta. Ve desde el principio hasta el final y luego al revés.

NOTAS CULTURALES

París (pronunciado [pari]) es la capital de Francia. La ciudad en sí, **la ville de Paris**, es bastante pequeña en comparación con Londres o Nueva York: en total, sus veinte distritos, conocidos como **arrondissements** tienen una población total de unos 2,3 millones de habitantes. Pero el área metropolitana, conocida como **la Métropole du Grand Paris**, alberga a unos 7 millones de personas.

Entre sus muchas atracciones, París cuenta con algunos de los mejores museos del mundo, especialmente **le musée du Louvre**, donde se encuentra **La Joconde** («La Gioconda»), **la Vénus de Milo** y muchas otras obras de arte de categoría mundial. Una atracción más reciente, pero igualmente popular, es **le musée d'Orsay** (*el museo de Orsay*), una estación de ferrocarril convertida en museo en el siglo XIX que alberga la mejor colección de arte impresionista y posimpresionista del mundo. (El sustantivo **un musée**, *un museo*, también se usa para describir una galería de arte abierta al público; **une galerie** es una galería privada o una sala en una galería pública).

L'Assemblée nationale, *la Asamblea Nacional*, es la cámara baja del parlamento francés, ubicada en la margen izquierda del río Sena.

◆ GRAMÁTICA
PRONOMBRES DE OBJETO DIRECTO

Los objetos directos son personas o cosas que «reciben» una acción (por ejemplo, *Dígame su nombre*). Un pronombre directo puede reemplazar un sustantivo y, por lo tanto, evitar la repetición, si la identidad del «receptor» está clara. Así pues, si preguntas a alguien **Pouvez-vous m'aider ?**, *¿Puede ayudarme?*, es obvio que tú eres la persona que solicita la ayuda. Estos son todos los pronombres de objeto directo:

me (m' delante de vocal)	me	nous	nos
te (t' delante de vocal)	te	vous	os / lo(s)/la(s)
le (l' delante de vocal)	lo	les	los / las
la (l' delante de vocal)	la		

Al igual que en español, el pronombre va generalmente antes del verbo:
Je le connais, *Yo lo conozco.*
Nous ne la comprenons pas, *No la entendemos.*
Pouvez-vous nous aider ?, *¿Nos puede ayudar?*
Où est-ce que tu les achètes ?, *¿Dónde los compras?*
La única pequeña complicación ocurre cuando el verbo que sigue al pronombre comienza con una vocal, porque la vocal final de **me / te / le / la** se elimina. Por ejemplo, el objeto directo de la pregunta **Pouvez-vous l'aider ?** podría ser un sustantivo masculino o femenino (*¿Puede ayudarlo/la?*). No obstante, en la mayoría de los casos, el contexto te aclarará el significado. Más adelante veremos cómo evitar la ambigüedad.

FORMACIÓN DE PREGUNTAS CON *COMBIEN (DE)*

El adverbio **combien**, visto por primera vez en el Módulo 1, significa *cuánto*. Por lo general, se coloca al principio o al final de la pregunta: **Combien voulez-vous ?** *¿Cuánto quiere?* o **Tu veux combien ?** *¿Cuánto quieres?* Si **combien** va seguido de un objeto directo, necesitamos la preposición **de** (**d'** delante de vocal): **Combien de verres sont dans le placard ?** *¿Cuántos vasos hay en el armario?* Si usas un verbo, tienes que ponerlo directamente después de **combien**: **Combien coûtent les billets ?**, *¿Cuánto cuestan las entradas?*, pero si se usa el pronombre demostrativo **ça**, el verbo va detrás de él: **Combien ça coûte ?**, *¿Cuánto cuesta?* (También podrías escuchar **Ça fait combien ?**, que significa lo mismo pero es muy idiomático).

LA COLETILLA *N'EST-CE PAS ?*

N'est-ce pas es una inversión de **ce n'est pas**, *no*. Tiene la misma función que las coletillas *¿no?, ¿verdad?* que usamos en español. Por ejemplo, **Elle parle anglais, n'est-ce pas ?** *Ella habla inglés, ¿verdad?* **Ton frère est professeur, n'est-ce pas ?**, *Tu hermano es profesor, ¿no?* En el francés hablado, **n'est-ce pas** va siempre al final de la frase y se pronuncia con una entonación ascendente. Hay otras formas, más formales, de usar **n'est-ce pas**, pero no nos preocuparemos por ellas.

▲ CONJUGACIONES
SAVOIR

Otro verbo importante, e irregular, es **savoir**, *saber*:

je sais	yo sé	nous savons	nosotros/as sabemos
tu sais	tú sabes	vous savez	vosotros/as sabéis
il/elle sait	él / ella sabe	ils/elles savent	ellos / ellas saben

La forma negativa es regular: **Je ne sais pas**, *No sé*, **Nous ne savons pas**, *No sabemos*, etc. En cuanto a la forma interrogativa, la tercera forma (inversión) se usa con frecuencia: **Savez-vous où je peux trouver un restaurant ?**, *¿Sabe dónde puedo encontrar un restaurante?* (También puedes, por supuesto, usar las otras dos formas: **Vous savez où… ? / Est-ce que vous savez… ?**).
Además de **savoir**, el francés tiene otro verbo para *saber*: **connaître** (ver Módulo 3). En términos generales, el primero se aplica a las cosas, y el segundo a las personas:
– **Je sais que le métro Saint Michel n'est pas loin**, *Sé que la estación de metro Saint Michel no está lejos.*
– **Il ne connait pas mon père**, *Él no conoce a mi padre.*
No obstante, la intención de estos dos verbos es un poco más compleja y a veces se superpone. Aprenderemos más a medida que avancemos.

IL Y A

Esta expresión muy común y útil (literalmente «él allí hay») significa *hay*. Suele ir seguido de un sustantivo, un número o un pronombre indefinido. **Il y a trente élèves dans la classe**. *Hay 30 alumnos en la clase.* **Il y a une exposition intéressante au musée d'Orsay**, *Hay una exposición interesante en el museo de Orsay.* La forma negativa es **il n'y a pas**: **Il n'y a pas de verres dans le placard**, *No hay vasos en el armario.* La forma más sencilla de formular una pregunta es con el **est-ce que**, omitiendo la **e** final de **que**: **Est-ce qu'il y a une station de métro près d'ici ?** *¿Hay una estación de metro cerca de aquí?* Veremos otro significado de **il y a** más adelante.

OU Y OÙ

No confundas estas dos palabras, que se pronuncian igual. **Ou**, sin un acento en la **u**, significa *o*: **quel hôtel ou quelle chambre d'hôte** (*qué hotel o habitación turística*), mientras que **où**, con un acento, significa *dónde*: **Où est votre voiture ?** *¿Dónde está su coche?*

EJERCICIOS

1. SUSTITUYE EL PRONOMBRE SUJETO POR EL PRONOMBRE DE OBJETO DIRECTO EQUIVALENTE

a. Pouvez-vous (*je*) aider ? → m'aider
b. Nous ne (*ils*) connaissons pas. → les connaissons
c. Est-ce que Marie aime son travail ? – Elle (*le*) adore ! → l'adore
d. Est-ce que tu (*elle*) achètes, cette carte ? → l'achetes
e. Je (*tu*) attends au musée d'Orsay. → t'attends

2. CONJUGA ESTOS VERBOS EN AFIRMATIVO O NEGATIVO, SEGÚN SE INDICA

a. Nous (*savoir*, negativo) si Jean vient ce soir. → ne savons pas
b. (*Continuer*, afirmativo) tout droit puis (*tourner*, affirmative) à gauche. → Continuez tournez
c. Ils (*aller*, afirmativo) à pied, mais c'est très loin. → vont
d. Les billets pour l'expo (*coûter*, afirmativo) vingt euros. → coûtent
e. Est-ce tu (*savoir*, affirmative) si la galerie ouvre à deux heures ? – Non, je (*savoir*, negativo). → sais / ne sais pas

3. COMPLETA LAS PALABRAS QUE FALTAN

a. Prenez la première rue _à_ droite. L'église est à l' _angle_ de la rue Jacob.
b. Vos amis aiment l'art moderne, n'est- _ce_ _pas_ ?
c. _Tout_ le monde aime l'art moderne.
d. _Combien_ coûtent les billets ? – Ils coutent vingt euros.
e. Le musée est un peu loin. Il vaut _mieux_ prendre le métro.

4. TRADUCE ESTOS NÚMEROS, DESPUÉS DILOS EN VOZ ALTA

a. 15 _____
b. 22 ____ ____
c. 45 ____ ____
d. 33 ____ ____
e. 70 _____
f. 61 ____ ____
g. 12 ___
h. 21 ____ ____
i. 17 _____

VOCABULARIO

acheter *comprar*
avoir envie *tener ganas, querer*
continuer *continuar*
couter *costar*
fermer *cerrar*
intéresser *interesar*
marcher *caminar, andar*
ouvrir *abrir*
payer *pagar*
préférer *preferir*
supposer *suponer*
tourner *girar*
traverser *atravesar, cruzar*
voir *ver*

un angle *una esquina*
un arrêt (de bus) *una parada (de autobús)*
l'Assemblée nationale *la Asamblea Nacional (cámara baja del parlamento)*
un billet *un billete (tren, lotería, etc.)*
un carrefour *un cruce*
le déjeuner *la comida*
une église *una iglesia*
une exposition (coloquial: **une expo**) *una exposición*
un jour *un día*
un mètre *un metro*
le métro *el metro (París, Lyon, Marsella); también se usa para una estación de metro*
un musée *un museo, una galería de arte*
un pied *un pie*
un prix *un precio* (pero también *un premio*: **le Prix Nobel**, *el premio Nobel*)
une station *una estación (metro, etc.)*
un tarif *una tarifa, un precio*
un tarif réduit *una tarifa reducida*

après *después*
avant *antes*
cent *cien, ciento*
combien *cuánto*
demain *mañana*
droite *derecha*
gauche *izquierda*
en ligne *en línea*
en face de *en frente de*
jusqu'a *hasta*
loin *lejos*
midi *mediodía*
l'après-midi *la tarde*
pendant *durante*
près de *cerca de*
puis *después*
seulement *solo, solamente*
beau *bonito/a, guapo/a*
intéressant *interesante*
sûr *seguro*
y *allí*

il vaut mieux *es mejor + verbo*
il fait beau *hace buen tiempo*
pour une fois *por una vez*
sur place *en el lugar, sitio*
tout droit *todo recto*
tout le monde *todo el mundo, todos*

5. TRADUCE ESTAS FRASES AL FRANCÉS

a. Él no la entiende. ¿Puedes ayudarle?

b. Me gustan estos tomates. ¿Dónde los compras?

c. – ¿Cuánto cuestan las entradas? – Cuestan veintisiete euros.

d. ¿Sabe *(dos formas posibles de hacer la pregunta)* dónde puedo encontrar un restaurante?

e. Es mejor coger el metro. El museo de Orsay está un poco lejos.

6. ¿QUÉ HORA ES?

QUELLE HEURE EST-IL ?

OBJETIVOS

- PREGUNTAR Y DECIR LA HORA
- ELEGIR PLATOS EN UN MENÚ
- EXPLICAR POSIBILIDADES

CONTENIDOS

- SEGUNDA CONJUGACIÓN: VERBOS ACABADOS EN *-IR*
- USAR LA FORMA IMPERSONAL DE LOS VERBOS
- PRONOMBRES ENFÁTICOS

¡COMAMOS!

– ¿Qué hora es ahora, Anne-Marie?

– Creo que es casi [la] una *(hora)*. En efecto, es [la] una *(hora)* menos diez.

– ¡Me muero de hambre! Vamos [a] comer algo.

– Tengo una cita con un cliente hacia las dos *(horas)* y cuarto o dos *(horas)* y media, así que tenemos *(el)* tiempo para almorzar rápidamente juntos, si quieres.

– Con gusto. ¿Conoces algún *(un)* lugar en el barrio?

– Déjame pensar *(reflexionar)*. Sí, hay un buen bar-restaurante enfrente de la estación. Además, no es caro. Ven conmigo.

– ¡Vamos *(allí)* enseguida!

(En el bar)

– ¿Mesa para dos? Por aquí, por favor. Aquí está la carta, y ahí está el menú del día, en la pared, con platos fríos y calientes.

– ¿Qué vas a elegir, Michel?

– Trato de no comer demasiado porque no quiero engordar. Por eso, en un *(el)* restaurante, siempre elijo un pescado o una ensalada en lugar de carne y, en casa, trato de no llenar mi plato. ¡Pero no siempre lo consigo!

– ¿Estás bromeando? ¡Tú no necesitas adelgazar! Yo, sí.

(Más tarde)

– ¿No terminas tu plato? Se va a enfriar.

– No, he comido demasiado… pero quiero un flan de caramelo para terminar la comida.

– Buena idea. Yo también. Este restaurante es excelente; voy a dejar un comentario en internet… ¡y volveré [para] almorzar pasado mañana!

08 DÉJEUNONS !

– Quelle heure est-il maintenant, Anne-Marie ?

– Je pense qu'il est presque une heure. En effet, il est une heure moins dix.

– Je meurs de faim ! Allons manger quelque chose.

– J'ai un rendez-vous avec un client vers deux heures et quart ou deux heures et demie donc on a le temps de déjeuner rapidement ensemble, si tu veux.

– Avec plaisir. Est-ce que tu connais un endroit dans le quartier ?

– Laisse-moi réfléchir. Oui, il y a un bon bistrot devant la gare. En plus, il n'est pas cher. Viens avec moi.

– Allons-y tout de suite !

(Au bistrot)

– Une table pour deux ? Par ici s'il vous plaît. Voici la carte, et voilà le menu du jour, au mur, avec des plats chauds et froids.

– Qu'est-ce tu vas choisir, Michel ?

– J'essaie de ne pas trop manger car je ne veux pas grossir. C'est pourquoi, au restaurant, je choisis toujours un poisson ou une salade plutôt que de la viande, et, chez moi, j'essaie de ne pas remplir mon assiette. Mais je ne réussis pas toujours !

– Tu plaisantes ? Toi, tu n'as pas besoin de maigrir ! Moi, si.

(Plus tard)

– Tu ne finis pas ton plat ? Il va refroidir.

– Non, j'ai trop mangé… mais j'ai envie d'une crème caramel pour finir le repas.

– Bonne idée. Moi aussi. Ce restaurant est excellent ; je vais laisser un avis sur Internet … et je reviens déjeuner après-demain !

COMPRENDER EL DIÁLOGO
PALABRAS Y FRASES

→ **une heure**, *una hora*. Pero con artículo definido, **l'heure** significa *la hora*: **Quelle heure est-il ?** *¿Qué hora es?* (o, más familiarmente, **Il est quelle heure ?**). La respuesta comienza con **Il est…** *(Es… / Son…)*. Al dar la hora, se usa **heure(s)** después de la(s) hora(s) en punto: **Il est cinq heures**, *Son las cinco (en punto)*. Sin embargo, a diferencia del español (*Son las cinco*), **heure(s)** nunca se omite. Cuando se pasa de la hora, simplemente se añaden los minutos detrás: **Il est huit heures vingt**, *Son las ocho y veinte*; **Il est trois heures cinquante**, *Son las tres cincuenta*. Otra forma de expresar esta hora es con **moins**, *menos*: **Il est quatre heures moins dix**, *Son las cuatro menos diez*. Para *y cuarto* e *y media*, usamos **et quart** y **et demie**. Y para *menos cuarto*, **moins le quart**. **Il est dix heures et quart**, *Son las diez y cuarto*; **Il est neuf heures et demie**, *Son las nueve y media*; **Il est deux heures moins le quart**, *Son las dos menos cuarto*.

Cuando se utiliza el reloj de 12 horas hay que especificar si es *de la mañana*, **du matin**, *de la tarde*, **de l'après-midi** o *de la noche*, **du soir**: **Il est huit heures du matin**, *Son las ocho de la mañana*; **Il est quatre heures de l'après-midi**, *Son las cuatro de la tarde;* **Il est onze heures du soir**, *Son las once de la noche*.

→ **Un quartier**, *un barrio*, se usa, como en español, para referirse a *un vecindario*. El término descriptivo **de quartier** significa *de barrio*: **un bar de quartier**, *un bar de barrio*.

→ **un besoin** significa *una necesidad*, por lo que **avoir besoin** significa *necesitar* (literalmente «tener necesidad»). Como **avoir envie**, *querer*, *tener ganas*, las dos palabras siempre se usan juntas, junto con **de** si van seguidas de un objeto directo: **Nous avons besoin de vos conseils**, *Necesitamos su consejo*.

→ **car** es una conjunción de coordinación que significa *porque*, *para*. Sinónima de **parce que**, a menudo se usa en oraciones más largas. ¡No la confundas con **un car**, *un autocar* (Módulo 3)!

→ **plaisanter**, *bromear*, comparte la misma etimología que *placentero*. La exclamación **Tu plaisantes !** (o, más formalmente, **Vous plaisantez !**) es equivalente a *¡Estás de broma!*

→ **après**, *después*, se usa en muchos nombres compuestos, como **l'après-midi**, *la tarde*, **l'après-rasage**, *después del afeitado*, **après-vente**, *postventa*. **Après-demain** significa *pasado mañana*: **Il revient après-demain**, *Él volverá pasado mañana*.

NOTAS CULTURALES

La comida y las artes culinarias siempre han sido una parte importante de la cultura francesa. Las conversaciones cotidianas a menudo se centran en comer y beber y cada zona tiene sus propias especialidades (por ejemplo, el marisco en la Bretaña, el ragú en el suroeste y el chucrut en Alsacia). El tipo de restaurante más simple, aparte de **les cafés**, que generalmente sirven sándwiches, ensaladas y bocadillos, es **un bistrot.** Tradicionalmente, los **bistrots** sirven comidas sencillas y a precios razonables. En los últimos años, sin embargo, los chefs jóvenes se han unido formando un movimiento llamado **la bistronomie** (un compuesto de **le bistrot** y **la gastronomie**, *la gastronomía*), que consiste en servir una cocina creativa en un entorno sencillo.

◆ GRAMÁTICA
LA FORMA IMPERSONAL *ON*

El pronombre impersonal **on** está relacionado con el *se* en español (*Se puede pagar con smartphone*, **On peut payer par smartphone**), pero es mucho más común porque se usa mucho en el lenguaje informal en lugar de **nous**: **Nous avons le temps de déjeuner ensemble** → **On a le temps de déjeuner ensemble**, *Tenemos tiempo para almorzar juntos*. Aunque este tipo de construcción se considera coloquial, es muy útil y totalmente aceptable en el francés hablado. **On** también puede reemplazar a **quelqu'un**, *alguien*, o cualquier otro sujeto indefinido como *ellos* (es decir, la gente en general): **On dit que son film est très intéressant**, *Dicen que su película es muy interesante*.

VOICI Y *VOILÀ*

Estas dos preposiciones se usan generalmente para indicar la posición de algo o alguien en relación con el hablante. **Voici** se refiere a un objeto cercano (es un compuesto de **vois**, *ver* e **ici**, *aquí*), mientras que **voilà** designa algo más lejano (**vois + là-bas**, *allí*): **Voici votre table, et voilà le menu**: *Aquí está su mesa, y ahí está el menú*. En la práctica, hay un cierto solapamiento entre los dos (**Me voilà !** *¡Aquí estoy!*) pero, por el momento, solo recuerda la distinción básica: **voici** = *aquí*, **voilà** = *allí*.

PRONOMBRES ENFÁTICOS

Los principales pronombres enfáticos son **moi**, *yo*; **toi**, *tú*; **lui**, *él*; **elle**, *ella*; **nous** *nosotros/as*; **vous**, *vosotros/as / usted(es)*; **eux**, *ellos*; **elles**, *ellas*. Se usan de diversas maneras, generalmente para dar énfasis, de ahí su nombre.

La forma más simple es la construcción inclusiva **Moi aussi**, *Yo también*, que ya hemos visto en el Módulo 1. Así, – **Elle est en retard,** – **Lui aussi,** – *Ella llega tarde.* – *Él también.* **Vous êtes sur Twitter ? Nous aussi !** *¿Está usted en Twitter? ¡Nosotros también!*

Otro uso común de los pronombres enfáticos es con la forma imperativa. Por el momento nos concentraremos en la primera persona: **Attendez-moi**, *Esperadme / Espérenme*. **Passez-moi le téléphone s'il vous plaît**, *Páseme el teléfono, por favor.*

Por último, estos pronombres se utilizan al comparar y contrastar dos personas o cosas. Por ejemplo, **Tu n'as pas besoin de maigrir**, *Tú no necesitas adelgazar*, se puede hacerte más enfático al añadir el pronombre: **Toi, tu n'as pas besoin de maigrir mais elle, si.**

▲ CONJUGACIONES

SEGUNDO GRUPO: VERBOS ACABADOS EN -IR

Los verbos con la terminación de infinitivo en **-ir** son el segundo grupo de verbos regulares. Estas son las principales formas de **choisir**, *elegir*, formadas al eliminar la terminación del infinitivo:

je choisis	yo elijo	nous choisissons	nosotros/as elegimos
tu choisis	tú eliges	vous choisissez	vosotros/as elegís
il/elle choisit	ellos / ellas eligen	ils/elles choisissent	ellos / ellas eligen

Escucha con atención a la diferencia entre la "s" sencilla y la doble: **choisissez**, [shuasisse].

Las formas negativas son:

je ne choisis pas; tu ne choisis pas; il/elle ne choisit pas; nous ne choisissons pas; vous ne choisissez pas; ils/elles ne choisissent pas, *yo no elijo*, etc.

Las formas interrogativas, utilizando **est-ce que**, son:

Est-ce que je choisis; tu choisis; il/elle choisit; nous choisissons; vous choisissez; ils/elles choisissent ?, *¿Elijo?*, etc.

Algunos verbos que acaban en **-ir** no son realmente parte de este grupo; pertenecen al tercer y último grupo (ver Módulo 12) porque son irregulares. Uno de los más importantes de estos es **venir**, *venir*: **je viens** ; **tu viens** ; **il / elle vient** ; **nous venons** ; **vous venez** ; **ils / elles viennent**, *vengo*, etc.

● VOCABULARIO

avoir besoin *necesitar*
connaitre *conocer, saber*
choisir *elegir*
déjeuner *almorzar*
essayer *tratar, intentar*
finir *acabar, terminar*
grossir *engordar*
laisser *dejar*
maigrir *adelgazar*
mourir *morir*
penser *pensar*
plaisanter *bromear*
réfléchir *pensar en, reflexionar sobre*
refroidir *enfriar* (ver más abajo, **froid**)
remplir *llenar*
réussir *conseguir*
revenir *volver* (formado por **re-** y **venir**)
venir *venir*

un avis *una opinión*
une carte *una carta* (ver también Módulo 3)
un client / une cliente *un / una cliente*
une crème *una nata, una crema* (lácteo o cosmético)
une crème (au) caramel *un flan de caramelo*
une gare *una estación* (de tren, de autobús)
Internet *internet* (con mayúscula inicial)
un menu *un menú*
un mur *una pared, un muro*
un plat *un plato*
un poisson *un pescado*
un quartier *un barrio, un vecindario*
un rendez-vous *una cita*

après-demain *pasado mañana*
cher / chère *caro/a*
froid(e) *frío/a* (ver antes, **refroidir**)
rapidement *rápido, rápidamente*
car *porque*
devant *enfrente de*
ensemble *juntos*
maintenant *ahora*
plutôt que *en lugar de, más que*
presque *casi*
tout de suite *enseguida*
vers *hacia*
voici *aquí está* (designa un objeto que está cerca del hablante)
voila *allí está* (designa un objeto que está lejos del hablante)
Par ici *Por aquí*
Avec plaisir *Con gusto*

Decir la hora es un acto reflejo. La mejor manera de conseguir esa respuesta inmediata en un idioma extranjero es mirar tu reloj o tu teléfono con regularidad y decir la hora en voz alta. ¡Simple, pero eficaz!

⬢ EJERCICIOS

1. CONJUGA LOS VERBOS ENTRE PARÉNTESIS

a. Elle (*maigrir* : _____) mais son mari (*grossir* : _____) – il mange trop.

b. Steve essaie de parler correctement le français mais il ne (*réussir* : _____) pas toujours.

c. Vous (*choisir* : _____) toujours une crème caramel pour le dessert. – Mais toi aussi !

d. C'est un nouveau quartier que nous (*découvrir* : _____) ensemble.

e. Finissez votre plat : il va (*refroidir* : _____).

2. PON LOS VERBOS EN LA FORMA NEGATIVA O INTERROGATIVA (*EST-CE QUE*), SEGÚN SE INDIQUE

a. Je (*remplir*, negativa) mon assiette car je ne veux pas grossir. →

b. Vous (*finir*, interrogativa) votre dessert ? J'ai très faim ! →

c. Le problème avec Anne-Marie et Michel est qu'ils (*réfléchir*, negativa). →

d. Nous (*choisir*, negativa) nos amis. Ils viennent vers nous. →

e. Ils (*revenir*, interrogativa) demain ? →

3. *QUELLE HEURE EST-IL ?* ESCRIBE EN LETRAS ESTAS HORAS

a. 11.45
b. 6.10
c. 3.15
d. 9.40
e. 8.30
f. 4.25
g. 1.35
h. 2.50
i. 9.05

4. TRADUCE ESTAS FRASES AL FRANCÉS

a. Aquí está su mesa y allí está el menú, en la pared. →

b. – ¿Qué va a elegir usted? – Déjeme pensar. →

c. No tenemos (*dos posibilidades*) tiempo de comer juntos. Tengo una reunión. →

d. ¿Conocen (*ellos*) un buen lugar en el barrio? →

e. – Vamos enseguida. – No, volvamos pasado mañana. →

7.
UNA CITA
UN RENDEZ-VOUS

OBJETIVOS

- CONSOLIDAR TUS CONOCIMIENTOS
- EXPRESAR LA HORA USANDO EL RELOJ DE 24 H
- APRENDER A DELETREAR

CONOCIMIENTOS

- EXPRESAR UNA OBLIGACIÓN
- DEFINIR UN PERIODO DE TIEMPO
- DESCRIBIR COSAS Y ACCIONES

LLEGA USTED PRONTO

– Tengo [una] cita con [el] Sr. Desprat a las tres *(15 horas)*.

– De acuerdo. ¿Cuál es su nombre?

– Mi nombre es Juvigny, Romain Juvigny.

– ¿Puede deletrearlo por favor?

– Por supuesto: J-U-V-I-G-N-Y

– Pero llega usted pronto: son las dos y media *(14 horas 30)*. Siéntese en la sala de espera de allí. Voy a avisar al señor Desprat. Hay una máquina de café frente al ascensor y *(las)* tazas en la mesa de al lado. Tiene *(el)* azúcar y *(las)* cucharas en uno de los cajones debajo del escritorio. Sírvase [usted mismo]. Es gratis.

– Muchas gracias. Es muy amable. ... Emm, discúlpeme: creo que la máquina no funciona.

– Tiene que encenderla. Presione *(sobre)* el botón verde, abajo a la derecha.

(Más tarde)

– Señorita, llevo esperando *(espero desde hace)* tres cuartos de hora. Tengo que irme a las cuatro *(16 horas)* a más tardar *(lo más tarde)* porque tengo *(una)* otra reunión.

– Lo siento, pero [el] Sr. Desprat está muy ocupado en este momento. Actualmente está al teléfono con un colega en Bélgica y tiene que terminar un expediente urgente antes de las cuatro menos cuarto *(15 horas 45)*. ¿Puede esperar *(aún)* 10 minutos [más]? Sé que él tiene muchas ganas de conocerle.

– Bueno, de acuerdo. Unos diez *(Una decena de)* minutos, pero no más. En cualquier caso, su jefe llega tarde.

– Oh, no, señor, es su reloj el que no funciona.

09 — VOUS ÊTES EN AVANCE.

– J'ai rendez-vous avec Monsieur Desprat à quinze heures.

– D'accord. Quel est votre nom ?

– Je m'appelle Juvigny, Romain Juvigny.

– Pouvez-vous l'épeler s'il vous plaît ?

– Bien sûr : J-U-V-I-G-N-Y

– Mais vous êtes en avance : il est quatorze heures trente. Asseyez-vous dans la salle d'attente là-bas. Je vais prévenir Monsieur Desprat. Il y a une machine à café devant l'ascenseur et des tasses sur la table à côté. Vous avez du sucre et des cuillères dans un des tiroirs sous le bureau. Servez-vous. C'est gratuit.

– Merci bien. Vous êtes très gentille. … Euh, excusez-moi : je pense que la machine ne marche pas.

– Vous devez l'allumer. Appuyez sur le bouton vert, en bas à droite.

(Plus tard)

– Mademoiselle : j'attends depuis trois quarts d'heure. Je dois partir à seize heures au plus tard car j'ai un autre rendez-vous.

– Je regrette, mais Monsieur Desprat est très occupé en ce moment. Il est actuellement au téléphone avec un collègue en Belgique et il doit terminer un dossier urgent avant quinze heures quarante-cinq. Pouvez-vous attendre encore dix minutes ? Je sais qu'il a très envie de vous rencontrer.

– Bon, d'accord. Une dizaine de minutes, mais pas plus. En tout cas, votre patron est en retard.

– Ah non, monsieur, c'est sa montre qui n'est pas à l'heure.

COMPRENDER EL DIÁLOGO
PALABRAS Y FRASES

→ Estas son las 26 letras del alfabeto*:

A	a	J	yi	S	es
B	be	K	ka	T	te
C	se	L	el	U	u
D	de	M	em	V	ve
E	e	N	en	W	duble-ve
F	ef	O	o	X	iks
G	ye	P	pe	Y	i grek
H	ash	Q	ku	Z	zed
I	i	R	er		

— En este módulo, presta especial atención al sonido **u**, que no tiene equivalente en español. Una forma sencilla de pronunciar esta vocal es poner los labios para decir [u], pero pronunciar una [i]. El sonido debe ser nasal. (En nuestra pronunciación figurada, la representamos como /[ü]/). Escucha atentamente la grabación para identificar la diferencia entre **sur** y **sous**.

— Ten cuidado de no confundir las letras **g** /[ye]/ y **j** /[yi]/.

— Las letras **w** y **k** se encuentran principalmente en palabras prestadas de otros idiomas. La primera, al igual que en español, generalmente se pronuncia como una [u], (**un week-end**, **le web**) pero, ocasionalmente, a pesar de llamarse «uve doble», se pronuncia como una «v» fricativa (**un wagon**). Esta última tiene una pronunciación parecida al español, pero con la «v» marcada.

→ **allumer** significa *encender* (un fuego, un cigarrillo, la luz, etc.): **Allumez la lumière avant d'entrer dans la chambre**, *Encienda la luz antes de entrar en la habitación*. *Un interruptor* eléctrico se llama **un interrupteur** (porque interrumpe el flujo de la corriente eléctrica).

→ **marcher**, *caminar, andar* (ver Módulo 5), pero cuando se aplica a una máquina o un sistema, también significa *funcionar*: **Comment marche cette machine ?** *¿Cómo funciona esta máquina?* En francés coloquial, **Ça marche !** a menudo es la respuesta afirmativa a una petición o sugerencia: – **Je veux partir demain matin.** – **Ça marche !** – *Quiero irme mañana por la mañana.* – *¡Está bien!*

---

* Consulta la introducción para más información sobre la pronunciación, así como sobre los acentos (**é**, **è**, por ejemplo), las marcas diacríticas (**ë**) y la unión de **o** y **e** (**œ**).

→ El reloj de 24 horas se usa no solo en contextos formales como horarios de viaje, de oficina o de televisión, sino también cuando se habla con amigos o colegas de citas, planes y otros eventos cotidianos.

Es muy fácil de usar: simplemente indica la hora, de 1 a 24, seguido de **heure(s)** y luego la cantidad de minutos: **neuf heures dix** = *nueve y diez*; **vingt-deux heures quarante-cinq** = *veintidós horas cuarenta y cinco*, etc. Evidentemente con este sistema no es necesario añadir **du matin**, **de l'après-midi** o **du soir**.

Ten en cuenta que el *mediodía* y la *medianoche* se pueden expresar como **douze heures** y **vingt-quatre heures**, respectivamente, o como **midi** y **minuit**.

Puede que tardes un poco en acostumbrarte a este sistema (por ejemplo, no confundir las **16 h 00** con las *6 horas*), pero en última instancia es muy lógico. Así pues, si el reloj de tu teléfono móvil está configurado con el reloj de 12 horas, ¡cámbialo inmediatamente al modo de 24 horas y comienza a practicar!

→ **dizaine**, *unos diez*. El sufijo **-aine** se puede agregar a múltiplos de diez o de quince, para dar un número aproximado: **Il faut attendre une vingtaine de minutes**, *Hay que esperar unos 20 minutos*. **Il y a une trentaine d'élèves dans la classe**, *Hay unos 30 alumnos en la clase*. Por último, cuando se habla de tiempo, **une quinzaine** significa *una quincena*.

NOTAS CULTURALES

Como muchos países occidentales, Francia es cada vez más una economía de 24 horas. Las grandes ciudades, como París y Lyon, se parecen a Londres o Nueva York cuando se trata de pobreza de tiempo. Sin embargo, en las ciudades más pequeñas, el ritmo es más relajado, con muchas tiendas que cierran durante varias horas a la hora del almuerzo.

Desde una perspectiva empresarial, las cosas han cambiado considerablemente en las últimas décadas. Oficialmente, *la semana laboral* (**la semaine de travail**) sigue siendo de 35 horas (reducción de las 39 horas que había a finales del siglo pasado), aunque las empresas tienen una flexibilidad cada vez mayor para negociar periodos de trabajo más largos. Las vacaciones oficiales siguen siendo cinco semanas. Llegar *puntual* (**à l'heure**) es importante en los negocios, pero socialmente hay un margen de maniobra mayor.

Conocer estas diferencias culturales es uno de los placeres de aprender un idioma.

◆ GRAMÁTICA
DEPUIS

Depuis, *desde*, *desde hace*, dependiendo de si nos referimos a una fecha específica o a un periodo de tiempo. **Mon oncle habite à Rouen depuis 2005**, *Mi tío vive en Rouen desde 2005*. **Il travaille comme informaticien depuis dix ans**, *Trabaja como informático desde hace diez años*.

Hay una regla diferente para la forma negativa, pero la veremos cuando aprendamos el pasado.

MÁS PREPOSICIONES Y ADVERBIOS

En este módulo, hemos aprendido **sous**, *bajo*, *debajo de*: **Les boutons sont sous le bureau**, *Los botones están debajo del escritorio*. Revisemos todas las preposiciones que hemos aprendido hasta ahora:

à	a	par	por
avant	antes	pendant	durante
après	después	pour	por
chez	en casa de	près de	cerca
depuis	desde	sous	bajo
derrière	detrás de	dans	en
devant	enfrente de	sur	on
en	en	vers	hacia
jusqu'au / à la	hasta		

Dos palabras más muy útiles son los adverbios **là-bas**, *allí* (– **Où est la salle d'attente ? – Là-bas, près de l'ascenseur.** – *¿Dónde está la sala de espera? – Allí, junto al ascensor*) y **en bas**, *en la parte inferior / de abajo*. **Le bouton est en bas**, *El botón está en la parte de abajo*.

▲ CONJUGACIONES
DEVOIR

Otro verbo muy útil, e irregular, es **devoir**, *deber* o *tener que* (el francés no hace distinción entre las dos formas). Este es el presente:

je dois	debo	nous devons	debemos
tu dois	debes	vous devez	debéis
il/elle doit	debe	ils/elles doivent	deben

Las formas negativas son:

je ne dois pas	no debo	nous ne devons pas	no debemos
tu ne dois pas	no debes	vous ne devez pas	no debéis
il/elle ne doit pas	no debe	ils/elles ne doivent pas	no deben

Y las formas interrogativas, utilizando **est-ce que**, son:

Est-ce que je dois...?	¿Debo...?	Est-ce que nous devons...?	¿Debemos...?
Est-ce que tu dois...?	¿Debes...?	Est-ce que vous devez...?	¿Debéis...?
Est-ce qu'il/elle doit...?	¿Debe?	Est-ce qu'ils/elles doivent...?	¿Deben...?

Al igual que otros dos verbos irregulares importantes, **pouvoir** (*poder*) y **vouloir** (*querer*), *devoir* puede ir seguido de un infinitivo sin preposición: **Tu dois partir dans une heure**, *Tienes que irte en una hora.* **Vous ne devez pas sortir après vingt-trois heures**, *No debe irse después de las once de la noche.* **Est-ce que je dois appuyer sur ce bouton ?** *¿Tengo que presionar este botón?*

● EJERCICIOS

1. CONJUGA EL VERBO DEVOIR EN PRESENTE DE INDICATIVO

a. Nous …………… partir dans une heure au plus tard.

b. Je …………… finir ce dossier avant de rencontrer le client.

c. Désolé, mais tu …………… attendre encore une dizaine de minutes.

d. Vous …………… appuyer sur le bouton pour allumer la machine.

e. Ils …………… parler avec un collègue avant de répondre.

2. PON *DEVOIR* EN LA FORMA NEGATIVA O INTERROGATIVA CON *EST-CE QUE…*

a. Tu *(negativa)* arriver en avance pour le rendez-vous. →

b. Je *(interrogativa)* allumer la machine ? →

c. Vous *(negativa)* manger trop de viande si vous ne voulez pas grossir. →

d. Tu *(interrogativa)* acheter les billets en ligne ? →

3. ELIGE LA PREPOSICIÓN CORRECTA

a. La machine est (*bajo*) la table. →

b. Attendez-nous (enfrente de) la galerie. →

c. La salle d'attente est (*detrás*) l'ascenseur. →

d. Est-ce que je dois marcher (*hasta*) carrefour ? →

e. Je l'attends (*durante*) une heure et demie. →

f. Marie travaille comme informaticienne (*desde hace*) quinze ans. →

4. TRADUCE ESTAS FRASES AL FRANCÉS

a. – ¿Puede deletrear su nombre, por favor? – R.O.M.A.I.N. T.A.R.D.Y →

b. Enciende las luces antes de entrar en la cocina. →

c. Hay unas treinta personas enfrente del museo. →

d. Tenemos que irnos a las cinco* a más tardar. →

e. – El Sr. Desprats quiere conocerle. – Es muy amable, pero tengo que irme. →

* Con dos formas diferentes de dar la hora

VOCABULARIO

appuyer *presionar*
arriver *llegar*
épeler *deletrear*
être occupe(e) *estar ocupado/a*
marcher *caminar, funcionar (máquinas, etc.)*
prévenir *avisar*
regretter *lamentar*
rencontrer *conocer*
s'asseoir *sentarse*
servir *servir*
terminer *terminar, acabar*

a cote (de) *al lado de, junto a*
a droite *a la derecha*
a l'heure *puntual*
avant *antes*
depuis *desde, desde hace*
devant *enfrente de*
en avance *pronto*
en bas *en la parte de abajo*
gratuit *gratis*
là-bas *allí (observa el acento grave sobre la à)*
sous *bajo*

la Belgique *Bélgica*
un bouton *un botón (máquinas, ropa, etc.)*
un collègue *un colega*
une dizaine *unos diez, una decena*
un dossier *un informe, un expediente*
une machine a café *una máquina de café*
une montre *un reloj de pulsera*
un patron *un jefe*

Asseyez-vous *Siéntese*
au plus tard *a más tardar*
Je regrette... *Lo siento*
Servez-vous *Sírvase usted mismo*

Es de vital importancia repasar de manera regular cuando empiezas a aprender un idioma. No dudes en volver a los módulos anteriores si has olvidado o dudas de algo.

II

CONVERSAR

8. ESTE FIN DE SEMANA

CE WEEK-END

OBJETIVOS

- HABLAR DE PLANES
- HABLAR DEL TIEMPO
- APRENDER LOS NÚMEROS A PARTIR DEL 70

CONTENIDOS

- OTRAS FORMAS NEGATIVAS
- VERBOS ACABADOS EN *-OIR*
- CAMBIO DEL ARTÍCULO PARTITIVO

¿CÓMO TE VA?

– Siéntate, Suzie. Estas sillas son muy cómodas. ¿Quieres un cigarrillo?

– No, gracias, ya no fumo.

– Entonces, toma un café.

– No tomo café después del almuerzo: me impide dormir.

– ¿De *(Es)* verdad? ¿Quieres un té, quizás?

– Tampoco tomo té. No me gusta el sabor. No quiero nada, gracias.

– ¡Eres realmente difícil! Dime, ¿qué estás haciendo ahora?

– Estoy muy ocupada esta semana, como siempre. Esta tarde, tengo *(una)* clase de deporte; por eso llevo estas zapatillas. Y este fin de semana tengo que bajar al sur para ver a mis abuelos. Mi abuelo tiene más de setenta y cinco *(sesenta-quince)* años, y mi abuela tiene casi ochenta y dos *(cuatro-veinte-dos)* años. Ya no viajan *(más)* y, en cualquier caso, nunca vienen a París y no reciben muchas visitas *(muchos visitantes)*. Así que trato de verlos al menos dos o tres veces al *(por)* año. Pero no es fácil porque viven en el campo y ya no hay trenes directos. Tengo que *(Estoy obligada a)* alquilar un coche en la estación de Niza y recorrer más de noventa y cinco *(cuatro-veinte-quince)* kilómetros. Pero no puedo decepcionarlos.

– ¿Qué tiempo hace ahora allí? ¿Llueve *(Algo de lluvia)*? ¿Está nublado *(Algo de nubes)*?

– ¡En absoluto! Es verano y el clima es agradable y cálido, con mucho sol. Nunca llueve en el Midi, o muy raramente.

QU'EST-CE QUE TU DEVIENS ?

– Assieds-toi, Suzie. Ces chaises sont très confortables. Veux-tu une cigarette ?

– Non merci, je ne fume plus.

– Alors prends un café.

– Je ne bois pas de café après le déjeuner : ça m'empêche de dormir.

– C'est vrai ? Tu veux un thé, peut-être ?

– Je ne prends pas de thé non plus. Je n'aime pas le goût. Je ne veux rien, merci.

– Tu es vraiment pénible ! Dis-moi, qu'est-ce que tu deviens en ce moment ?

– Je suis très occupée cette semaine, comme d'habitude. Cet après-midi, j'ai un cours de sport ; c'est pour ça que je porte ces baskets. Et ce week-end je dois absolument descendre dans le sud pour voir mes grands-parents. Mon grand-père a plus de soixante-quinze ans, et ma grand-mère a presque quatre-vingt-deux ans. Ils ne voyagent plus et, de toute façon, ils ne viennent jamais à Paris et ils ne reçoivent pas beaucoup de visiteurs. Alors j'essaie de les voir au moins deux ou trois fois par an. Mais ce n'est pas facile parce qu'ils habitent à la campagne et il n'y a plus de trains directs. Je suis obligée de louer une voiture à la gare de Nice et faire plus de quatre-vingt-quinze kilomètres. Mais je ne peux pas les décevoir.

– Quel temps fait-il là-bas en ce moment ? De la pluie ? Des nuages ?

– Pas du tout ! C'est l'été et il fait beau et chaud, avec beaucoup de soleil. Il ne pleut jamais dans le Midi – ou très rarement.

■ COMPRENDER EL DIÁLOGO
PALABRAS Y FRASES

→ En el Módulo 5, aprendimos los números del 1 al 69. Hoy continuaremos contando, del 70 al 99. Para ello, tendrás que hacer un poco de aritmética: 70 es 60 más 10 = **soixante-dix**, por lo que los siguientes nueve números son 60 + 11 (**soixante et onze**), 60 + 12 (**soixante-douze**), etc.

70	soixante-dix	75	soixante-quinze
71	soixante et onze	76	soixante-seize
72	soixante-douze	77	soixante-dix-sept
73	soixante-treize	78	soixante-dix-huit
74	soixante-quatorze	79	soixante-dix-neuf

Ochenta es cuatro veintes, o **quatre-vingts**:

80	quatre-vingts	85	quatre-vingt-cinq
81	quatre-vingt-un	86	quatre-vingt-six
82	quatre-vingt-deux	87	quatre-vingt-sept
83	quatre-vingt trois	88	quatre-vingt-huit
84	quatre-vingt-quatre	89	quatre-vingt-neuf

Cuando llegamos a 90, volvemos al mismo sistema que para 70:

90	quatre-vingt-dix	95	quatre-vingt-quinze
91	quatre-vingt-onze	96	quatre-vingt-seize
92	quatre-vingt-douze	97	quatre-vingt-dix-sept
93	quatre-vingt-treize	98	quatre-vingt-dix-huit
94	quatre-vingt-quatorze	99	quatre-vingt-dix-neuf

100 es **cent** y volvemos a empezar (**cent-un**, **cent-deux**, etc.).

Bélgica y Suiza tienen sistemas ligeramente diferentes, y posiblemente más lógicos. Ambos usan **septante** para 70 (por lo tanto, **septante et un** para 71, etc.) y **nonante** para 90 (**nonante et un**, etc.). Además, Suiza a menudo usa **huitante** para 80. Pero si utilizas el sistema francés en Bélgica (o viceversa), casi con toda seguridad te entenderán.

El uso de guiones y la **-s** final en **vingt** es bastante complejo, por lo que por el momento debes concentrarte en aprender los números y en adquirir el reflejo automático de verlos y decirlos en voz alta.

Por último, solo hay una palabra para 0 en francés: **zéro**, que traduce *cero* y *nada*. Además, una de las razones por las que es tan importante aprender el sistema de numeración es que los números de teléfono se leen y se pronuncian en pares, así que, por ejemplo, 17 no es «uno siete», sino **dix-sept**. Veremos esto con más detalle más adelante.

→ *El tiempo*, **le temps**, es un tema de conversación típico en la mayoría de los idiomas, y el francés no es una excepción. Estas son algunas de las frases más comunes: **Quel temps fait-il ?** *¿Qué tiempo hace?* (en este caso, el uso de **est-ce que** en lugar de la inversión haría que la oración fuera demasiado larga). **Il fait mauvais**, *Hace mal tiempo*. **Il fait chaud / froid**, *Hace calor / frío*. **Il pleut**, *Llueve* (o *está lloviendo*, dependiendo del contexto).

Para describir el tipo de clima usamos la construcción **il y a** más un sustantivo: **Il y a du soleil / du vent / de la pluie / des nuages**, etc. *Hace sol / viento / Llueve / Está nublado*, etc.

Recuerda que **le temps** significa tanto *el clima* como *el tiempo*, pero el contexto aclarará el significado. Por último, es posible que quieras comprobar el pronóstico del tiempo. El término oficial es **le bulletin météorologique**, pero casi todo el mundo usa la forma abreviada **la météo**: **Quelle est la météo pour demain ?** *¿Cuál es el pronóstico del tiempo para mañana?*

→ **devenir** significa *convertirse* y se conjuga como **venir** (Módulo 5). Pero la expresión idiomática **Qu'est-ce que vous devenez / tu deviens?** (literalmente, «¿En qué se está convirtiendo?») es el equivalente a *¿Cómo te va?* o *¿Qué haces?*: – **Qu'est-ce que tu deviens, mon ami?** – **Je travaille à Marseille**, – *¿Cómo te va, amigo mío?* – *Estoy trabajando en Marsella*.

→ **non plus** (literalmente «no más») es el equivalente a *tampoco*. **Je n'aime pas le café, and je ne bois pas of thé non plus**, *No me gusta el café y tampoco bebo té*. **Non plus** también se puede usar con los pronombres enfáticos: – **Je n'aime pas le thé**. – **Moi non plus**, – *No me gusta el té*. – *A mí tampoco yo*. En este contexto, es la forma negativa de **Moi aussi**, *A mí también*.

NOTAS CULTURALES

El sustantivo **midi**, como sabemos, significa *mediodía*, la mitad del día. Pero **le Midi** se refiere expresamente a la región del sur de Francia que comprende la costa mediterránea, desde la frontera italiana hasta la española, y su interior. Incluye glamorosos centros turísticos costeros como Niza y Cannes, pero también regiones montañosas de una belleza espectacular (**les Alpes de Haute Provence**), los olivares y los campos de lavanda de **la Provence** y las llanuras soleadas de **le Languedoc**.

Culturalmente, **le Midi** es una mezcla de influencias francesas, italianas y catalanas. Tradicionalmente, la puerta de entrada a la región sur es la ciudad de **Valence**, fundada por los romanos, de ahí la expresión **À Valence le Midi commence** (*El Midi comienza en Valence*), aunque otras ciudades de la región también reclaman ese título.

La división norte-sur en Francia –a veces llamada con humor la partición de mantequilla/aceite de oliva– es una realidad histórica reflejada en una antigua división lingüística: las personas que vivían en el norte de Francia originalmente hablaban el galorromano, mientras que las del sur utilizaban el latín de inspiración romana. Las diferencias se resumieron en las dos palabras para «sí»: **oïl** en el norte, **oc** en el sur, y de ahí viene **Languedoc**.

Pero ¿por qué **le Midi** en lugar de **le sud**? La palabra proviene del latín para mediodía, cuando el sol está en su punto más alto y, visto desde el hemisferio norte, aparece en el sur*. En francés moderno, **le sud** se refiere a la mitad sur del país en general, mientras que **le Midi** es una región específica.

* Una de las principales estaciones de tren en la capital de Bélgica es l**a Gare du Midi**.

◆ GRAMÁTICA
OTRAS FORMAS NEGATIVAS

Sabemos cómo negar los verbos usando **ne … pas**. También podemos reemplazar **pas** por otro adverbio para alterar el significado de la oración. Pero utilizando siempre la doble negación:

– **ne … plus**, *ya (no)*:
Je ne l'aime plus, *Ya no le/la/lo quiero*.
Ils n'habitent plus à cette adresse, *Ya no viven en esta dirección*.

– **ne … jamais**, *nunca*:
Tu ne me téléphones jamais ! *¡Nunca me llamas!*
Je ne vais jamais au travail en voiture, *Nunca voy al trabajo en coche*.

– **ne … rien**, *nada*:
– **Qu'est-ce qu'il veut, ton frère ?** – **Il ne veut rien**, – *¿Qué quiere tu hermano?* – *No quiere nada*.
Le chinois est trop difficile ! Je ne comprends rien, *El chino es demasiado difícil, no entiendo nada*.

Hay varias construcciones más que usan **ne** y un adverbio, pero estas tres son las más comunes.

ADJETIVOS DEMOSTRATIVOS

Estos adjetivos se utilizan para señalar (o «demostrar») algo o alguien. Concuerdan en número y, en la mayoría de los casos, en género. Son **ce** (masculino singular) **cette** (femenino singular) y **ces** (masculino y femenino plural). Además, si un sustantivo masculino singular comienza con una vocal o una **h**, el demostrativo se convierte en **cet** (y suena exactamente igual que **cette**). A diferencia del español, los adjetivos demostrativos en francés no indican la posición del hablante en relación con el objeto o la persona que está siendo «demostrada» (esto / eso, estos / esos)
Cette chaise n'est pas très confortable, *Esta / Esa silla no es muy cómoda.*
Qu'est-ce que tu fais ce week-end ? *¿Qué haces este fin de semana?*
Ces cours sont très intéressants, *Estas lecciones son muy interesantes.*
Ce magasin est fermé cet après-midi, *Esta / Esa tienda está cerrada esta tarde.*
(¡Ten cuidado de no confundir **cette** / **cet** con **c'est**!)

DU O *DE*? CAMBIO DEL ARTÍCULO PARTITIVO

Los artículos definidos no cambian si una oración se pone en negativo. Por ejemplo: **J'aime le café**, *Me gusta el café*, se convierte en **Je n'aime pas le café**. Pero si usamos uno de los artículos partitivos (**du**, **de la**, **d'** o **des**) para expresar una cantidad indefinida, en una oración negativa cambian a **de** (en lugar de **du** y **de la**) o **d'** (en lugar de **de l'**). Por ejemplo: **Il achète du pain** → **Il n'achète pas de pain**, *Él compra (algo) de pan → Él no compra (algo) de pan.*
Je bois de l'eau → **Je ne bois pas d'eau**, Bebo (un poco de) agua → No bebo (un poco de) agua.
Recuerda: si no se expresa ninguna cantidad, usa **de** / **d'** en oraciones negativas.

CONCORDANCIA DEL PARTICIPIO

Sabemos que los adjetivos concuerdan con el género del sustantivo con el que están relacionados. Por lo tanto, la misma regla se aplica a los participios adjetivo. Por ejemplo, un hombre que está ocupado u obligado a hacer algo dirá: **Je suis occupé** y **Je suis obligé**, mientras que una mujer dirá **Je suis occupée** y **Je suis obligée**. En este caso, no hay diferencia en la pronunciación. Aprenderemos más sobre la concordancia en breve, cuando veamos el pasado.

▲ CONJUGACIONES

VERBOS ACABADOS EN -OIR

Estos pertenecen al tercer grupo, compuesto de verbos en su mayoría irregulares y divididos en tres subgrupos cuyos finales son **-oir**, **-ir** y **-re**.

El subgrupo **-oir** comprende algunos de los verbos más utilizados en francés, incluidos cuatro que ya conocemos: **avoir** (Módulo 1), **vouloir** y **pouvoir** (Módulo 3), **savoir** (Módulo 5) y **devoir** (Módulo 7).

Otro verbo importante en este subgrupo, usado habitualmente en conversaciones cotidianas, es **voir**, *ver*.

je vois	veo	nous voyons	vemos
tu vois	ves	vous voyez	veis / ve / ven
il/elle voit	ve	ils/elles voient	ven

El negativo se forma, como de costumbre, con **ne … pas** y el interrogativo con **est-ce que** o por inversión: **Je ne vois pas**; **Est-ce que tu vois… / Vois-tu ?**

Algunos verbos que terminan en **-cevoir** –especialmente **recevoir**, *recibir*, y **décevoir**, *decepcionar*– siguen el mismo patrón:

je reçois	recibo	nous recevons	recibimos
tu reçois	recibes	vous recevez	recibís
il/elle reçoit	recibe	ils/elles reçoivent	reciben

(Observa cómo desaparece la **v** de la raíz en las primeras tres personas, pero vuelve a aparecer en **nous**, **vous** y **ils / elles**).

Por último, **pleuvoir**, *llover*, también es irregular, pero es un verbo impersonal (es decir, se usa solo en infinitivo y en la tercera persona): **Il va pleuvoir demain**, *Va a llover mañana*, **Il ne pleut pas aujourd'hui**, *Hoy no llueve*.

▲ EJERCICIOS

1. CONJUGA ESTOS VERBOS EN LA FORMA CORRECTA

a. Nous (*recevoir*, negativo: …………………) beaucoup de visiteurs en été.

b. Est-ce vous (*voir* …………………) ce que je veux dire ?

c. Est-ce qu'il (*pleuvoir*………………….) à Nantes, Barbara ?

d. Mes grands-parents (*vouloir*, negativo: …………………..) venir me voir dans le Midi.

e. Tu me (*décevoir*…………………..) beaucoup !

VOCABULARIO

boire *beber*
décevoir *decepcionar*
descendre *bajar*
devenir *convertirse*
empêcher *impedir, evitar*
fumer *fumar*
pleuvoir *llover*
louer *alquilar*
recevoir *recibir*
voyager *viajar* (ver **agence de voyages**, Módulo 2)

la campagne *el campo*
une grand-mère *una abuela*
grands-parents *abuelos*
un grand-père *un abuelo*
le Midi *el sur de Francia, el Midi*
un nuage *una nube*
la pluie *la lluvia*
un train *un tren*
un visiteur *una visita (un visitante)*

absolument *absolutamente*
comme d'habitude *como siempre*
confortable *cómodo*
de toute façon *en cualquier caso, de todas formas*
non plus *ya*
pénible *difícil*
rarement *raramente*

Assieds-toi *Siéntate*
Je suis très occupe(e) *Estoy muy ocupado/a*
Quel temps fait-il ? *¿Qué tiempo hace?*
Qu'est-ce que tu deviens ? *¿Cómo te va?*

2. TRADUCE ESTAS SENCILLAS FRASES UTILIZANDO *NE… JAMAIS, NE…PLUS* O *NE…RIEN*

a. Ya no les quiero. →

b. Nunca vamos al trabajo en coche. →

c. No entiendes nada. →

d. Mis abuelos nunca vienen a París. →

e. Ya no fumo. →

3. ESCRIBE ESTOS NÚMEROS EN LETRAS* Y DESPUÉS LÉELOS EN VOZ ALTA

a. 77……………………………………………

b. 89……………………………………………

c. 93……………………………………………

d. 74……………………………………………

e. 80……………………………………………

f. 71……………………………………………

g. 92……………………………………………

h. 78……………………………………………

i. 85……………………………………………

j. 91……………………………………………

k. 99……………………………………………

l. 88……………………………………………

* Utiliza el sistema francés.

4. TRADUCE ESTAS FRASES AL FRANCÉS

a. – Simón está muy ocupado ahora. – ¡Como siempre! →

b. – ¿Qué tiempo hace en Marsella esta semana? – Hace bueno y calor. →

c. – No bebo café por la tarde. – Yo tampoco. No me deja dormir. →

d. – Ya no hay trenes directos. – ¿De verdad? →

e. – ¿Cómo te va? – Tengo que alquilar un coche y bajar al sur este fin de semana. →

¡No te olvides de pasar las páginas de este libro rápidamente y leer los números en voz alta!

9. VACACIONES
LES VACANCES

OBJETIVOS

- PREGUNTAR SOBRE LAS POSIBILIDADES
- EXPRESAR PREFERENCIAS
- DECIR FECHAS (DÍAS, MESES)

CONOCIMIENTOS

- PARTÍCULAS INTERROGATIVAS
- CONDICIONAL (PRIMEROS PASOS)
- CONCORDANCIA DE LOS ADJETIVOS

EN LA AGENCIA DE VIAJES

– ¿Puedo informarle?

– Me gustaría tomarme unas vacaciones porque estoy muy cansada.

– ¿Cuándo podría irse? ¿Y qué le gustaría hacer?

– No tengo proyectos concretos. ¿Tiene [alguna] sugerencia?

– Hay muchas opciones: esquí en los Alpes, playa en la Costa Azul, un crucero... échele un vistazo a este catálogo. ¿Cuándo está libre, en qué periodo?

– Me encantaría irme durante la primera quincena de mayo.

– ¿Por qué en mayo? ¿Por qué no en junio o julio?

– ¡Porque hay muchos puentes en mayo y me gustaría aprovechar!

– Entendido. Pero ya sabe, es más caro. ¿Cómo quiere irse? ¿En tren? ¿En *(Por)* avión?

– En tren, si es posible. Tengo miedo al avión. ¿Qué piensa?

– Tengo una escapada en Córcega en el hotel Bonaparte en Calvi, vuelo y alojamiento incluidos, con algunas excursiones. Es un lugar muy bonito. Pero es verdad, no quiere volar. Si no, podría pasar una semana en un pequeño balneario.

– ¿Cuánto cuesta? Espero que no sea demasiado caro.

– No, solo cuatrocientos euros, viaje incluido.

– Tiene razón: es barato. ¿Y cuáles son las fechas?

– Del lunes 20 al viernes 24 de mayo. ¿Le va bien?

– Me va perfectamente. Estoy muy contenta. ¡Voy a hacer las *(mis)* maletas!

À L'AGENCE DE VOYAGES

– Est-ce que je peux vous renseigner ?

– Je voudrais prendre des vacances parce que je suis très fatiguée.

– Quand voudriez-vous partir ? Et que voudriez-vous faire ?

– Je n'ai pas de projets précis. Avez-vous des suggestions ?

– Il y a beaucoup de choix : du ski dans les Alpes, de la plage sur la Côte d'Azur, une croisière… jetez un œil à ce catalogue.
Quand êtes-vous libre, à quelle période ?

– J'aimerais beaucoup partir pendant la première quinzaine de mai.

– Pourquoi en mai ? Pourquoi pas en juin ou juillet ?

– Parce qu'il y a beaucoup de ponts en mai et je voudrais en profiter !

– Entendu. Mais vous savez, c'est plus cher. Vous voulez partir comment ? En train ? En avion ?

– En train si c'est possible. J'ai peur de l'avion. À quoi pensez-vous ?

– J'ai un séjour en Corse à l'hôtel Bonaparte à Calvi, vol et hébergement compris, avec quelques excursions. C'est un très bel endroit. Mais c'est vrai, vous ne voulez pas prendre l'avion. Sinon, vous pourriez passer une semaine dans une petite station balnéaire.

– Combien ça coûte ? J'espère que ce n'est pas trop cher ?

– Non, seulement quatre cents euros, voyage compris.

– Vous avez raison : c'est bon marché. Et quelles sont les dates ?

– Du lundi vingt au vendredi vingt-quatre mai. Ça vous va ?

– Ça me va parfaitement. Je suis très heureuse. Je vais faire mes valises !

COMPRENDER EL DIÁLOGO
PALABRAS Y FRASES

→ Los meses del año: a pesar de la **s** final, **un mois** (pl. **les mois**), *un mes*, es singular (**moi** significa *yo*). Al igual que los días de la semana (Módulo 4), los nombres de los meses se escriben con minúscula.

janvier	enero	juillet	julio
février	febrero	août	agosto
mars	marzo	septembre	septiembre
avril	abril	novembre	octubre
mai	mayo	octobre	noviembre
juin	junio	décembre	diciembre

Los nombres franceses tienen las mismas raíces que sus equivalentes en español, por lo que deberían ser fáciles de recordar. El adjetivo *mensual* es **mensuel(le)**.

→ **renseigner** significa *proporcionar información* (comparte la misma raíz que **enseigner**, *enseñar*, Módulo 2). **Pouvez-vous me renseigner s'il vous plaît ?**, *¿Me puede dar alguna información, por favor?* En un edificio público, el signo **RENSEIGNEMENTS** indica el mostrador de información. También puedes encontrar este verbo si se te pide que rellenes un formulario con información personal: **Renseignez cette fiche, s'il vous plaît**, *Rellene este formulario, por favor*.

→ **entendu** es el participio pasado de *oír*. Puedes usarlo para reconocer que has escuchado y estás de acuerdo con alguien. – **Nous partons à dix heures.** – **Entendu.** – *Nos vamos a las 10.* – *Entendido.* Del mismo modo, **compris** es el participio pasado de **comprendre**, *comprender*. Se usa como adjetivo en el sentido de *incluido*, especialmente en los menús (**Service compris**, *Servicio incluido*) y en ofertas de paquetes (**Tout compris**, *Todo incluido*).

→ **un œil**, *un ojo* (pron. [An_e]) es irregular en el plural: **les yeux** [lesye]. La expresión **jeter un œil** (o a veces **un coup d'œil**) significa *echar un vistazo, echar una ojeada*. Los únicos otros nombres comunes con un plural irregular son **mesdames, mesdemoiselles** y **messieurs** (*señoras, señoritas, señores*). Esto es lógico porque los adjetivos posesivos singulares que forman parte de las palabras, **mon-** y **ma-**, se convierten en **mes-** en plural. (Las tres palabras se usan a menudo para comenzar un discurso: *Damas y caballeros*).

→ **bon marché** (literalmente, «buen mercado») es un adjetivo que significa *barato, poco caro*: **Ce magasin de sport est vraiment bon marché**, *Esta tienda de depor-*

tes es realmente barata. Una alternativa es poner **cher**, *caro*, en negativo: **Ce magasin n'est pas cher**.

→ **Ça vous va ?** (tuteo: **Ça te va ?**) es una forma común de preguntar si algo es adecuado: **L'hôtel coûte cent-cinquante euros la nuit. Ça te va?** *El hotel cuesta 150 euros por noche. ¿Te va bien?* Para responder, se usa **oui** o **non**, o, alternativamente, con el pronombre personal: **Ça me va / Ça nous va**.

NOTAS CULTURALES

Les vacances, *las vacaciones*, son una parte importante de la vida francesa. Según la legislación vigente, los trabajadores a tiempo completo tienen derecho a cinco semanas de vacaciones anuales pagadas (el término oficial es **les congés payés**). Esto, junto con una serie de días libres oficiales, **les jours fériés** (1 de noviembre, 15 de agosto), **les fêtes de fin d'année** (*las vacaciones de fin de año*), **la Fête du travail** (*el Día del Trabajo*, 1 de mayo), **la Fête Nationale** (*el Día de la Bastilla*, 14 de julio) y media docena de otros días festivos oficiales, hacen de Francia uno de los países más generosos en cuanto al derecho a vacaciones. En cuanto al vocabulario, **les vacances** (generalmente plural) significa *las vacaciones*, **un congé** es *un día* (o varios) *libre*, y **une fête** es *un día festivo*. (Además, algunos católicos todavía desean **Bonne Fête** en el día del santo).

A pesar de todos estos días de descanso, Francia tiene una de las tasas más altas de productividad laboral del mundo.

GRAMÁTICA
PARTÍCULAS INTERROGATIVAS

La mayoría de las partículas interrogativas comienzan por **qu-** o **co-**. Vamos a hacer un balance de las que conocemos hasta ahora:

- QU-

— **qui**, *quién*, se usa para hacer preguntas sobre personas: **Qui êtes-vous ?**, *¿Quién es usted?*; **Qui vois-tu ?**, *¿A quién ves?* En un registro menos formal, se emplea la forma interrogativa con **est-ce que**: **Qui est-ce que tu vois ?** Y, por supuesto, puedes simplemente subir la entonación al final de la pregunta, poniendo **qui** al final: **Vous êtes qui ?**

— **quand**, *cuándo*, sigue la misma regla que **qui**: **Quand voulez-vous venir ?**, *¿Cuándo quiere venir?* **Quand est-ce que tu veux venir ? Tu veux venir quand ?**

— **que**, *qué*, se usa en preguntas sobre cosas o acciones: **Que voulez-vous ?**, *¿Qué quiere?*, **Que vois-tu ?**, *¿Qué bebes?* Con **est-ce que**, la pregunta se hace un poco más larga: **Qu'est-ce que vous voulez ?** (Recuerda: **que** se convierte en **qu'** delante de una vocal).

Sin embargo, **que** no se puede utilizar después de una preposición. Así pues, por ejemplo, si lo usamos en una pregunta de entonación ascendente, hay que sustituirlo por **quoi**: **Vous voulez quoi ?** ¿Qué desea?

– **quoi** se utiliza como pronombre interrogativo inicial en ciertas circunstancias, en particular en las expresiones **Quoi de neuf ?**, ¿Qué hay de nuevo? y **Quoi faire ?**, ¿Qué debo / debemos hacer? **Quoi** también se usa en el compuesto **pourquoi** por qué: **Pourquoi voulez-vous partir en mai ?**, ¿Por qué quiere irse en mayo?

• CO-

– **comment**, cómo, introduce una pregunta y puede ir seguido por las tres construcciones interrogativas: **Comment allez-vous ?**, ¿Cómo está?, **Comment est-ce je peux prendre rendez-vous ?** ¿Cómo puedo hacer una cita?, **Comment tu vas ?**, ¿Cómo te va?

– **combien** significa cuánto. Ya sabemos (Módulo 5) que podemos usar la inversión, **Combien coûtent les billets ?** y también la forma **est-ce que**: **Combien est-ce que tu peux payer?** ¿Cuánto puedes pagar? Sin embargo, para la forma con entonación ascendente, el adverbio se desplaza al final de la pregunta: **Tu peux payer combien ?**, **Les billets coûtent combien ?**

La única excepción a la regla **qu-** / **co-** es la conjunción **où**, dónde, que sigue el mismo formato que **que**: **Où habitez-vous ?**, ¿Dónde vive? **Où est que vous habitez ?**, **Tu habites où ?** (Recuerda que **où** es la única palabra en francés con acento grave en la **u**).

MÁS SOBRE LOS ADJETIVOS

Sabemos que los adjetivos generalmente van detrás del nombre al que califican y siempre concuerdan en género y número. No obstante, hay numerosas excepciones, algunas de las cuales ya hemos aprendido. A continuación repasaremos algunas de las reglas básicas:

• Formación

Por convención, los diccionarios y las listas de vocabulario dan la forma masculina de los adjetivos. Para formar el femenino, generalmente añadimos la terminación **-e** (**grand** → **grande**). Si el masculino termina en una vocal (**joli**, bonito), el femenino (**jolie**) se pronuncia de manera idéntica. Pero si el masculino termina en una consonante muda (**petit**), esa consonante se pronuncia cuando se añade la **-e** (**petite**).

• Adjetivos irregulares

Estas son algunas formas irregulares (es decir, el masculino singular cambia su terminación en femenino):

– La consonante final se duplica:

-en y **-on**: **ancien** → **ancienne** (*antiguo, anticuado*); **bon** → **bonne** (*bueno*). (La misma regla se aplica a **-an**, pero hay muy pocos adjetivos).

-el, **-eil** e **-il**: **naturel** (*natural*) → **naturelle**; **pareil** (*igual*) → **pareille**; **gentil** (*amable*) → **gentille**.

– **-f** y **-x** cambian, respectivamente, a **-ve** y **-se** (o **-sse**): **neuf** (*nuevo*) → **neuve**; **heureux** (*feliz*) → **heureuse**; **faux** (*falso, incorrecto*) → **fausse**.

– **-er** cambia a **-ère**: **dernier** (*último*) → **dernière**.

– **-et** cambia a **-ète**: **complet** (*completo, lleno*) → **complète**.

Hay más excepciones, pero las señalaremos a medida que avancemos.

• Plurales

La mayoría de los plurales se forman añadiendo una **s** (muda) al singular. Sin embargo, si el singular ya termina en **s** o **x**, el final no cambia: **un projet précis** → **des projets précis**; **un homme heureux** → **des hommes heureux**.

• Posición

La mayoría de los adjetivos se colocan directamente detrás del nombre al que califican (**un projet précis**, **une chaise confortable**, **un rendez-vous important**, etc.). Si en la oración se usa un adverbio de grado, como **très**, *muy*, se coloca delante del adjetivo: **un rendez-vous très important**). No obstante, algunos adjetivos muy comunes (incluyendo **petit**, **grand**, **beau / belle / bel**) van delante del sustantivo. Veremos estas excepciones en el Módulo 15.

▲ CONJUGATION
EL CONDICIONAL

El condicional es importante porque se usa para expresar cortesía, especialmente cuando se hacen preguntas (*¿Podría decirme…?*) o se expresa una preferencia (*Me gustaría…*). Como ya hemos visto, los dos verbos más importantes en estos contextos son **vouloir**, *querer*, y **pouvoir**, *poder*.

• **Vouloir**: Afirmativo

je voudrais	*querría*	nous voudrions	*querríamos*
tu voudrais	*querrías*	vous voudriez	*querríais*
il/elle voudrait	*querría*	ils/elles voudraient	*querrían*

- Negativo:

je ne voudrais pas, *no querría*, etc.

- Interrogativo con **est-ce que…**:

Est-ce que je voudrais … ?, *¿Querría…?*, etc.

- **Pouvoir**: Afirmativo:

je pourrais	podría	nous pourrions	podríamos
tu pourrais	podrías	vous pourriez	podríais
il/elle pourrait	podría	ils/elles pourraient	podrían

- Negativo:

je ne pourrais pas, *no podría*, etc.

- Interrogativo con **est-ce que…**:

Est-ce que je pourrais … ?, *¿Podría…?*, etc.

Aquí tienes algunas frases simples pero muy útiles:

Nous voudrions une table pour deux s'il vous plait, *Querríamos una mesa para dos, por favor*.

Je ne voudrais pas vous déranger, *No querría molestarte*.

Est-ce que je pourrais vous poser une question ?, *¿Podría hacerle una pregunta?*

Nous ne pourrions pas accepter votre invitation, *No podríamos aceptar su invitación*.

(De ahora en adelante, te daremos solo el indicativo del verbo en forma de tabla, a menos que haya alguna irregularidad importante).

●VOCABULARIO

avoir peur (de) *tener miedo (de)*
avoir raison *tener razón*
entendre *oír*
faire ses valises *hacer las maletas*
renseigner *informar*
profiter *aprovechar*

le choix *la elección*
une croisière *un crucero*
une excursion *una excursión*
l'hébergement *el alojamiento*
un œil (pl. **les yeux**) *un ojo*
une plage *una playa*
une période *un periodo* (tiempo)
un projet *un plan, un proyecto*
un séjour *una estancia, una escapada*
le ski *el esquí*
une station balnéaire *un balneario*
une suggestion *una sugerencia*
une valise *una maleta*
un vol *un vuelo*

bon marche *barato*
compris *incluido*

heureux *feliz*
mai, etc. ver la lista de los meses en Comprender el diálogo

Entendu *Entendido*
Ca vous va ? *¿Le va bien?*
Ca me va *Me va bien*
Combien est-ce que ca coute ? *¿Cuánto cuesta?*

Sin que te des cuenta, hemos empezado a ver algunas reglas formales para cosas como adjetivos e interrogativos, y las has aprendido de manera natural. Así es el método Assimil: hacer que aprendas utilizando tus poderes naturales de asimilación en lugar de seguir reglas, tablas y cuadros. **Bonne continuation !**

▲ EJERCICIOS

1. CONJUGA *VOULOIR* / *POUVOIR* EN EL CONDICIONAL

a. Nous (*pouvoir* : …………………….) venir en mai si vous voulez.

b. Tu (*vouloir*, interrogativa con *est-ce que*: …………………….) un verre de vin ?

c. Mon collègue (*pouvoir*, negativa: ………….) rencontrer votre client avant demain.

d. Vous (*vouloir*, interrogativa con *est-ce que*: ……………….) voir la chambre d'hôtel ?

e. Vous (*pouvoir*, interrogativa con *est-ce que*: ……………) nous renseigner s'il vous plait ?

2. REFORMULA ESTAS PREGUNTAS CON LA TERCERA FORMA DE INTERROGACIÓN (INVERSIÓN)

a. Comment est-ce que nous pouvons prendre rendez-vous ?

b. Combien est-ce que tu peux payer ?

c. Où est-ce qu'ils habitent ?

d. Pourquoi est-ce qu'elle veut partir en mai ?

e. Quand est-ce que vous voulez venir ?

3. CONCUERDA ESTOS ADJETIVOS CON SUS SUSTANTIVOS

a. des villages _ _ _ _ _ (français)

b. la semaine _ _ _ _ _ _ _ _ _ (dernier)

c. deux amies _ _ _ _ _ _ _ _ (gentil)

d. une semaine _ _ _ _ _ (complet)

e. une femme _ _ _ _ _ _ _ _ _ _ (seul)

f. des croisières _ _ _ _ _ _ _ (cher)

g. une montre _ _ _ _ _ (neuf)

h. une église _ _ _ _ _ (ancien)

i. des enfants _ _ _ _ _ (heureux)

j. trois mois _ _ _ _ _ (complet)

4. TRADUCE ESTAS FRASES AL FRANCÉS

a. El hotel está lleno en junio, julio y agosto, y cierra de noviembre a marzo. →

b. – ¿En qué está pensando (usted)? – En el puente de la segunda quincena de mayo. →

c. ¿Cuándo podemos hacer una cita? (utiliza **est-ce que**) →

d. Ella tiene razón, es barato: una estancia en Córcega por quinientos euros. →

e. – ¿Cuánto cuesta?* – 250 euros. – Me va bien. →

** Dos posibilidades

9. Vacaciones

10.
DESCANSAR
SE REPOSER

OBJETIVOS

- **DESCRIBIR UNA RUTINA**
- **CONTRADECIR UNA AFIRMACIÓN**

CONOCIMIENTOS

- **VERBOS PRONOMINALES**
- **FORMAR ADVERBIOS A PARTIR DE ADJETIVOS**
- **UTILIZAR *ON* EN LUGAR DE *NOUS***

¿TE ABURRES?

— Mi esposa está en viaje de negocios a Suiza toda la semana.

— ¡Debes estar aburrido solo en casa!

— Al contrario, me estoy divirtiendo mucho. Es muy relajante *(descansado)*, ya sabes.

— ¿Cómo descansas? ¿Te levantas tarde o qué?

— Al contrario, me levanto muy temprano, alrededor de las seis y media. Primero, miro rápidamente mis correos electrónicos y mi agenda. Luego me lavo y me afeito tranquilamente mientras escucho la radio. Me visto sencillo *(simplemente)*: me pongo unos vaqueros en lugar de un traje. Después, voy tranquilo *(no me apuro)*. Preparo un buen desayuno saludable con yogur y fruta.

— Estoy celosa porque rara vez tengo tiempo para descansar como tú. Tengo que cuidar a mis hijos, que siempre se despiertan temprano, incluso los fines de semana. Por la noche, rara vez me acuesto antes de la medianoche ¡y estoy agotada!

— Tengo mucha suerte, lo sé. Comienzo el día suavemente. Trabajo seriamente hasta la hora del almuerzo, alrededor del mediodía o las doce y media. Me hago un tentempié y vuelvo a revisar mis correos electrónicos durante media hora. Luego me siento frente al televisor y, si hay un documental o una serie divertida, lo veo. El problema es que me aburro fácilmente y, a veces, me duermo completamente después de un cuarto de hora. Cuando me despierto, el programa se suele haber acabado *(está generalmente terminado)*. Pero, bueno, me divierto.

— ¿Y tu mujer? ¿Qué piensa ella de todo esto? ¿Discutís?

— La verdad es que no *(Ciertamente no)*. ¡Nunca discutimos, especialmente cuando ella no está *(está ausente)*! Hablamos por mensajes *(texto)* hasta las diez de la noche y luego me acuesto. ¡Me duermo fácilmente porque mis días son totalmente agotadores!

TU T'ENNUIES ?

– Ma femme est en voyage d'affaires en Suisse toute la semaine.

– Tu dois t'ennuyer tout seul à la maison !

– Au contraire, je m'amuse énormément. C'est très reposant, tu sais.

– Comment, tu te reposes ? Tu fais la grasse matinée, ou quoi ?

– Au contraire, je me lève très tôt, aux alentours de six heures et demie. D'abord, je regarde rapidement mes mails et mon agenda. Ensuite, je me lave et me rase tranquillement en écoutant la radio. Je m'habille simplement : je mets un jean plutôt qu'un costume. Après, je ne me dépêche pas. Je me prépare un bon petit déjeuner sain avec du yaourt et des fruits.

– Je suis jalouse parce que j'ai rarement le temps de me reposer comme toi. Je dois m'occuper de mes enfants, qui se réveillent toujours de bonne heure, même le week-end. Le soir, je me couche rarement avant minuit et je suis épuisée !

– J'ai beaucoup de chance, je sais. Je commence la journée doucement. Je travaille sérieusement jusqu'à l'heure de déjeuner, vers midi ou midi et demi. Je me fais un casse-croûte et je vérifie à nouveau mes courriels pendant une demi-heure. Puis je m'assois devant la télé et, s'il y a un documentaire ou une série amusante, je le regarde. Le problème est que je m'ennuie facilement, et parfois je m'endors complètement au bout d'un quart d'heure. Quand je me réveille, l'émission est généralement terminée. Mais, bon, je m'amuse.

– Et ta femme ? Qu'est-ce qu'elle pense de tout ça ? Est-ce que vous vous disputez ?

– Certainement pas. On ne se dispute jamais, surtout quand elle est absente ! On se parle par texto vers vingt-deux heures et ensuite je me couche. Je m'endors facilement parce que mes journées sont tellement épuisantes !

COMPRENDER EL DIÁLOGO

PALABRAS Y FRASES

→ El sustantivo femenino singular **la matinée**, *la mañana*, tiene básicamente el mismo significado que **le matin**. La diferencia es que este último denota un periodo de tiempo preciso (es decir, la mañana frente a la tarde o la noche), mientras que el primero se refiere a la duración del tiempo («durante la mañana»). Así que decimos **Le matin, je bois toujours du café**, *Siempre tomo café por la mañana*, pero **Je travaille toute la matinée**, *Trabajo toda la mañana*. La expresión idiomática **faire la grasse matinée** (literalmente, «hacer gorda la mañana») significa *dormir hasta tarde*.

El mismo cambio de un sustantivo masculino a uno femenino acabado en **-ée** se puede encontrar en otras palabras relacionadas con el tiempo; **le jour → la journée**; **le soir → la soirée**; **l'an → l'année**.

→ La interjección **... ou quoi ?** al final de una oración se usa exactamente de la misma manera que *¿... o qué?* en español: **Tu viens, ou quoi ?**, *¿Vienes o qué?* Y, como en español, su uso es coloquial.

→ El sustantivo masculino plural **les alentours** significa *los alrededores* (del verbo **entourer**, *rodear*): **Les alentours de Bordeaux sont très jolis**, *Los alrededores de Burdeos son muy bonitos*. Por extensión, cuando esta expresión se relaciona con el tiempo, **aux alentours de** significa *alrededor de*: **Ma femme arrive aux alentours de vingt heures ce soir**, *Mi esposa llega alrededor de las 8 esta noche*.

→ **une croûte** significa *una corteza* (recuerda que el acento circunflejo indica que falta una "s") y se usa en la expresión coloquial **casser une croûte**, para *picar algo* (literalmente «romper una corteza»). El sustantivo masculino un **casse-croûte**, a menudo anunciado en el tablón de las ofertas de una cafetería, es equivalente a *un aperitivo*.

→ **le bout** (la "t" es muda) significa *el final, la punta*. La expresión **au bout** de significa por tanto *al final de* (**au bout de la rue**, *al final de la calle*) y, por extensión, *al final de un periodo*, o simplemente *después* (**au bout d'une demi-heure**, *después de media hora*).

NOTAS CULTURALES

El panorama de los medios de comunicación en Francia ha cambiado enormemente en las últimas dos décadas. Podría decirse que las principales fuentes de información y entretenimiento en la actualidad son **les réseaux sociaux** (sing. **Un réseau social**, *una red social*) e internet (**Internet**, con la "I" mayúscula), por no mencionar **les messageries**, *las aplicaciones de mensajes*. Las personas que pasan mucho tiempo en línea son **les internautes**. Afortunadamente (o desafortunadamente) para nuestro propósito, como ocurre en español, gran parte del vocabulario relacionado con internet en francés proviene directamente del inglés, no solo **la web** sino también **un blog**, **un community manager** y el verbo **tweeter**, *tuitear*. Pero también tienen algunas palabras que nosotros hemos copiado (como **un ordinateur**, *un ordenador* o **naviguer**, *navegar*) que no provienen del inglés.

◆ GRAMÁTICA
VERBOS PRONOMINALES

Un verbo es pronominal si va acompañado de un pronombre reflexivo (equivalente a *se* en español). Los verbos pronominales se forman añadiendo el pronombre **se** antes del infinitivo. Se dividen en tres categorías principales: reflexivos (el sujeto y el objeto del verbo son el mismo), recíprocos (el verbo tiene dos sujetos y cada uno hace la acción al otro), e idiomáticos (el pronombre no se relaciona con el sujeto ni con el objeto). Todos se conjugan como verbos normales, pero van precedidos por un pronombre reflexivo: **me**, *me*; **te**, *te*; **se**, *se*; **nous**, *nos*; **vous**, *os*; **se**, *se*. Recuerda que la **e** se elimina si el verbo comienza con una vocal o con una **h** muda: **s'endormir**, *dormirse*; **s'habiller**, *vestirse*.

Veamos, por ejemplo, **se réveiller**, *despertarse*:

je me réveille	me despierto	nous nous réveillons	nos despertamos
tu te réveilles	te despiertas	vous vous réveillez	os despertáis
il se réveille	se despierta	ils se réveillent	se despiertan

La negación se forma con **ne** antes del pronombre y **pas** después del verbo: **il ne se réveille pas**.

La interrogativa sigue los mismos patrones básicos que para los verbos no reflexivos: (i) **Tu te réveilles ?** ↗ (ii) **Est-ce que tu te réveilles ?** (iii) **Te réveilles-tu ?** La inversión es bastante formal, por lo que nos concentraremos en las dos primeras formas para los fines de este curso.

Los verbos recíprocos se construyen exactamente de la misma manera: **Ils se parlent au téléphone**, *Hablan por teléfono*. **Les deux sœurs ne se ressemblent pas**, *Las dos hermanas no se parecen*.

La tercera categoría son los verbos idiomáticos y deben aprenderse de memoria (por ejemplo, **s'amuser**, *divertirse*). No obstante, estos verbos siguen las mismas reglas que las otras dos categorías para la formación de la negativa y la interrogativa. Muchos verbos se pueden usar tanto en la forma normal como en la pronominal. Por ejemplo, **Elle se réveille à neuf heures**, *Ella se despierta a las 9*; y **Elle réveille ses enfants à neuf heures**, *Ella despierta a sus hijos a las 9*. Comprueba siempre si hay un pronombre reflexivo. Pero, atención, algunos verbos pronominales en francés no lo son en español (como el título del módulo: **se reposer**, *descansar*), y viceversa: **partir**, *irse*.

FORMACIÓN DE ANUNCIOS A PARTIR DE ADJETIVOS

Formar adverbios a partir de adjetivos es bastante fácil. En la mayoría de los casos, se añade el sufijo **-ment** al sustantivo femenino singular: **sérieux → sérieuse → sérieusement; doux → douce → doucement; complet → complète → complètement.** Si el adjetivo ya termina en una **e**, simplemente se añade el sufijo: **facile → facilement; rare → rarement.** Sin embargo, si el adjetivo termina en **é**, **i** o **u**, el sufijo se añade a la forma masculina **absolu → absolument; vrai → vraiment.**
Aprenderemos una regla más sobre este tipo de adverbios en otro módulo.

ON: EL «NOSOTROS» INFORMAL

En el francés coloquial, la primera persona del plural **nous** se reemplaza a menudo por el pronombre **on** y la tercera persona del singular como vimos en el Módulo 6. Así, por ejemplo, **Nous regardons un film** se convierte en **On regarde un film**. No hay absolutamente ninguna diferencia en el significado, simplemente en el registro, con **on** + verbo es menos formal que con **nous**.
Esta sustitución se usa con frecuencia para los verbos reflexivos, posiblemente para evitar la repetición de **nous**: **nous nous parlons → on se parle; nous nous aimons → on s'aime**.
Aunque los puristas no recomiendan el uso familiar de **on**, es útil y frecuente. (Más adelante veremos cómo se usa **on** como pronombre indefinido y también para evitar una construcción pasiva).

EL PARTICIPIO PRESENTE

El participio presente de un verbo se puede identificar por la terminación **-ant**, que se añade a la raíz de la primera persona del plural de los verbos acabados en **-er**, **-ir** y **-re**: **nous mangeons → mangeant, nous finissons → finissant, nous vendons → vendant.**
Cuando va precedido por la preposición **en**, el participio presente se traduce en español por un gerundio: **en mangeant**, *comiendo*, etc., para expresar que dos acciones ocurren al mismo tiempo o el modo en que se realiza una acción.
Los participios presentes también se pueden utilizar como adjetivos, en cuyo caso hay que hacerlos concordar con el sustantivo al que califican: **amuser → amusant: une série amusante**.

●VOCABULARIO

amuser *entretener*
s'amuser *divertirse*
casser *romper*
se coucher *acostarse*
se dépêcher *darse prisa*
se disputer *discutir*
s'endormir *dormirse*
s'ennuyer *aburrirse*
s'habiller *vestirse*
se laver *lavarse*
se lever *levantarse*
s'occuper (de) *ocuparse (de), cuidar (de)*
se préparer *prepararse*
se raser *afeitarse*
se reposer *descansar*
se réveiller *levantarse*

épuise(e) *agotado/a*
jaloux/-se *celoso/a*

doucement *suavemente*
énormément *enormemente*
épuisant *agotador*
rapidement *rápidamente*
rarement *raramente*
reposant *relajante* (de **se reposer**)
sérieusement *seriamente*
simplement *simplemente*
tranquillement *tranquilamente*

un casse-croute *un tentempié, un aperitivo*
un costume *un traje*
le courrier *el correo*
un documentaire *un documental*
une émission *un programa (TV, radio)*
une messagerie *una aplicación de mensajería*
un petit déjeuner *desayuno («un pequeño almuerzo»)*
une série *una serie*
un texto *un SMS*
un voyage d'affaires *un viaje de negocios*
un yaourt *un yogur*

au bout de *al final de, después*
au contraire *al / por el contrario*
aux alentours de *alrededor, aproximadamente*
de bonne heure *temprano*

faire la grasse matinée *dormir hasta tarde*

▲ EJERCICIOS

1. CONJUGA ESTOS VERBOS PRONOMINALES

a. Ils (se réveiller……………) à sept heures, puis ils (se raser……………) et (s'habiller……………) rapidement.

b. Mélanie et son frère (se disputer……..) tout le temps.

c. Je (se lever…………..) avant toi et je (se coucher…………..) après.

d. Nous (se dépêcher…………) parce que nous (s'occuper………..) du petit déjeuner ce matin.

e. J'espère que vous (se reposer………..) et, surtout, que vous (s'amuser…………).

2. PON ESTAS FRASES EN NEGATIVO O EN LA SEGUNDA INTERROGATIVA

a. Est-ce que tu (se raser………..) avant de t'habiller, ou après ?

b. Nous (se disputer, negativa …………) ; nous parlons très fort, c'est tout !

c. Il n'est pas tard donc vous (se dépêcher, negativa…………..).

d. Est-ce que vous pouvez vous (s'occuper…………..) du petit déjeuner s'il vous plait ?

e. Je suis fatigué parce que je (se coucher, negativa con jamais……………..) avant minuit.

3. FORMA ADVERBIOS A PARTIR DE ESTOS ADJETIVOS

a. Réveillez-le doux →

b. Je peux le faire facile →

c. Je vois la famille très rare →

d. Pouvez-vous le faire vrai ? →

e. Je comprends complet →

4. TRADUCE AL FRANCÉS

a. – ¿Qué piensa usted de todo esto? – Me estoy divirtiendo mucho.

b. Se aburre fácilmente y a veces se duerme antes de que acabe el programa.

c. Mis amigos llegan a la estación sobre las diez. ¡Están agotados!

d. Nunca discutimos porque raramente hablamos.*

e. Tiene que cuidar de su hija, que siempre se despierta temprano.

* Usa **on**

10. Descansar

11.
DE COMPRAS
FAIRE DES ACHATS

OBJETIVOS

- HABLAR DE ROPA
- PREGUNTAR TALLAS
- RECOMENDAR

CONOCIMIENTOS

- PRONOMBRES DEMOSTRATIVOS
- MÁS SOBRE LOS ADJETIVOS

NO TENGO NADA QUE PONERME

– Odio ir de compras, pero voy a una boda este sábado y no tengo nada que ponerme.

– ¿Qué? ¿No tienes nada que ponerte? ¡Qué risa *(Eso me hace reír)*! Mira en este gran armario: está lleno de ropa. Tienes blusas preciosas, jerséis gordos, vestidos bonitos…

– ¡Sí, pero no me queda bien nada! Mira mis faldas viejas: esta es demasiado corta, esa es demasiado larga. En cuanto a mis zapatos, los que tengo están todos feos, y…

– Está bien, vamos. Afortunadamente, ¡soy un *(tu)* buen amigo!

(En una tienda de ropa)

– Hola, ¿está buscando algo en particular?

– Estoy buscando un pantalón bonito para combinar *(ir)* con mi nueva chaqueta de lino. El de la ventana me gusta.

– ¿Cuál es su talla? La treinta y seis, creo. Tengo dos modelos nuevos: este de algodón y este de lana. El de lana es sin duda más suave.

– ¿Lo tiene en otros colores? ¿Amarillo claro, a ser posible *(de preferencia)*?

– No, lo tengo en gris, azul, negro o marrón, como este. ¡Todos menos amarillo!

– No importa *(es grave)*. ¿Puedo probarme el gris oscuro, por favor?

– Naturalmente. Los probadores están cerca de la escalera mecánica.

(Cinco minutos después)

– Es la talla correcta. ¿Cuál es el precio?

– El que es de algodón está en oferta *(promoción)*: son trescientos setenta euros. Es una gran elección: le queda realmente bien. ¿[Alguna] otra cosa? ¿Un bolso de mano? ¿O unos zapatos, tal vez? Tengo unos bonitos zapatos de tacón blancos. Los que usted lleva son muy cómodos, pero estos son más elegantes. ¿Qué número tiene? ¿Calza un treinta y siete?

– ¡No! ¡Estoy harta de las tiendas! Adiós.

JE N'AI RIEN À ME METTRE.

– Je déteste faire du shopping mais je vais à un mariage ce samedi et je n'ai rien à me mettre.

– Quoi ? Tu n'as rien à porter ? Cela me fait rire ! Regarde dans cette grande garde-robe : c'est rempli de vêtements. Tu as de beaux chemisiers, de gros pulls, de belles robes…

– Oui, mais rien ne me va ! Regarde mes vieilles jupes : celle-ci est trop courte, celle-là est trop longue. Quant à mes chaussures, celles que j'ai sont toutes laides, et…

– D'accord, allons-y. Heureusement, je suis ton bon ami !

(Dans un magasin de vêtements)

– Bonjour, vous cherchez quelque chose de particulier ?

– Je cherche un joli pantalon pour aller avec ma nouvelle veste en lin. Celui dans la vitrine me plaît bien.

– Quelle est votre taille ? Du trente-six, je pense. J'ai deux nouveaux modèles : celui-ci en coton et celui-là en laine. Celui en laine est sans doute plus doux.

– Vous l'avez dans d'autres couleurs ? Jaune clair de préférence ?

– Non, je l'ai en gris, en bleu, en noir ou en marron, comme ceci. Tout sauf jaune !

– Ce n'est pas grave. Je peux essayer le gris foncé, s'il vous plaît ?

– Naturellement. Les cabines d'essayage sont près de l'escalier roulant.

(Cinq minutes plus tard)

– Il est à la bonne taille. Quel est le prix ?

– Celui qui est en coton est en promotion : il fait trois cent soixante-dix euros. C'est un excellent choix : il vous va vraiment bien. Autre chose ? Un sac à main ? Ou des chaussures, peut-être ? J'ai de beaux escarpins blancs. Ceux que vous portez sont très confortables, mais ceux-ci sont plus élégants. Quelle pointure faites-vous ? Vous chaussez du trente-sept ?

– Non ! J'en ai ras le bol des magasins ! Au revoir.

COMPRENDER EL DIÁLOGO
PALABRAS Y FRASES

→ **la taille**, *el tamaño*, se refiere a las dimensiones generales de las personas y objetos en general: **Quelle es la taille de la Tour Eiffel ?** *¿Cómo de grande es la Torre Eiffel?* También se usa para la ropa: **Quelle est votre taille ?** *¿Qué talla usa?* Para el calzado, sin embargo, utilizamos **la pointure**. El verbo **faire** se usa a menudo con ambos sustantivos. Así que en lugar de **Quelle est votre taille / pointure?** puede que te pregunten **Quelle taille / pointure faites-vous?** En una zapatería, **un magasin de chaussures**, el verbo **chausser**, *calzar*, se usa en la frase **Vous chaussez du combien ?** *¿Cuánto calza?, ¿Qué número usa?* (Ten en cuenta que **la taille** también significa *la cintura*, por lo que **le tour de taille** es *la medida de la cintura*).

→ **porter**, *llevar*, también se utiliza con el sentido de *llevar puesto*: **Elle porte une jupe bleue et a chemisier gris**, *Ella lleva una falda azul y una blusa gris*. El verbo **mettre** también se usa en el sentido de *ponerse*. **Mets un manteau, il fait froid**, *Ponte un abrigo, hace frío*. Más todavía sobre el tema de la ropa: **aller**, *ir*, puede tener el significado de *sentar, quedar*, particularmente con un adverbio como **bien**, *bien*. **Cette robe te va super bien**, *Ese vestido te queda muy bien*. Así que la expresión **Rien ne me va** significa *No me queda bien nada*.

→ Además del vocabulario de la ropa que hay en el diálogo, las siguientes palabras te serán muy útiles: **une chemise**, *una camisa*, (**une chemise de nuit**, *un camisón*), **un costume**, *un traje de hombre*, **une chaussette**, *un calcetín*, **une cravate**, *una corbata*, **un imperméable**, *un impermeable*, **un manteau**, *un abrigo*, **une robe de chambre**, *una bata*, **un tailleur**, *un traje de mujer* y **un pyjama**, *un pijama*.

Cuando hablamos de ropa, en español algunos sustantivos pueden ser plurales o singulares, pero en francés siempre se nombran en singular: **un pantalon**. Otras prendas de «dos piernas» siguen la misma regla: **un collant**, *unas medias*, **un jean**, *un vaquero* (o *unos vaqueros*), **un short**, *un pantalón corto* (o *unos pantalones cortos*). Del mismo modo, el término general para *la ropa*, **les vêtements**, se puede singularizar: **un vêtement**, *una prenda de vestir*.

Otras palabras para prendas de vestir se derivan, y en algunos casos se adaptan, del inglés. Por ejemplo: **un pull** (o **un pullover**), *un jersey*, **un sweat** (pronunciado [suit]), *una sudadera* y **un tee-shirt** (o **teeshirt**), *una camiseta*.

→ Ya hemos visto **rouge**, *rojo*, en el Módulo 4. Otros colores comunes no mencionados en el módulo son: **blanc**, *blanco* (fem. **blanche**), **orange**, *naranja*, **rose**, *rosa*, **vert** (fem. **verte**), *verde* y **violet** (fem . **violette**), *violeta*. Hay dos palabras para *marrón*: **brun** (que concuerda con su sustantivo: **brune**, **bruns**, **brunes**) y **marron**, que es invariable (**les yeux marron**). Este último está más cerca del marrón castaño, pero la distinción entre los dos adjetivos es a veces difícil de comprender, por lo que es más fácil memorizar el adjetivo junto con su nombre.

→ El adjetivo **bon**, *bueno*, también significa *correcto*: **Est-ce le bon numéro de téléphone ?** *¿Es este el número de teléfono correcto?*

→ **ras le bol** (literalmente «borde del tazón») es una expresión idiomática que se utiliza generalmente con **avoir**, y va precedida siempre de la preposición **en**, significa que la persona que habla no puede soportar más la situación. La imagen es similar a la expresión en español *estar hasta la coronilla*. **Elle en a ras le bol du shopping**, *Está harta de ir de compras*. Recuerda que es difícil traducir la mayoría de los modismos directamente porque depende mucho del contexto. Por el momento, simplemente familiarízate con expresiones como esta porque seguro que las escucharás cuando hables con nativos.

NOTAS CULTURALES

Como en muchos países, el comercio minorista se divide entre **la grande distribution**, *el comercio mayorista* y **le petit commerce**, *el pequeño comercio*. Este último sector comprende puntos de venta conocidos como **les grandes surfaces**, *las grandes superficies*, una amplia categoría minorista que incluye **les hypermarchés**, *los hipermercados*, **les supermarchés**, *los supermercados*, **les centers commerciaux**, *los centros comerciales*, así como **les grands magasins**, *los grandes almacenes*. Sin embargo, los hábitos de consumo están cambiando. En las grandes ciudades como París y Lyon, los residentes se decantan cada vez más por **les commerces de proximité**, *las tiendas de barrio*. (**Le commerce** se refiere *al comercio en general*, mientras que **un commerce** significa *un negocio* o *una tienda*). Sin embargo, la tecnología está perturbando el sector minorista, con el aumento constante de **le trade électronique** (a menudo llamado **l'e-commerce**, pronunciado [i-comerss]).

Una expresión alternativa a **faire des achats** es **faire les magasins**. La expresión española *ir a ver escaparates* se traduce por la evocadora **faire du lèche-vitrines**, es decir, ¡lamer las vitrinas! (Los canadienses de habla francesa usan **le magasinage**, más sobrio). La expresión *hacer la compra* es **faire les courses** (ver Módulo 18).

GRAMÁTICA
PRONOMBRES DEMOSTRATIVOS

Estos pronombres se utilizan en lugar de un sustantivo para indicar la cosa o las personas, ya sean singulares o plurales, de las que se está hablando. Ya hemos aprendido los dos más comunes: **ce** y **ça** (la forma abreviada **cela**, se utiliza en la conversación cotidiana).

Vamos a hacer un repaso. Ambos pronombres son invariables y se pueden usar con sustantivos singulares o plurales, así como con declaraciones generales (por ejemplo, *Este es un tema difícil*).

• **Ce** se usa a menudo con **être** (y se abrevia **c'est** en singular) para referirse a *ello* o a *esto* o *eso* (a veces no es necesario traducirlo en español).

C'est une excellente idée, *Es una idea excelente.*
Ce sont mes bons amis, *Son mis buenos amigos.*

• **Ça** generalmente significa *esto* o *aquello* y se usa con preferencia a **cela** en el francés cotidiano:

Ça nous intéresse, *Eso nos interesa.*
Combien ça coûte ? *¿Cuánto cuesta (eso)?*

Ça / cela también reemplazan al pronombre demostrativo **ceci** en el lenguaje hablado, a menos que el hablante indique algo cercano, como ocurre en el diálogo: **Un pantalon marron, comme ceci**, *Un pantalón marrón, como este.*

Los otros pronombres demostrativos son:

| **celui** (m sing.) | este, esto | **celle** (f. sing) | esos |
| **ceux** (m. plu.) | esta | **celles** (f. plu.) | esas |

Al igual que sus equivalentes en español, evitan la repetición de un sustantivo en la misma oración: **Regarde ces manteaux: celui que je porte est vieux, et ceux qui sont dans le placard sont laids**, *Mira estos abrigos: el que llevo puesto es viejo, y los que están en el armario son feos.*

Il y a deux types de robes : celle que je porte et celles que je veux porter, *Hay dos tipos de vestidos: el que llevo puesto y el que quiero ponerme.*

Cuando se usan con **de**, los pronombres demostrativos pueden indicar posesión:

Ces chaussures sont celles de mon frère, *Estos zapatos son de mi hermano* («los de mi hermano»).

Mon PC ne marche pas et celui de Romain est cassé, *Mi PC no funciona y el de Romain está roto.*

Por último, las formas enfáticas **celui-ci**, **celui-là**, **celle-ci**, **celle-là**, **ceux-ci** y **ceux-là** se utilizan para indicar la posición de la cosa a la que se hace referencia:

– **Quel est le prix des sandales? – Ceux-ci sont très chers et ceux-là sont extrêmement chers.**

– *¿Cuánto cuestan las sandalias? – Estas son muy caras y esas son extremadamente caras.*

(**-ci** es, por supuesto, una abreviatura de **ici**, aquí.)

POSICIÓN DE ADJETIVOS

Aprendimos en el Módulo 4 que los adjetivos que describen colores, formas, nacionalidades y demás aparecen inmediatamente después del sustantivo que describen. Pero también hemos visto que algunos adjetivos van delante del sustantivo.

Los adjetivos que van delante del sustantivo son los que describen belleza (**beau**, **joli**), edad (**vieux**, **jeune**), bondad o lo opuesto (**bon**, **mauvais**) o tamaño (**grand**, **petit**). Aprende esta pequeña frase para ayudarte a recordarlos:

Lacombe es un beau type, un vieux copain et a bon musicien qui vit dans une jolie maison située dans un petit village en France, *Lacombe es un hombre guapo, un viejo amigo y un buen músico que vive en una bonita casa situada en un pequeño pueblo de Francia.*

Aquí hay una lista parcial de estas cuatro categorías, junto con sus formas femeninas. Los plurales son todos regulares:

beau* / belle	bonito/a, guapo/a
bon / bonne	bueno/a
excellent / excellente	excelente
gentil / gentille	agradable, amable
grand / grande	alto/a, grande
gros / grosse	grande, gordo/a
jeune / jeune	joven
joli / jolie	bonito/a
long / longue	largo/a
mauvais / mauvaise	malo/a
meilleur / meilleure	mejor
nouveau* / nouvelle	nuevo/a
petit / petite	pequeño/a
vieux* / vieille	viejo/a, antiguo/a

* Recuerda que los adjetivos masculinos que terminan en **-eau** (**beau**, **nouveau**, etc.) forman su plural con una "x" en lugar de una "s" (**beaux**, **nouveaux**). Los adjetivos masculinos singulares que terminan en "s" o "x" (**gros**, **vieux**) no cambian en el plural: **des gros pulls**, **des vieux vêtements**.

Para facilitar la pronunciación, tres de estos adjetivos (**beau**, **vieux** y **nouveau**) tienen una forma masculina irregular (**bel**, **vieil**, **nouvel**) si el sustantivo singular que describen comienza por vocal: **un bel endroit** (*un lugar bonito*), **un vieil ordinateur** (*un ordenador viejo*), **un nouvel ami** (*un nuevo amigo*). No los confundas con las formas femeninas: **belle**, **vieille**, **nouvelle**. (Recuerda, también, que la **h** actúa como una vocal media, por lo que también decimos **un vieil homme**, *un hombre viejo*, **un nouvel hôtel**, etc.).

Por último, el artículo partitivo plural **des** (**J'ai des chaussures rouges**, *Tengo unos zapatos rojos*) cambia a **de** delante de un adjetivo atributo: **Tu as de belles chaussures**, *Tienes unos zapatos preciosos*.

▲ EJERCICIOS

1. SUSTITUYE LAS PALABRAS EN ESPAÑOL CON EL PRONOMBRE POSESIVO CORRECTO

a. (*estos*) manteaux sont beaucoup trop petits pour elle.

b. J'adore les gâteaux au chocolat et (*los de*) ta mère sont délicieux.

c. Quelles chaussures préférez-vous : (*estos*) ou (*esos*) ?

d. Ma voiture ne marche pas et (*el de*) Romain est au garage.

e. (*estos*) sont des tomates espagnoles, et (esos) sont françaises.

2. PON LOS ADJETIVOS EN EL LUGAR CORRECTO, ANTES O DESPUÉS DEL SUSTANTIVO

a. **vieux/vieille**: Elle habite dans une maison à la campagne. →

b. **bleu/e**: Je veux acheter une robe pour le mariage. →

c. **joli/e**: – Vous avez un pantalon. – Merci ! →

d. **petit/e**: Nora travaille dans un magasin de vêtements à Lyon. →

e. **moderne**: Le Palais de Tokyo à Paris est spécialisé dans l'art. →

f. **gros/grosse**: Vous n'avez besoin que d'un pull. Il ne fait pas froid. →

3. CONCUERDA ESTOS ADJETIVOS CON EL SUSTANTIVO

a. Un beau manteau → de* _ _ _ _ _ _ manteaux

b. Un vieux village → de _ _ _ _ _ villages

c. Un jeune informaticien → de _ _ _ _ _ informaticiens

d. Une gentille collègue → de _ _ _ _ _ _ _ _ collègue

e. Un mauvais film → de _ _ _ _ _ _ _ films

** Ten en cuenta que el artículo partitivo es **de** (no **des**) porque el adjetivo aparece antes del sustantivo.*

VOCABULARIO

aller *ir, sentar, quedar*
détester *odiar*
essayer *probar (ropa)*
plaire *gustar*
porter *llevar (puesto)*
regarder *mirar*

une cabine d'essayage *un probador*
le coton *el algodón*
une couleur *un color (observa que es femenino)*
un escalier roulant/mécanique *una escalera mecánica*
une garde-robe *un armario ropero*
une jupe *una falda*
la laine *la lana*
le lin *el lino*
un magasin *una tienda*
un mariage *una boda*
un escarpin *un zapato de tacón*
un modelé *un modelo*
un pantalon *un pantalón*
un pull *un jersey*
un sac *una bolsa*
un sac a main *un bolso de mano*
une sandale *una sandalia*
le shopping *ver Nota cultural*
la taille *talla, cintura*
une veste *una chaqueta*
un vêtement *una prenda de ropa*
une vitrine *un escaparate*

bleu(e) *azul*
gris(e) *gris*
jaune *amarillo/a*
marron *marrón, castaño*
noir(e) *negro/a*
clair(e) *claro/a*
doux/douce *suave*
élégant(e) *elegante*
fonce(e) *oscuro*
grave *grave, serio*
laid(e) *feo/a*

en promotion *en oferta*
quant a *en cuanto a*

Ce n'est pas grave *No importa*
J'en ai ras le bol ! *¡Estoy harto/a!*
Naturellement *Naturalmente, por supuesto*
Rien ne me va *No me queda bien nada*

4. TRADUCE AL FRANCÉS

a. – Estoy buscando un abrigo nuevo. – ¿Que talla usa? *

b. – Y unos zapatos nuevos. – ¿Qué número usa? *

c. Esa es una excelente opción. Le queda muy bien. **

d. – ¿Estás haciendo algunas compras? * – No, estoy mirando escaparates.

e. Ella quiere comprar un pantalón, un vaquero, unas medias, dos camisones, un traje y tres pantalones cortos.

* Dos posibilidades
** Usa los pronombres masculino y femenino para formar dos oraciones

12. CONVERSACIÓN TELEFÓNICA

CONVERSATION AU TÉLÉPHONE

OBJETIVOS

- USAR EL TELÉFONO
- OFRECER Y ACEPTAR
- EXPRESAR ENTUSIASMO

CONOCIMIENTOS

- PRONOMBRES RELATIVOS
- VERBOS ACABADOS EN *-RE*
- *SAVOIR / CONNAÎTRE*

¿CÓMO ESTÁ TU HERMANO?

(Al teléfono)

– ¿Hola, Michelle? ¿Me oyes?

– Te oigo muy mal. Habla más fuerte por favor.

– Espera: la señal es débil aquí. Quédate donde estás, estoy bajando la escalera. ¿Me oyes mejor ahora?

– Ah, sí, te oigo mucho mejor. *(Entonces)* ¿Cómo estás?

– Estoy muy bien. Tengo un montón de trabajo ahora y estoy muy contento. Pero estoy un poco preocupado por mi hermano.

– ¿El hermano que yo conozco, el médico? Sé que estáis muy unidos *(sois muy cercanos)*.

– No, el otro, Maxime, que vive en Hauts-de-France hace cinco años. No encuentra trabajo.

– ¿Qué hace *(entonces)*?

– Bueno, él lee mucho. También escribe artículos para el periódico y estudia *(aprende)* idiomas extranjeros: chino, árabe.

– Seguramente hay empresas que buscan personas que hablan chino. Mira, un hombre que conozco trabaja para una importante empresa extranjera. Puedo contactarlo si quieres.

– ¡Eso sería genial! Se lo diré a mi hermano. Espera, no te vayas, tengo otra llamada y tengo que responder… Lo siento, te dejo: esta es la llamada que espero desde esta mañana. Vendo mi coche y es un comprador quien me llama.

– No hay problema, lo entiendo. Te llamaré dentro de un rato.

COMMENT VA TON FRÈRE ?

(Au téléphone)

– Allô, Michelle ? Tu m'entends ?

– Je t'entends très mal. Parle plus fort s'il te plait.

– Attends : le signal est faible ici. Reste où tu es, je vais descendre l'escalier. Est-ce que tu m'entends mieux maintenant ?

– Ah oui, je t'entends beaucoup mieux. Alors, comment vas-tu ?

– Je vais très bien. J'ai plein de boulot actuellement et je suis très content. Mais je suis un peu inquiet pour mon frère.

– Le frère que je connais, le médecin ? Je sais que vous êtes très proches.

– Non, l'autre, Maxime, qui vit dans les Hauts-de-France depuis cinq ans. Il ne trouve pas de travail.

– Qu'est-ce qu'il fait, alors ?

– Eh bien, il lit beaucoup. Il écrit aussi des articles pour le journal et il apprend des langues étrangères : le chinois, l'arabe.

– Il y a sûrement des entreprises qui cherchent des gens qui parlent le chinois. Tiens, un homme que je connais travaille pour une société étrangère importante. Je peux le contacter si tu veux.

– Ça serait génial ! Je vais le dire à mon frère. Attends, ne quitte pas, j'ai un autre appel et je dois répondre … Désolé, je vais te laisser : c'est le coup de fil que j'attends depuis ce matin. Je vends ma voiture et c'est un acheteur qui m'appelle.

– Pas de problème, je comprends. Je te rappelle tout à l'heure.

COMPRENDER EL DIÁLOGO
PALABRAS Y FRASES

→ **allô**, proviene de la palabra inglesa *hello* y tiene el mismo significado. Pero generalmente se usa solo cuando se contesta o se habla con alguien por teléfono. **Allô, est-ce que vous m'entendez?** *Hola, ¿me oye?* Ya vimos las formas habituales de saludo (**Bonjour, Salut**, etc.) en el Módulo 1.

→ **plein(e)** significa *lleno/a*: **L'hôtel est plein**, *El hotel está lleno*. La expresión **plein de** significa literalmente *lleno de*, **Leur maison est pleine d'enfants**, *Su casa está llena de niños*. De manera idiomática, es el equivalente (y origen) de *un montón*: **J'ai plein d'idées**, *Tengo un montón de ideas*.

→ **boulot** es una palabra coloquial que significa *curro*, *trabajo*.

→ **actuellement**, *actualmente*. El sustantivo plural **les actualités** significa *las últimas noticias, la actualidad*: **Ce site Internet présente les actualités internationales**, *Este sitio de internet presenta las últimas noticias internacionales*.

→ **quitter** significa *irse, salir, dejar*: **Marie quitte la maison tous les jours à sept heures**, *Marie sale de la casa todos los días a las 7 de la mañana*. Al contestar el teléfono, **Ne quittez pas / Ne quitte pas** (lit. «No te vayas») es el equivalente a *No cuelgue(s), Espere/a*, etc.

→ **le fil**, *el hilo, el cable*. La expresión **un coup de fil** (lit. «un golpe de cable») es una forma familiar de decir **un appel téléphonique**, *una llamada telefónica*. **Passe-moi un coup de fil**, *Dame un toque*.

NOTAS CULTURALES

Desde un punto de vista administrativo, *la Francia «metropolitana»* (**la France métropolitaine**) comprende el territorio en el continente europeo y una serie de islas adyacentes, incluida Córcega (**la Corse**). El país está dividido en 13 regiones (**les régions**), subdivididas en ciento un áreas (**les départements**), que a su vez se componen de **arrondissements** (ver Módulo 5), **cantons** y **communes**. También hay cinco regiones de ultramar (**les régions d'Outre-mer**) ubicadas en el Océano Pacífico y el Caribe. Los **départements** metropolitanos están numerados del 01 al 95, seguido de un código de tres dígitos, mientras que las cinco regiones de ultramar tienen sus propios códigos. Cada **département** (muchos de los cuales llevan el nombre de un río o de una cordillera local) tiene una sede administrativa, **une préfecture**, que generalmente se encuentra en la ciudad más grande, llamada **le chef-lieu**, «el lugar principal». Los franceses a menudo se refieren a todo el país como **la Métropole** y a la parte continental como **l'Hexagone** (*el hexágono*, la forma geográfica aproximada del país).

◆ GRAMÁTICA
LOS PRONOMBRES RELATIVOS *QUI* Y *QUE*

Ambos pronombres pueden referirse a personas o cosas, **qui** como el sujeto de una oración y **que** como objeto directo. Usados en una oración subordinada, son equivalentes a *quien* (o *a quien*) o *que*.

L'homme qui travaille pour cette société belge s'appelle Jean Smet, *El hombre que trabaja para esa compañía belga se llama Jean Smet*.

A diferencia de *quien*, **qui** se puede usar con un sustantivo impersonal: **Marseille es une ville qui a une long histoire**, *Marsella es una ciudad que tiene una larga historia*.

Observa que **qui** siempre va seguido de un verbo porque se refiere al sujeto. También se usa con una preposición (**à**, **de**, etc.) cuando hace referencia a personas:

La première personne à qui elle demande un conseil est son mari, *La primera persona a quien pide consejo es su marido*.

Que (que se convierte en **qu'** delante de una vocal) se refiere al objeto, que también puede ser una persona:

Marseille est la ville que j'aime le plus, *Marsella es la ciudad que más me gusta*.
Michel est l'homme qu'elle aime le plus, *Michel es el hombre que más ama*.

Como objeto de la oración, **que** siempre va seguido del sujeto (**la ville qu'elle aime le plus**).

¿*SAVOIR* O *CONNAÎTRE*?

En el Módulo 5 vimos que hay dos verbos que significan *saber*: **savoir** y **connaître**. Usamos **connaître** para decir que conocemos un lugar o a una persona. El verbo suele ir seguido de un sustantivo:

Ils connaissent bien Paris, *Ellos conocen bien París*.
Je connais la raison de leur visite, *Conozco el motivo de su visita*.

El sustantivo derivado es **la connaissance**, que puede ser abstracto (*conocimiento*) o concreto (*un conocido*) y se puede usar en singular o en plural. **Mon frère aime bien faire de nouvelles connaissances**, *A mi hermano le encanta hacer nuevos amigos / conocer gente nueva*.

Je suis impressionné par ta connaissance du français, *Estoy impresionado por tu conocimiento del francés*.

Savoir significa saber cómo hacer algo o ser consciente de algo:

Que savez-vous de notre entreprise ? *¿Qué sabe de nuestra empresa?*
Nous savons que vous êtes inquiet, *Sabemos que está preocupado*.

Generalmente va seguido por una oración o por un infinitivo: **Il sait parler le chinois**, *Él sabe hablar chino*. A diferencia de **la connaissance**, el sustantivo derivado, **le savoir**, siempre es abstracto y significa *el saber, la sabiduría*.

▲ CONJUGACIONES

VERBOS ACABADOS EN -RE

Estos verbos pertenecen al tercer grupo, junto con los que terminan en **-ir** (sin un participio presente que termine en **-issant**) y en **-oir**. Para conjugarlos, hay que eliminar la terminación **-re** y añadir lo siguiente:

vendre, *vender*

je vends	vendo	nous vendons	vendemos
tu vends	vendes	vous vendez	vendéis
il/elle vend	vende	ils/elles vendent	venden

• Negativo:
je ne vends pas, *yo no vendo*, etc.

• Interrogativo con **est-ce que...**:
Est-ce que je vends, *¿Vendo...?*, etc.

Recuerda que la **s** final es muda, por lo que la primera, segunda y tercera personas se pronuncian de manera idéntica.

Muchos de los verbos acabados en **-re** son irregulares, incluyendo uno muy común, **dire**, *decir*. Esta es la forma presente:

je dis	digo	nous disons	decimos
tu dis	dices	vous dites	decís
il/elle dit	dice	ils/elles disent	dicen

Otro verbo acabado en **-re** es **plaire**, *gustar*, que ya hemos conocido en la expresión de cortesía **s'il vous / te plaît**, *por favor*.

De ahora en adelante, daremos un solo ejemplo para cada forma verbal. Si tienes dudas sobre cómo se deletrean las otras formas, consulta el apéndice.

VOCABULARIO

apprendre *aprender, estudiar*
contacter *contactar*
écrire *escribir*
entendre *oír* (ver Módulo 9)
laisser *irse, dejar, salir*
lire *leer*
rappeler *volver a llamar*
rester *permanecer, quedarse*
vendre *vender*
un acheteur *un comprador*
un appel *una llamada* (generalmente al teléfono)
l'arabe *el árabe*
un article *un artículo*
un/le boulot *un/el curro*
le chinois *el chino*
mieux *mejor*
surement *seguramente*
actuellement *actualmente*
alors *entonces*
maintenant *ahora*
plein de *un montón de*
tout a l'heure *dentro de un rato*
une entreprise *una empresa*
un escalier *una escalera*
les gens *la gente*
un journal *un periódico*
une langue *un idioma* (también, *una lengua*)
un médecin *un médico*
un sujet *un sujeto*
une visite *una visita* (ver **visiter**, Módulo 3)
content *contento*
étranger *extranjero*
faible *débil*
fort *fuerte*
génial *genial, estupendo*
important *importante, grande*
inquiet *preocupado*
mal *mal*

Allô *Hola* (solo en llamadas telefónicas)
Tiens *Mira* (ver Módulo 3)

Génial *Estupendo*
Ne quitte/quittez pas *No cuelgue(s)*

▲ EJERCICIOS

1. CONJUGA LOS VERBOS

a. Quelles langues étrangères (*apprendre* - forma invertida: ………..)-vous à l'école ?

b. Si vous (*dire*, negativo: ……………...) combien ça coûte, je ne peux pas l'acheter.

c. Ils (*vendre*: ………………..) leur voiture parce qu'elle est vieille.

d. Est-ce tu (*lire*: …………...) le chinois ?

e. Je (*connaitre*: ………………..) ton frère. Je (*savoir*: …………..) où il habite.

2. COMPLETA ESTAS FRASES UTILIZANDO *QUI* O *QUE*

a. Il y a beaucoup des gens _ _ _ cherchent du travail dans la région.

b. Ce sont les amis _ _ _ j'attends depuis ce matin.

c. New York est une ville _ _ _ ne dort jamais.

d. Mon fils, _ _ _ a vingt ans, est informaticien à Lille.

e. L'homme _ _ vit à Rennes écrit des livres _ _ _ j'aime beaucoup.

3. UTILIZA *SAVOIR* O *CONNAITRE* SEGÚN CONVENGA

a. Est-ce que tu ………….. Paris ? C'est une ville magnifique.

b. Je ………….. que vous être occupé mais j'ai besoin de vous parler.

c. Elle est très intelligente : elle ………….. parler le chinois et l'arabe.

d. Je ………….. que Maxime habite à Lille mais je ne ………….. pas l'adresse.

🔊 4. TRADUCE AL FRANCÉS
14

a. No cuelgue, tengo otra llamada. Lo siento, tengo que dejarle.

b. Hable más alto, por favor. No le escucho.

c. – Ella está un poco preocupada por su hermano. – ¿El hermano que yo conozco?

d. Conozco una empresa que está buscando gente que habla árabe.

e. No hay problema. Te volverá a llamar más tarde, si quieres.

13. HABLAR DE LAS VACACIONES

PARLER DES VACANCES

OBJETIVOS

- HABLAR DEL PASADO
- HACER COMPARACIONES

CONOCIMIENTOS

- PARTICIPIO PASADO DE LOS VERBOS ACABADOS EN *-ER*
- *LE PASSÉ COMPOSÉ*
- ADJETIVOS COMPARATIVOS

LA ISLA DE LA BELLEZA

(El agente de viajes habla con Louise)

— Entonces, ¿ya está? ¿Se han acabado sus vacaciones?

— Sí, por desgracia. Es duro volver al trabajo, pero estamos felices de volver [a] *(encontrar)* nuestra casa.

— ¿Finalmente qué hicieron?

— Hemos pasado tres semanas en Córcega.

— ¿Y qué tal?

— Muy bonito, ¡pero complicado de organizar! Reservé con dos meses de antelación porque siempre hay mucha gente en mayo. Pasamos las dos primeras semanas tranquilas. Encontramos un apartamento muy agradable casi en la playa.

— ¿Han nadado?

— Yo no nadé, pero todos hemos navegado en velero y montado en bicicleta. Después de quince días, alquilamos una motocicleta durante una semana para ver el resto de la isla. Visitamos Ajaccio y la casa Bonaparte, que me parecieron fascinantes, así como Bastia. No me gustó el Puerto Viejo, pero me encantó la gran plaza del centro de la ciudad. Es tan bonita como la Place des Vosges de París.

— ¿Han visitado los hermosos jardines cerca del palacio?

— No, no pensamos en eso. Pero, para mí, la ciudad más bonita, con diferencia *(de lejos)*, es Bonifacio. Es más pequeña que Bastia y menos grande que Calvi.

— A todo el mundo le gusta esa ciudad, es verdad.

— El único problema es que todo es tan caro, más caro que una estancia en las montañas.

— Más caro, quizás, pero más interesante y menos lejos que una isla tropical.

— ¿Entonces conoce la Isla de la Belleza?

— ¿Yo? Yo nunca viajo. Visité París una vez, pero no me gustó la multitud.

L'ÎLE DE BEAUTÉ

(L'agent de voyages discute avec Louise)

– Alors, ça y est ? Vos vacances sont terminées ?

– Oui, malheureusement. C'est dur de reprendre le travail, mais nous sommes contents de retrouver notre maison.

– Qu'est-ce que vous avez fait, finalement ?

– Nous avons passé trois semaines en Corse.

– C'était comment ?

– Très chouette, mais compliqué à organiser ! J'ai réservé deux mois à l'avance parce qu'il y a toujours énormément de monde en mai. Nous avons passé les deux premières semaines au calme. Nous avons trouvé un appartement très agréable presque sur la plage.

– Avez-vous nagé ?

– Je n'ai pas nagé mais nous avons fait de la voile et du vélo. Après quinze jours, nous avons loué une moto pendant une semaine pour voir le reste de l'île. Nous avons visité Ajaccio et la Maison Bonaparte, que j'ai trouvée fascinante, ainsi que Bastia. Je n'ai pas aimé le Vieux-Port mais j'ai adoré la grande place au milieu de la ville. Elle est aussi belle que la Place des Vosges, à Paris.

– Avez-vous visité les beaux jardins, près du palais ?

– Non, nous n'avons pas pensé à cela. Mais, pour moi, la plus belle ville, de loin, est Bonifacio. Elle est plus petite que Bastia et moins grande que Calvi.

– Tout le monde apprécie cette ville, c'est vrai.

– Le seul problème est que tout est si cher – plus cher qu'un séjour à la montagne.

– Plus cher, peut-être, mais plus intéressant et moins loin qu'une île tropicale.

– Donc vous connaissez bien l'Île de Beauté ?

– Moi ? Je ne voyage jamais. J'ai visité une fois Paris mais je n'ai pas aimé la foule.

COMPRENDER EL DIÁLOGO
PALABRAS Y FRASES

→ **Ça y est**, literalmente «eso allí está», es una expresión muy común con múltiples usos. Se utiliza generalmente cuando se completa una acción: **Ça y est: j'ai terminé le travail !** *Ya está, ¡he terminado el trabajo!* También corresponde a *¡Hecho!* o *¡Eso es todo!*: – **As-tu terminé ?** – **Oui, ça y est** → – *¿Has terminado?* – *¡Sí, ya está!* Mira también la entrada en Gramática.

→ **C'est comment ?** O, en pasado, **C'était comment ?** es una forma idiomática de preguntar a alguien qué le parece algo: – **C'est comment, Marseille ?** – **C'est une très belle ville** → – *¿Qué tal Marsella? – Es una ciudad muy bonita.* **C'était comment, ce restaurant ?**, *¿Qué tal es ese restaurante?*

→ **chouette** es una palabra muy idiomática –el sustantivo, **une chouette**, significa *un búho*– que significa básicamente *bonito* o *chulo*. Se puede usar como adjetivo (invariable): **C'est une île très chouette**, *Es una isla muy bonita*; y también como exclamación: – **On va en Corse cette année.** – **¡Chouette!** → – *Vamos a Córcega este año.* – *¡Excelente / Qué chulada!*

→ **loin**, *lejos*, se usa en varias expresiones: dos de ellas son **de loin**, *con diferencia*, y **Aller loin**, *llegar lejos*. **Omar est de loin le meilleur joueur de l'équipe**, *Omar es, con diferencia, el mejor jugador del equipo*. **Nadia est très intelligente : elle va aller loin**, *Nadia es muy inteligente; llegará lejos*.

→ **faire**, *hacer* (ver Módulo 2) se usa con un sustantivo para hablar sobre la práctica de ciertos deportes o actividades: **Je fais du ski chaque année en décembre**, *Esquío todos los años en diciembre*. **Tu veux faire de la voile ou du vélo ?** *¿Quieres navegar en velero o montar en bicicleta?* Encontrarás más expresiones de estas en la sección Vocabulario.

→ **cela**, el pronombre demostrativo, es la forma completa de **ça**, que vimos por primera vez en el Módulo 5. Es más formal que la forma más corta, que se usa en el lenguaje cotidiano: **Nous n'avons pas pensé à cela** → **Nous n'avons pas Pensé à ça**.

NOTAS CULTURALES

La Corse, *Córcega*, es una isla a 170 kilómetros de la costa mediterránea de Francia que tiene dos **départements**: **Haute-Corse** y **Corse-du-Sud**. Conocida como **l'Île de beauté**, «la isla de la belleza», es famosa por sus espectaculares paisajes, su terreno montañoso, su hermosas playas de arena y su exuberante vegetación. Córcega tiene su propio idioma (**le corse**, *el corso*) y una identidad cultural muy fuerte que combina influencias de todo el Mediterráneo y más allá. Aunque forma parte de Francia desde 1768 (y fue la cuna del emperador Napoleón Bonaparte), Córcega tiene una fuerte vena separatista, que se resume en su lema **Souvent conquise, jamais soumise** («Muchas veces conquistada, nunca sumisa» o, en corso, **A spessu conquista mai sottumessa!**)

◆ GRAMÁTICA

PARTICIPIO PASADO DE LOS VERBOS ACABADOS EN -ER

El participio pasado tiene varias funciones. Aunque se utiliza principalmente para formar verbos compuestos, como el **passé composé** (ver más adelante), también puede servir como adjetivo.

Los verbos del primer grupo forman el participio pasado sustituyendo simplemente la terminación **-er** del infinitivo por **é**:

voyager → voyagé; **réserver → réservé**; **organiser → organisé**

A pesar del cambio, el participio normalmente suena igual que el infinitivo.

Como adjetivo, el participio concuerda con su sustantivo:

Suzie est très fatiguée, *Suzy está muy cansada* (ver Módulo 9).
Ces réseaux sont compliqués, *Estas redes son complicadas*. (Ten en cuenta que *red* en francés es masculino).

ADJETIVOS COMPARATIVOS

Su formación y uso son muy similares al español. Se utiliza **plus**, *más*, para formar el adjetivo de superioridad y **moins**, *menos*, para el de inferioridad:

Cette ville est plus / moins grande, *Esta ciudad es más / menos grande*.

Si se quiere hacer una comparación, se utiliza **que**:

Le livre est plus intéressant que le film, *El libro es más interesante que la película*.

Para la comparación de igualdad, se utiliza **aussi**, *tanto*, antes del adjetivo y **que** después de él:

Cette ville est aussi grande que Paris, *Esta ciudad es tan grande como París*.

Las formas negativas son regulares (**n'est pas plus intéressant**, **n'est pas moins grand**, **ne sont pas aussi chers**).

RE-: EL PREFIJO DE «REPETICIÓN»

Al igual que en español, el prefijo **re-** se puede agregar a un verbo para transmitir la idea de repetir una acción o de regresar a una ubicación o situación anterior. También puede sustituir al adverbio *otra vez, de nuevo*: **prendre**, *tomar* → **reprendre**, *retomar, comenzar de nuevo*; **Venir**, *venir* → **revenir**, *volver, regresar*. Si el verbo comienza por vocal o por **h** muda, generalmente se añade un acento agudo a la **e**: **écrire**, *escribir*, **réécrire**, *reescribir*. (Pero observa siempre el contexto: **réserver** simplemente significa *reservar* y **réduire**, *reducir*). Hay un par más de variaciones leves, pero con esto seguro que entiendes la idea.

▲ CONJUGACIONES

HABLAR DEL PASADO: *LE PASSÉ COMPOSÉ*

El **passé composé**, o «pasado compuesto», es el pretérito perfecto y se utiliza para hablar de acciones que tuvieron lugar en el pasado, pero tienen un efecto en el presente. Se forma con **avoir** o **être** y el participio pasado.

En este módulo, analizamos los verbos regulares y no reflexivos del primer grupo (**-er**).

j'ai voyagé	he viajado	nous avons voyagé	hemos viajado
tu as voyagé	has viajado	vous avez voyagé	habéis viajado
il/elle a voyagé	ha viajado	ils/elles ont voyagé	han viajado

j'ai n'ai pas voyagé	no he viajado	nous n'avons pas voyagé	no hemos viajado
tu n'as pas voyagé	no has viajado	vous n'avez pas voyagé	no habéis viajado
il/elle n'a pas voyagé	no ha viajado	ils/elles n'ont pas voyagé	no han viajado

est-ce que j'ai voyagé…?	¿he viajado…?	est-ce que nous avons voyagé…?	¿hemos viajado…?
est-ce que tu as voyagé…?	¿has viajado…?	est-ce que vous avez voyagé…?	¿habéis viajado…?
est-ce qu'il / elle a voyagé…?	¿ha viajado…?	est-ce qu'ils / elles ont voyagé…?	¿han viajado…?

En el francés cotidiano, la mayoría de las veces se utiliza la primera y la segunda forma del interrogativo. Con la tercera forma, la inversión, debemos prestar atención a las *liaisons* en la tercera persona del singular y del plural. En la tercera persona del plural, se pronuncia la **t** final de **ont**: **ont-elles** [ontel]. Para la tercera persona

VOCABULARIO

aller loin *llegar lejos*
apprécier *gustar, apreciar*
nager *nadar*
organiser *organizar*
reprendre *retomar, volver*
réserver *reservar*
retrouver *volver a encontrar, recuperar*
terminer *terminar*

a l'avance *con antelación* (no confundir con **en avance**, *pronto*; Módulo 7)
agréable *agradable*
au calme *tranquilo, en calma*
au milieu (de) *en medio (de)*
aussi… que *tan… como*
chouette *bonito, chulo*
de loin *con diferencia, de lejo*s
dur *duro, difícil*

fascinant *fascinante*
finalement *finalmente, al final*
malheureusement *desgraciadamente*
si *tan*

un appartement *un apartamento*
la foule *la multitud*
une île *una isla*
un jardin *un jardín*
une moto *una moto*
un palais *un palacio*
le vélo *la bicicleta*
la voile *la vela* (del velero)

Ca y est ! *¡Ya está!, ¡Eso es todo!*
C'est / C'était comment ? *¿Qué tal?*

---

del singular es un poco más complicado porque tenemos que evitar el hiato **a il / a elle**. Para hacerlo, colocamos una **-t-** con guiones entre las dos vocales: **a-t-il… ? / a-t-elle… ? A-t-il téléphoné hier ?**, *¿Llamó él ayer?* **Combien de fois a-t-elle appelé ?**, *¿Cuántas veces llamó ella?* Para simplificar, las dos primeras formas interrogativas son comunes en las conversaciones y en la escritura informal.

Aunque **le passé composé** es el equivalente al pretérito perfecto en español (*he visitado*), se utiliza para relatar cualquier acontecimiento del pasado, a pesar de que en francés también existen otros tiempos para expresar los distintos pretéritos. En el diálogo de inicio puedes observar este fenómeno, que unas veces hemos traducido en español por el pretérito perfecto y otras por el indefinido.

Algunos de los verbos más comunes utilizan **être** como auxiliar del pretérito perfecto en lugar de **avoir**. Los veremos en el siguiente módulo.

▲ EJERCICIOS

1. PON ESTOS VERBOS EN PASADO

a. Nous (*réserver*: …………………..) un appartement en Corse pour les vacances.

b. Je (*nager*, negativo: …………………..) la semaine dernière mais je (*faire*: …………………..) du vélo.

c. Où vous (*passer*: …………………..) vos vacances cette année?*

d. J'espère que vous (*aimer*: …………………..) le Vieux-Port. C'est magnifique.

e. Nous (*trouver*, negativo: …………………..) les jardins du palais.

* 2.ª y 3.ª interrogativas

2. FORMA UN PARTICIPIO PASADO ADJETIVO (Y HAZ QUE CONCUERDE)

a. Après les vacances, nous sommes tous (*fatiguer*: …………………..).

b. Elles sont extrêmement (*compliquer*: …………………..), les questions qu'il me pose.

c. Ça y'est, le film est (*terminer*: …………………..).

d. Ces femmes sont (*aimer*: …………………..) dans le monde entier.

e. Le palais de Versailles est un endroit très (*visiter*: …………………..).

3. PON ESTOS ADJETIVOS EN LA FORMA COMPARATIVA ADECUADA

a. Le livre est beaucoup (*intéressant*) le film. (superioridad) →

b. Je pense que Paris est (*grand*) Londres. (inferioridad) →

c. Le ski est (*cher*) que la voile. (negativo, superioridad) →

d. Le chinois est (*difficile*) l'arabe. (igualdad) →

4. TRADUCE AL FRANCÉS

a. – ¿Qué tal Bastia? – Es una ciudad bonita, pero menos bonita que Calvi.

b. Vamos a esquiar todos los años en enero. Es realmente genial.

c. – Hay mucha gente en la playa esta mañana. – Sí, a todos les gusta nadar.

d. – ¿Llamó el agente de viajes esta mañana? (*inversión*) – No, desafortunadamente.

e. – ¿Conoce bien Córcega? (*2 formas*) – No, yo no viajo nunca. Es muy cansado.

14.
BUSCAR PISO

TROUVER UN APPARTEMENT

OBJETIVOS	CONTENIDOS
• HABLAR DEL PASADO • HACER COMPARACIONES • DESCRIBIR UNA CIUDAD	• PRETÉRITO PERFECTO DE LOS VERBOS ACABADOS EN *-IR* • PRONOMBRES INTERROGATIVOS • ADJETIVOS SUPERLATIVOS • COMPARATIVOS Y SUPERLATIVOS IRREGULARES

¿CUÁNDO TE PUEDES MUDAR?

(Élodie habla con su padre)

— He terminado mis estudios y ahora me tengo que mudar. Ya he elegido la zona *(el extrarradio)* donde quiero vivir.

— ¿Cuál? No está muy lejos del centro de la ciudad, ¡espero!

— No, papá, está a menos de cinco kilómetros de la casa tuya y de mamá. Es el lugar más tranquilo y más verde de toda la zona.

— Todo eso está muy bien, ¿pero has encontrado un alojamiento?

— No del todo. Pero hay algo *(una cosa)* que me interesa. De hecho, es un enorme garaje convertido en edificio. Hay un estudio amueblado en la planta baja y un apartamento de dos habitaciones en el tercer piso.

— ¿Cuál es el más agradable?

— El apartamento del tercero: es el más luminoso y el menos ruidoso de los dos.

— ¿Hay tiendas o un centro comercial cerca?

— Sí, hay una pequeña tienda de comestibles en el bajo del edificio, un supermercado no muy lejos y, lo más importante, una panadería que hace el mejor pan, la mejor baguette y la mejor bollería de la ciudad.

— En efecto, ¡no es el peor lugar! ¿Cuándo puedes mudarte?

— De hecho, no he logrado comunicarme con el agente inmobiliario por correo o por teléfono. Pero rellené el formulario en línea y proporcioné toda la información requerida.

— Una pregunta importante: ¿has pensado en el tema del alquiler? Es el rincón más caro de la ciudad, y los pisos cuestan un ojo de la cara *(los ojos de la cabeza)*.

— ¡Qué le vamos a hacer! ¡Eres tú quien paga!

16 — TU PEUX DÉMÉNAGER QUAND ?

(Élodie parle avec son père)

– J'ai fini mes études et je dois maintenant déménager. J'ai déjà choisi la banlieue où je veux habiter.

– Laquelle ? Elle n'est pas trop loin du centre-ville, j'espère !

– Non, papa, c'est à moins de cinq kilomètres de chez toi et maman. C'est l'endroit le plus calme et le plus vert de toute la région.

– Tout cela est très bien, mais as-tu trouvé un logement ?

– Pas tout à fait. Mais il y a un truc qui m'intéresse. En fait, c'est un énorme garage converti en immeuble. Il y a un studio meublé au rez-de-chaussée et un deux pièces au troisième étage.

– Lequel est le plus agréable ?

– L'appartement au troisième : c'est le plus clair et le moins bruyant des deux.

– Est-ce qu'il y a des magasins ou un centre commercial dans les environs ?

– Oui, il y a une petite épicerie en bas de l'immeuble, un supermarché pas trop loin, et surtout, une boulangerie qui fait le meilleur pain, la meilleure baguette et les meilleures viennoiseries de la ville.

– En effet, ce ne n'est pas le pire endroit ! Tu peux déménager quand ?

– En fait, je n'ai pas réussi à joindre l'agent immobilier par mail ou par téléphone. Mais j'ai rempli son formulaire en ligne et j'ai fourni tous les renseignements obligatoires.

– Une question importante : as-tu réfléchi à la question du loyer ? C'est le coin le plus cher de la ville, et les appartements coûtent les yeux de la tête.

– Tant pis. C'est toi qui paies !

COMPRENDER EL DIÁLOGO
PALABRAS Y FRASES

→ **une banlieue** se traduce generalmente como *el extrarradio, las afueras*: **la proche / la grande banlieue** = *el extrarradio cercano / lejano*. *Un residente de las afueras* es **un(e) banlieusard(e)**. Sin embargo, en los últimos tiempos, **les banlieues** de las grandes ciudades de Francia se han convertido en sinónimo de agitación urbana y problemas similares a los que se encuentran en las ciudades del interior de cualquier país.

→ **un truc** es una palabra muy útil, equivalente a *una cosa, un trasto*, etc. Aunque el registro es coloquial, **un truc** se usa mucho en el francés hablado: **C'est quoi, ce truc ?**, *¿Qué es eso / esa cosa?* También puede reemplazar a **quelque chose**: **J'ai un truc à faire demain** → **J'ai quelque chose à faire demain**, *Tengo algo que hacer mañana*.

→ **tout à fait** significa *totalmente, completamente, absolutamente* (observa la *liaison*: [tutafe]): **Cet homme est tout à fait charmant**, *Ese hombre es absolutamente encantador*. **Je ne suis pas tout à fait prêt**, *No estoy listo del todo*. Ambas formas se pueden utilizar solas en respuesta a una pregunta. – **Es-tu d'accord ?** – **Tout à fait. / Pas tout à fait.** – *¿Estás de acuerdo? – Absolutamente. / No del todo.*

→ **la viennoiserie** es un nombre colectivo para pastelería de desayuno como **un croissant** y **un pain au chocolat** (un rollito dulce con palitos de chocolate) que se vende en **une boulangerie**, *una panadería*. También se puede utilizar en la forma singular definida: **Tu veux une viennoiserie ?** (La palabra viene de **Vienne**, *Viena*, la ciudad austriaca y el conocido lugar del nacimiento del **croissant**). **Une baguette** es *una barra de pan francés*; **le pain** significa *el pan* en general, y **un pain** es *una barra de pan*.

→ **le mail** es la palabra más utilizada para *el correo electrónico*. También puede ser un nombre singular definido: **Je vous envoie un mail tout à l'heure**, *Le enviaré un correo electrónico más tarde*. El término «oficial» es **un courriel**, pero la mayoría de los hablantes de francés (excepto en Canadá) usan el término inglés.

→ **Tant pis**, una expresión idiomática que significa *Lástima* o *Qué se le va a hacer*, contiene una variante del adjetivo comparativo **pire** (ver Gramática).

→ **coûter les yeux de la tête**, «costar los ojos de la cabeza», es el equivalente a nuestra expresión coloquial *costar uno ojo de la cara*.

NOTAS CULTURALES

El mercado inmobiliario, **le marché immobilier**, es siempre un tema de conversación importante. La mayoría de los habitantes de las ciudades en Francia viven en *un piso* (**appartement**) ubicado en **un immeuble**, *un edificio* o *bloque de pisos*. El tamaño de la propiedad se define generalmente por el número de habitaciones, por ejemplo, **un appartement de trois pièces**, *un apartamento de tres habitaciones*. En una conversación cotidiana, sin embargo, el sustantivo principal generalmente se elimina: **J'ai trouvé un petit trois pièces**, *He encontrado un (piso de) tres habitaciones pequeñas*. Una propiedad alquilada con *muebles*, **les meubles**, se anuncia como **meublé**, *amueblada*. La forma más fácil de *alquilar* (**louer**) o comprar una propiedad es a través de **une agence immobilière**, *una agencia inmobiliaria* (**un agent immobilier**, *un agente inmobiliario*). *Un alquiler* se anuncia como **une location** y *el alquiler* es **le loyer** (y como en España, generalmente se paga mensualmente). Las propiedades *en venta* se anuncian como **à vendre**. Observa cómo conocer una sola palabra te puede ayudar a comprender sus derivados. Por ejemplo, el verbo **louer** es la raíz de **le loyer**, pero también de **un locataire**, *un inquilino*, **la location**, *el alquiler* y **une location**, *una propiedad de alquiler* y el adjetivo **locatif / -ve**, *en alquiler*.

◆ GRAMÁTICA
LOS PRONOMBRES INTERROGATIVOS: *LEQUEL*

Utilizado como pronombre interrogativo y como pronombre relativo para indicar *cuál / quién*, **lequel** combina el artículo definido **le** y el adjetivo interrogativo **quel**. Concuerda en género y número con el sustantivo al que se refiere o sustituye, por lo tanto, **laquelle** (femenino singular), **lesquels** (masculino plural) y **lesquelles** (femenino plural).

En este módulo vamos a analizar la forma interrogativa, en la que el pronombre se usa para hacer una pregunta sin repetir un sustantivo. Esto se hace a menudo con una sola palabra:

Je vais lire un livre → Lequel ? (= **Quel livre ?**)
Je veux habiter une banlieue → Laquelle ? (= **Quelle banlieue ?**)
Les cousins arrivent ce soir → Lesquels ? (= **Quels cousins ?**)
Elle a de bonnes raisons → Lesquelles ? (= **Quelles raisons ?**)

Estos pronombres interrogativos pueden usarse para formar preguntas más largas. En este caso, se usa generalmente la forma invertida:

Lequel des deux appartements t'intéresse ? *¿Cuál de los dos pisos te interesa?* **Il y a plein de viennoiseries : lesquelles voulez-vous ?** *Hay un montón de bollos: ¿cuáles quieres?* Más adelante veremos cómo se usa **quel / quelle** en la forma combinada con el artículo partitivo.

ADJETIVOS SUPERLATIVOS

La forma superlativa del adjetivo utiliza **plus** para señalar la superioridad y **moins** para la inferioridad (Módulo 11), junto con el artículo definitivo **le / la / les**:
C'est cher → **C'est plus cher** → **C'est le plus cher**
Es caro → *Es más caro* → *Es el más caro*
Il est dangereux → **Il est moins dangereux** → **Il est le moins dangereux**
Es peligroso → *Es menos peligroso* → *Es el menos peligroso*
Si va acompañado de un sustantivo, se pone antes de la palabra superlativa:
C'est l'appartement le plus grand de l'immeuble, *Es el piso más grande del edificio.*
Je veux la tablette la moins chère, *Quiero la tablet más barata.*

COMPARATIVOS / SUPERLATIVOS IRREGULARES

Al igual que en español (*bueno* → *mejor*), algunos adjetivos comparativos y superlativos son irregulares en francés. Los dos más comunes son **bon**, *bueno*, y **mauvais**, *malo*. Las formas masculinas singulares y plurales son:

bon	bueno	meilleur	mejor	le(s) meilleurs	el/los mejor(es)
mauvais	malo	pire	peor	le(s) pire(s)	el/los peor(es)

Ce sont les meilleurs croissants de la ville, *Son los mejores cruasanes de la ciudad.* **Le temps est pire aujourd'hui**, *El clima es peor hoy.*
Las formas femeninas singulares y plurales son:

bonne	meilleure	les meilleures
mauvaise	pire	les pires

La faim est la pire chose au monde, *El hambre es lo peor del mundo.*
El relativo **que** se usa cuando se comparan dos cosas o grupos de cosas:
La bande-dessinée de Napoléon est meilleure que le film, *El cómic Napoléon es mejor que la película.*
Les résultats de notre équipe sont pires que l'année dernière, *Los resultados de nuestro equipo son peores que el año pasado.*
Una palabra con un significado similar a **mauvais** es el adverbio **mal**. Se usa solo con verbos que expresan existencia (**être**, *ser*; **devenir**, *convertirse*, por ejemplo) o sensaciones (**entendre**, *oír*, **sentir**, *sentir* u *oler*, **sembler**, *parecer*). **J'ai très mal aux pieds**, *Me duelen mucho los pies.* Además de un comparativo y superlativo regular (**plus mal**, **le plus mal**), **mal** tiene una forma irregular (**pis / le pis**) que rara vez se usa en el lenguaje hablado, excepto en la expresión **Tant pis**, *Lástima* o *Qué se le va a hacer.*

▲ CONJUGACIONES
LE PASSÉ COMPOSÉ DE LOS VERBOS ACABADOS EN *-IR*

Para formar el pretérito perfecto de los verbos regulares que terminan en **-ir**, suelta la **r** final:

finir, *terminar*

j'ai fini	he terminado	nous avons fini	hemos terminado
tu as fini	has terminado	vous avez fini	habéis terminado
il/elle a fini	ha terminado	ils/elles ont fini	han terminado

j'ai n'ai pas fini	no he terminado	nous n'avons pas fini	no hemos terminado
tu n'as pas fini	no has terminado	vous n'avez pas fini	no habéis terminado
il/elle n'a pas fini	no ha terminado	ils/elles n'ont pas fini	no han terminado

est-ce que j'ai fini… ?	¿he terminado?	est-ce que nous avons fini… ?	¿hemos terminado?
est-ce que tu as fini… ?	¿has terminado?	est-ce que vous avez fini… ?	¿habéis terminado?
est-ce qu'il/'elle a fini… ?	¿ha terminado?	est-ce qu'ils/'elles ont fini… ?	¿han terminado?

La regla para evitar un hiato en la tercera persona singular y plural de la forma interrogativa es la misma que para los verbos acabados en **-er**: **A-t-elle fini ?** *¿Ha terminado?*, **Ont-ils fini ?**, *¿Han terminado?* (Recuerda que las dos primeras formas de interrogación –entonación ascendente y **est-ce que**– son habituales en la conversación y en la escritura informal).

▲ EJERCICIOS

1. PON ESTOS VERBOS EN PASADO

a. Nous avons (*fournir*: ……………………..) tous les renseignements nécessaires.

b. Je (*réussir*, negativo: ……………………..) à parler avec l'agent immobilier hier.

c. Vous (*remplir*, interrogativo: ……………………..) le formulaire de rendez-vous sur notre site ?*

d. Ils (*convertir*: ……………………..) la boulangerie en appartements

* Utiliza la 2.ª y 3.ª interrogativa

2. PON ESTOS VERBOS EN LA TERCERA INTERROGATIVA

a. Tu as fini de manger. →

b. Ils ont réussi à vendre leur studio →

c. Nous avons réfléchi à votre question. →

d. Elles ont fourni les bonnes réponses à nos questions. →

3. PON ESTOS ADJETIVOS EN LA FORMA COMPARATIVA O SUPERLATIVA

a. Le pain que tu fais est (*bon*, comparativa: ………………) que la baguette de la boulangerie en bas.

b. C'est l'appartement (*cher*, superioridad superlativa: ………………) de l'immeuble.

c. Pourquoi est-ce que ses résultats sont (*mauvais*, comparativa: ………………) que ceux des autres ?

d. Je préfère les tablettes qui sont (*grand*, inferioridad comparativa: ………………) et (*rapide*, comparative superiority: ………………).

e. C'est vraiment (*mauvais*, superlativa: ………………) film de tous les temps !

4. TRADUCE AL FRANCÉS

a. – Los resultados de su equipo son peores que la semana pasada. – Lástima.

b. – ¿Tiene(s) algo que hacer la próxima semana, Madeleine? * – No estoy del todo lista.

c. El estudio de la planta baja es más ruidoso y menos luminoso que el piso de la segunda planta.

d. Eso está muy bien, pero ¿ha terminado** usted sus estudios?

e. – Hay una tienda de comestibles y dos supermercados en el barrio. – No estás lejos del centro de la ciudad, espero.

* Usa las formas tú y usted.
** Utiliza la 2.ª y 3.ª interrogativa

VOCABULARIO

convertir *convertir*
déménager *mudarse* (de casa, de oficina, etc.)
fournir *proveer, proporcionar*
réfléchir (à) *pensar, reflexionar sobre*
remplir *rellenar*
réussir *tener éxito, lograr*

un agente immobilier *un agente inmobiliario*
une baguette *una barra de pan francés*
une banlieue *un barrio de las afueras*
une boulangerie *una panadería*
un deux pièces *un piso de dos habitaciones*
un centre commercial *un centro comercial*
le centre-ville *el centro del pueblo / de la ciudad*
le coin *la esquina*
un garage *un garaje*
une épicerie *una tienda de comestibles*
un étage *un piso, una planta* (en un edificio)
les études *los estudios* (educación)
un formulaire *un formulario*
un immeuble *un edificio / bloque de pisos*
un logement *un lugar para vivir, un alojamiento*
un loyer *un alquiler*
le mail *el correo electrónico*

maman *mamá*
le pain *el pan*
papa *papá*
une pièce *una habitación*
renseignement(s) *información* (ver **renseigner**, Módulo 9)
le rez-de-chaussée *la planta baja*
un supermarché *un supermercado*
un studio *un estudio*
un truc *una cosa*
la viennoiserie *la bollería*

bruyant(e) *ruidoso/a*
calme *tranquilo* (masc. + fem.)
clair *luminoso, claro*
dans les environs *en la zona*
meilleur / le meilleur *mejor / el mejor*
pire / le pire *peor / el peor*
vert *verde*
les yeux de la tête *Cuesta un ojo de la cara*
Tant pis *Lástima, Qué se le va a hacer*

III

CONTAR

HISTORIAS

15.
ESCUCHAR MÚSICA

ÉCOUTER DE LA MUSIQUE

OBJETIVOS

- HABLAR DEL PASADO (CONTINUACIÓN)
- INDICAR LA POSESIÓN
- DESCRIBIR UNA POSESIÓN

CONTENIDOS

- PRETÉRITO PERFECTO DE LOS VERBOS ACABADOS EN *-RE*
- PRONOMBRES POSESIVOS
- NÚMEROS ORDINALES
- POSICIÓN DE LOS ADJETIVOS

¡UN ENGREÍDO!

(Agathe y Julien hablan de un «gran» artista)

– ¿Conoces a Laurent Lacombe?

– ¡Pues claro! He seguido su carrera desde el principio.

– Es realmente muy bueno *(fuerte)*: autor, músico, compositor, actor: ¡sabe hacer [de] todo, este tipo!

– Su único punto débil es su falta de modestia. Ha escrito una decena de libros, ha dirigido *(puesto en escena)* más de seis películas y ha traducido a cuatro o cinco de los mejores autores extranjeros.

– Yo lo he conocido por mi novia, que es librera.

– Me gustan las novelas policíacas, y las suyas están entre las mejores.

– He leído su último libro: es muy bueno, pero realmente no he entendido su mensaje.

– ¿Pero viste su obra de teatro? No es muy graciosa. De hecho, es terriblemente triste.

– Sí, lo sé. Pero es un poco normal. Lacombe perdió a su madre y a su padre en un accidente de tráfico hace veinte años. Pero continuó escribiendo y produciendo discos, también es un excelente músico.

– Sí, sé *(aprendí)* que toca el piano, la guitarra e instrumentos africanos.

– He escuchado el disco que ha grabado con su nueva banda. Maldita sea, he olvidado el título: ¿dónde he puesto mi tablet? Ah, aquí está.

– Espera un momento: ¿es la mía o la tuya?

– Perdona, cogí la tuya. Esa cosa vieja de ahí es la mía.

– A ver: he abierto su página web. Su primer disco se llama *Yo* y el segundo es *Yo mismo*. Pero es el tercero el que realmente es el mejor, su título es: *Modestia: el mejor artista de todos los tiempos*.

17 UN CRÂNEUR !

(Agathe et Julien parlent d'un « grand » artiste)

– Tu connais Laurent Lacombe ?

– Et comment ! J'ai suivi sa carrière depuis le début.

– Il est vraiment très fort : auteur, musicien, compositeur, comédien : il sait tout faire, ce type !

– Son seul point faible, c'est son manque de modestie. Il a écrit une dizaine de bouquins, mis en scène plus de six films et traduit quatre ou cinq des plus grands auteurs étrangers.

– Moi, je l'ai connu par ma copine, qui est libraire.

– J'aime les romans policiers, et les siens sont parmi les meilleurs.

– J'ai lu son dernier livre : c'est très fort mais je n'ai pas vraiment compris son message.

– Mais as-tu vu sa pièce de théâtre ? Ce n'est pas très drôle. En fait, c'est horriblement triste.

– Oui je sais. Mais c'est un peu normal. Lacombe a perdu sa mère et son père dans un accident de voiture il y a vingt ans. Mais il a continué à écrire et à produire des disques – c'est un excellent musicien aussi.

– Oui, j'ai appris qu'il joue du piano, de la guitare et des instruments africains.

– J'ai écouté le disque qu'il a enregistré avec son nouveau groupe. Zut, j'ai oublié le titre : où est-ce que j'ai mis ma tablette ? Ah, la voilà.

– Attends un instant : c'est la mienne ou la tienne ?

– Pardon, j'ai pris la tienne. Ce vieux truc ici est le mien.

– Voyons voir : j'ai ouvert son site internet. Son premier disque s'appelle *Moi* et son deuxième est *Moi-même*. Mais c'est son troisième qui est vraiment le meilleur : son titre est : *Modestie : le plus grand artiste de tous les temps*.

COMPRENDER EL DIÁLOGO
PALABRAS Y FRASES

→ **premier**, **deuxième**, **troisième**, etc., son números ordinales. Salvo un par de excepciones, se forman añadiendo **-ième** al número cardinal:

un	→	premier / première	1.º	six	→	sixième	6.º
deux	→	deuxième	2.º	sept	→	septième	7.º
trois	→	troisième	3.º	huit	→	huitième	8.º
quatre	→	quatrième	4.º	neuf	→	neuvième	9.º
cinq	→	cinquième	5.º	dix	→	dixième	10.º

– La principal excepción es **premier**, el único ordinal que concuerda en género y número con su sustantivo cuando se usa como adjetivo: **mon premier disque, ma première guitare, mes premiers films, mes premières pièces de théâtre.** (También hay una diferencia entre **deuxième** y **second**: este último se refiere a uno de cada dos, pero en el francés cotidiano, **deuxième** se puede usar en ambos casos).
– Hay algunos cambios menores en la ortografía: la **e** final de **quatre** se elimina antes de añadir la terminación; la **f** de **neuf** cambia a **v**: **quatrième**, **neuvième**; y se añade una **u** a **cinq** → **cinquième**.
– En cuanto a los ordinales del 11 en adelante, el patrón básico es el mismo (**onzième**, **douzième**, etc.) con un par de excepciones importantes, en especial el 21.º → **vingt et unième**, 31.º **trente et unième**, etc. (no **premier**).
– La abreviatura de **-ième** es una simple **e**: 2e, 4e, etc. (**1er / 1re** para 1.º y 1.ª). La letra que indica ordinal siempre se escribe en superíndice, como en español.
– Los adjetivos ordinales siempre van antes del sustantivo: **le premier jour**, *el primer día*, **le troisième homme**, *el tercer hombre*, etc.
→ No confundas **écouter**, *escuchar* y **entendre**, *oír* (Módulo 9). Ninguno de los dos verbos lleva preposición: **Écoutez cette chanson**, *escucha esta canción*; **J'ai entendu beaucoup de choses sur ce chanteur**, *he escuchado mucho sobre este cantante*.
→ **un comédien** es *un actor* (**une comédienne**, *una actriz*). La palabra para *un comediante* es **un(e) comique**. Un consejo: **Faites très attention aux faux amis !** *¡Presta atención a los falsos amigos!*
→ **fort** generalmente significa *fuerte*: **Le vent est très fort aujourd'hui**, *El viento es muy fuerte hoy*. Esa misma noción de fuerza por extensión puede tener el sentido de *bueno, importante, grande, poderoso, competente*, etc. **C'est in film très fort**, *Es una película muy buena*. Lo opuesto es **faible**, *débil* y, por extensión, *pequeño, me-*

diocre, bajo, flojo, etc. **Mon salaire est beaucoup trop faible**, *Mi salario es demasiado bajo*. (El femenino de **fort** es **forte**, pero **faible** es tanto masculino como femenino en singular).

→ **Voyons voir** (literalmente, «Veamos ver») es casi idéntico a las expresiones españolas *A ver, Veamos*, que se utilizan para indicar que el hablante está pensando o planeando qué decir a continuación. – **Passe-moi le bouquin**. – **Voyons voir, où est-ce que je l'ai mis ?**, – *Pásame el libro. – A ver, ¿dónde lo he puesto?*

NOTAS CULTURALES

Francia está sumamente orgullosa de su contribución al campo de la **culture** (*cultura*). Cuenta con un departamento gubernamental especial, **el Ministère de la Culture**, creado en 1959 para dirigir un abanico muy grande de actividades artísticas y creativas relacionadas con el patrimonio. Entre otros **le cinéma** (*el cine*), **la musique** (*la música*), **l'art** (*el arte*), **la danse** (*la danza*) y **le théâtre** (*el teatro*). Francia cuenta con un gran talento creativo, incluyendo **les écrivains** (*los escritores*), **les musiciens** (*los músicos*), **les metteurs en scène** (*los directores de cine y teatro*), **les scénaristes** (*los guionistas*), **les chorégraphes** (*los coreógrafos*) y **les plasticiens** (*los artistas plásticos*). Pero **la culture** es un templo muy amplio que también abarca el rap, el grafiti, los cómics y muchas otras disciplinas. Uno de los eventos culturales más emblemáticos es **la Fête de la musique**, «la fiesta de la música», una celebración de un día de música que se celebra el 21 de junio en todo el país: desde prestigiosas salas de conciertos hasta improvisados grupos de música en cualquier esquina. Puesto en marcha por el ministerio en 1983, ahora se celebra en más de cien países de todo el mundo. **Le Ministère de la Culture** también es responsable de proteger y preservar el idioma francés limitando y regulando el uso de otros idiomas –especialmente el inglés– en la industria de la comunicación y la publicidad y en otros sectores.

◆ GRAMÁTICA

PRONOMBRES POSESIVOS: *LE MIEN*, ETC.

Los pronombres posesivos pueden sustituir a los sustantivos, generalmente para evitar la repetición (*mi novia → la mía*). Son estos:

masc. singular	fem. singular	masc. plural	fem. plural
le mien, *el mío*	**la mienne**, *la mía*	**les miens**, *los míos*	**les miennes**, *las mías*
le tien,*el tuyo*	**la tienne**, *la tuya*	**les tiens**, *los tuyos*	**les tiennes**, *las tuyas*

le sien, *el suyo*	la sienne, *la suya*	les siens, *los suyos*	les siennes, *las suyas*
le nôtre, *el nuestro*	la nôtre, *la nuestra*	les nôtres, *los nuestros*	les nôtres, *las nuestras*
le vôtre, *el vuestro*	la vôtre, *la vuestra*	les vôtres, *los vuestros*	les vôtres, *las vuestras*
le leur, *el suyo*	la leur, *la suya*	les leurs, *los suyos*	les leurs, *las suyas*

Al igual que en español, siempre van acompañados del artículo definido. Hay cuatro formas para cada uno de los pronombres singulares, pero solo tres para el plural (y para *usted(es)*, **vous**). Ten en cuenta también que **nôtre** y **vôtre** llevan un acento circunflejo, para distinguirlos de los adjetivos posesivos **notre** y **votre**.

IL Y A SIGNIFICA "HACE"

Sabemos que **il y a** significa *hay* (Módulo 5). Sin embargo, si se usa con un verbo en pasado y una expresión de tiempo, significa *hace*. En este caso, se coloca antes, no después, el periodo de tiempo:
J'ai lu Les Misérables il vingt ans, *Leí Los miserables hace 20 años*.
Al igual que en español, la expresión también se puede colocar al principio de la frase:
Il y a dix ans, elle a perdu son mari, *Hace diez años que perdió a su esposo*.

▲ CONJUGACIONES

LE PASSÉ COMPOSÉ PARA EL TERCER GRUPO DE VERBOS

Los verbos en este grupo terminan en **-re**, **-ir** y **-oir** (más **aller**). La mayoría son irregulares, pero se pueden subdividir en varios grupos que siguen patrones idénticos, por lo que solo tienes que aprenderte un número limitado de formas. En este módulo, veremos diferentes tipos de verbos acabados en **-re** en pretérito perfecto, que se forman con **avoir** y el participio pasado.

Los verbos regulares en este grupo que acaban en **-re** forman el participio pasado añadiendo **-u** a la raíz.

attendre	*esperar*	attendu
descendre	*descender, bajar*	descendu
entendre	*oír*	entendu
perdre	*perder*	perdu
répondre	*responder*	répondu

Dos verbos irregulares que siguen el mismo patrón son **connaître → connu**, *conocer, saber*, y **perdre → perdu**, *perder*.

Nous avons attendu plus de trois heures, *Hemos esperado más de tres horas*.
Avez-vous répondu à la lettre de votre frère ?, *¿Ha contestado a la carta de su hermano?*
Il n'a pas entendu le téléphone, *No ha oído el teléfono*.

Entre los verbos irregulares que terminan en **-re**, hay un grupo que sigue el modelo de **prendre**, *tomar, coger*, que forma sus participios pasados añadiendo **-is** a la raíz:

prendre	tomar	pris
apprendre	aprender	appris
comprendre	comprender	compris

Otros verbos que tienen **prendre** como raíz, como **surprendre**, *sorprender*, generalmente siguen el mismo modelo, ¡pero compruébalo siempre!

Otro grupo forma el participio pasado sustituyendo la terminación **-re** por una **t**:

conduire	conducir	conduit
écrire	escribir	écrit
traduire	traducir	traduit

El verbo irregular **mettre** tiene **mis** como participio pasado. También es la palabra raíz para más de diez verbos, que siguen el mismo modelo. Estos incluyen **admettre → admis** (*admitir*) **permettre → permis** (*permitir, autorizar*), y **transmettre → transmis** (*transmitir, entregar*).

Como en español, los participios pasados se pueden usar como adjetivos y, por lo tanto, concuerdan con su sustantivo. Por ejemplo, **une chose permise**, *algo permitido / una cosa permitida*.

Como dijimos anteriormente, **le passé composé** puede traducirse en español tanto por el pretérito indefinido como por el pretérito perfecto (*haber* + participio).

⬢ EJERCICIOS

1. PON ESTOS VERBOS EN PRETÉRITO PERFECTO

a. Il (*apprendre*: …................) le piano et la guitare avec un excellent professeur.

b. Tu (*répondre*: …................)* à sa lettre ? - Oui je *(répondre*: …................)* hier.

c. Je (*lire*, negativo: …....................) son dernier livre.

d. – Comment (*connaître*, interrogativo**:…..............................) ce musicien ? – Par mon copain, Gilles.

e. Je (*apprendre*: …........................) le texte mais je (*comprendre*, negativo …................) son message.

* 3.ª forma interrogativa

** 2.ª forma interrogativa

2. SUSTITUYE LAS PALABRAS SUBRAYADAS CON UN PRONOMBRE POSESIVO

a. Est-ce que je peux prendre cette tablette ? J'ai perdu ma tablette. →

b. – Ceci est mon couteau n'est-ce pas ? – Non, c'est mon couteau. →

c. J'ai oublié mes cartes. Est-ce que tu as tes cartes ? →

d. Ce sont mes bouquins ? Non, ce sont nos bouquins. →

e. Je vais prendre ce gâteau. Je n'aime pas leurs gâteaux. →

3. HAZ QUE ESTOS ADJETIVOS CONCUERDEN Y PONLOS EN EL LUGAR CORRECTO, DELANTE O DETRÁS DE LOS SUSTANTIVOS

a. **vieux(vieille) / bleu(e)** : Michel est un _ _ _ copain_ _ _ qui habite la _ _ _ maison _ _ _ là-bas. →

b. **intelligent(e) / sympathique** : C'est une _ _ _ _ femme _ _ _ _ et elle a un _ _ _ _ mari _ _ _ _ . →

c. **mauvais(e) / grand(e)** : J'ai une _ _ _ nouvelle _ _ _ : le _ _ _ _ musicien _ _ _ Hugo Prat est mort. →

d. **petit(e) / rouge** : Les _ _ _ verres _ _ _ sont dans le _ _ _ placard _ _ _ . →

e. **deuxième / meilleur** : *Modestie* est son _ _ _ _ disque _ _ _ _ . C'est aussi son _ _ _ _ disque _ _ _ _ . →

VOCABULARIO

enregistrer *grabar*
jouer *interpretar*
mettre en scène *dirigir* (obra de teatro, película)
oublier *olvidar*
perdre *perder*
produire *producir*
suivre *seguir*
traduire *traducir*

un(e) auteur(e) *un(a) autor(a)*
un bouquin *un libro* (fam.)
un(e) comédien(nne) *un actor / una actriz*
un compositeur *un compositor*
un copain/une copine *un(a) novio(a)*
un disque *un disco*
un libraire/une libraire *un(a) librero(a)*
un manque *una falta*
la modestie *la modestia*
un(e) musicien(nne) *un(a) músico*
une pièce de théâtre *una obra de teatro*
un roman (policier) *una novela (policíaca)*
une tablette *una tablet*
un titre *un título*
un type *un tío, un tipo*

africain(e) *africano(a)*
étranger *extranjero*
drôle *gracioso, divertido*
fort *fuerte, poderoso, bueno, importante*
horrible(ment) *horrible(mente)*
triste *triste*

Voyons voir *A ver, Veamos*
Zut! *¡Maldita sea!*

4. TRADUCE AL FRANCÉS

a. – ¿Dónde puso su tableta? – Aquí está. – Pero no es la suya; es la mía.

b. – ¿Qué te ha dicho? – Que perdió a su madre hace 20 años.

c. Armand es bibliotecario durante la semana, pero trabaja en una librería el sábado y el domingo.

d. – ¿Y qué hace su esposa? – Es una excelente actriz.

e. Vi su primera obra de teatro la semana pasada, pero no entendí realmente el mensaje.

Dado que el objetivo de este libro es enseñarte el francés cotidiano, incluimos regularmente palabras y frases que, aunque en realidad no son parte de la jerga, son coloquiales en el sentido gramatical del término. En este módulo, por ejemplo, hemos visto:
- **un bouquin**, sinónimo de **un livre**, *un libro*
- **un copain** / **une copine**, *un amigo* o *novio* / *una amiga* o *novia*
- **un type**, *un tío, un tipo*
- **Zut !**, *¡Maldita sea!*

La razón por la que incluimos estas expresiones idiomáticas es que seguramente las vas a escuchar y leer cuando interactúes con hablantes nativos, por lo que es importante que las conozcas. Sin embargo, no te recomendamos que las uses hasta que domines el idioma.

16.
LA HISTORIA DE UNA VIDA

L'HISTOIRE D'UNE VIE

OBJETIVOS	CONTENIDOS
· HABLAR DEL PASADO (CONTINUACIÓN) · DESCRIBIR UNA SECUENCIA DE ACONTECIMIENTOS · HABLAR DE LOS AÑOS	· PRETÉRITO PERFECTO FORMADO CON *ÊTRE* EN VEZ DE CON *AVOIR* · *TOUT/TOUTE/TOUS/TOUTES*

¡ES REALMENTE TALENTOSO!

– ¿Has oído las noticias? Paul Vandertramp murió ayer a [los] *(la edad de)* noventa y nueve años.

– ¿Vandertramp, el científico? ¿Estás segura?

– Absolutamente. Lo he leído antes en lesinfos.fr. Aquí está el artículo: «El doctor Paul Vandertramp nació en Alemania el 1 de marzo de 1925 de un padre alemán y una madre francesa. Toda la familia –tres niñas/hijas y un niño/hijo así como los dos padres– se marchó en 1936. Pasaron por América del Sur y llegaron ocho meses después a Canadá».

– ¿Y luego?

– "«Estudiante brillante, Paul estudió Derecho al principio. Ingresó a la universidad a la edad de diecisiete años y se graduó dos años más tarde con una licenciatura en el bolsillo. En menos de cinco años, obtuvo su maestría y doctorado. Más tarde se convirtió en uno de los abogados más jóvenes del país, especializado en derechos humanos».

– ¡Es realmente talentoso!

– «Se enamoró de una francesa, una joven científica que conoció en París en 1956, y se casaron en Navidad. Regresaron a Francia, y Paul cambió completamente de carrera. No volvió a la universidad, sino que fue a una gran escuela en Lyon. El doctor y la señora Vandertramp fueron *(subieron)* juntos a París, donde permanecieron unos treinta años. Trabajaron sin cesar, todos los días y todas las semanas, para inventar medicamentos. El doctor Vandertramp enfermó de repente y murió poco después».

IL EST VRAIMENT DOUÉ !

– As-tu entendu la nouvelle ? Paul Vandertramp est mort hier à l'âge de quatre-vingt-dix-neuf ans.

– Vandertramp, le scientifique ? Tu es sûre ?

– Tout à fait. Je l'ai lu tout à l'heure sur lesinfos.fr. Voici l'article : « Le docteur Paul Vandertramp est né en Allemagne le 1er mars mil neuf cent vingt-cinq d'un père allemand et une mère française. Toute la famille – trois filles et un garçon ainsi que les deux parents – est partie en mil neuf cent trente-six. Ils sont passés par l'Amérique du sud et sont arrivés huit mois plus tard au Canada ».

– Et ensuite ?

– « Brillant élève, Paul a étudié le droit dans un premier temps. Il est entré à l'université à l'âge de dix-sept ans, et il est sorti deux ans plus tard avec une licence en poche. En moins de cinq ans, il a obtenu sa maîtrise et son doctorat. Il est devenu ensuite un des plus jeunes avocats du pays, spécialisé dans les droits de l'Homme. »

– Il est vraiment doué !

– « Il est tombé amoureux d'une Française, une jeune scientifique rencontrée à Paris en mil neuf cent cinquante-six, et ils se sont mariés à Noël. Ils sont revenus en France, et Paul a changé complètement de carrière. Il n'est pas retourné à la fac mais est allé dans une grande école à Lyon. Le docteur et madame Vandertramp sont montés ensemble à Paris, où ils sont restés pendant une trentaine d'années. Ils ont travaillé sans cesse, tous les jours et toutes les semaines, à inventer des médicaments. Le docteur Vandertramp est tombé malade soudainement et il est mort peu de temps après. »

COMPRENDER EL DIÁLOGO
PALABRAS Y FRASES

→ **un point** (pronunciado [pua]) tiene varios significados, uno de los cuales es *un punto final*. En una dirección de correo electrónico, significa *punto*. Los nombres de los dominios de internet se pronuncian más o menos como en español: ya sea como letras individuales (**.fr** → [pua ef er]) o, cuando sea posible, como una sílaba (**.com** → [pua com]). El símbolo @ se pronuncia a menudo como la palabra en inglés *at* pero es preferible utilizar el nombre francés de este carácter de imprenta es **arobase** ([arobass], un sustantivo femenino), por lo que una dirección que termina en **@dmail.com**, por ejemplo, se pronuncia [arobass demeil pua kom].

→ El francés utiliza los números cardinales para las fechas, por ejemplo, *el 25 de febrero* es **le vingt-cinq février**. ¡Fácil! La única excepción es el primer día del mes, para el cual se utiliza el ordinal masculino **le premier**: **le premier mars**, *el 1 de marzo*, etc.

→ Los años se pueden decir de dos maneras. La forma más común es como un número normal, por lo que *728* es **sept cent vingt-huit**, *1066* **mille soixante-six** y *2019* **deux mille dix-neuf** (**mille** a veces se escribe **mil** para los años entre 1001 y 1999; la pronunciación es idéntica). Una alternativa para los años 1100 a 1999 es dividir el número de cuatro dígitos en pares, separados por la palabra **cent**, *cien(to)*: *1536* **quinze cent trente-six**, *1756* **dix-sept cent cinquante-six**, etc. Obviamente, este método no funciona para el presente siglo (*2022*, por ejemplo, es **deux mille vingt-deux**). Para especificar la era –a.C. o d.C.– se escribe, respectivamente, **av. J-C** (**avant Jésus-Christ**, pronunciado [yessu cri]) y **ap. J-C** (**après Jésus-Christ**).

Por último, cuando nos referimos a un año específico, por ejemplo, *el año 2026*, utilizamos **l'année**: **l'année 2026**. Pero los años que terminan en cero se mencionan con **l'an** (por ejemplo, **l'an 2000**).

→ El francés tiene dos palabras para *la ley*: **la loi**, que se refiere al estado de derecho (y también a un estatuto específico), y **le droit**, que significa el concepto general *del derecho*. Esta última palabra también significa *un derecho*: **J'ai le droit de prendre des vacances**, *Tengo derecho a tomar unas vacaciones*. La expresión común **les droits de l'Homme**, *los derechos humanos* (lit. «los derechos del hombre»), está siendo reemplazada cada vez más por un término más moderno (y preciso): **les droits humains**.

→ Muchos sustantivos masculinos que terminan en **-e** no tienen una forma femenina como tal y pueden «feminizarse» simplemente cambiando el artículo. Este es el caso concreto de las profesiones y trabajos. Así, por ejemplo, **un détective**, *un detective* (masculino), **un juge**, *un juez* (masculino) y **un scientifique**, *un científico* (masculino), se convierten en **une détective**, **une juge** y **une scientifique** si la persona que ocupa el cargo es una mujer. El francés, al igual que el español, busca constantemente palabras que abarquen ambos sexos. Como no hay consenso, el tema puede ser muy político (¿debería decirse **une professeur**, **une professeure** o usar otra palabra?). El jurado aún está deliberando sobre muchos de estos temas, por lo que en este curso nos atendremos a las reglas tradicionales, señalando las excepciones que surjan.

→ Hemos aprendido en el Módulo 12 que **tout à l'heure** significa *más adelante*, pero, si se usa con un verbo en pasado, significa *antes*. **Je te rappelle tout à l'ure**, *Te volveré a llamar más tarde*; **Elle m'a rappelé tout à l'ure**, *Ella me ha llamado antes*. Obviamente, el contexto te aclarará el significado.

NOTAS CULTURALES

La mayoría de *los estudiantes*, **les étudiants**, que acceden a *la educación superior*, **les études supérieures**, en Francia, van a *una universidad*, a **une université** (también llamada **une faculté**, *una facultad* o, en el lenguaje cotidiano, **une fac**). Como en la mayoría de los países europeos, el sistema de diplomas tiene tres niveles: **la licence** (equivalente a *una licenciatura*), **une maîtrise** (*una maestría, un máster*) y **le doctorat** (*el doctorado*). El término general para una calificación de educación superior es **un diplôme**, *un diploma*, que se puede usar en expresiones como **Elle est diplômée de Sciences Po**, *Está graduada en Ciencias Políticas*.

Paralelamente a las universidades, hay varias instituciones de educación superior de élite llamadas **les grandes écoles** (literalmente, «las grandes escuelas», aunque el término es difícil de traducir con precisión) que ofrecen títulos que van desde Empresariales hasta Ciencias Políticas. Una de las **grandes écoles** de mayor prestigio es **l'École nationale d'Administration**, o **l'ENA**, cuyos graduados, llamados **les énarques**, se encuentran en los niveles más altos de los negocios y la política. Francia también tiene un sistema regulado por el estado de *formación profesional continua*, **la formation professionnelle continue**, financiado por el gobierno central, las autoridades regionales y las empresas. La importancia de la educación en general se resume acertadamente en el refrán **Sans éducation, l'enfant est orphelin**. *Sin educación, el niño está huérfano*.

◆ GRAMÁTICA

TODO SOBRE *TOUT*

Tout y sus derivados están entre las palabras con más usos en francés, actuando como adjetivos, adverbios, pronombres y, en algunos casos, sustantivos.
El significado básico es *todo*, *cada*, *todos los*, y en algunos casos, *muy*.

Como adjetivo siempre concuerda en género y número con el sustantivo al que califica y siempre lo va delante. Las cuatro formas son **tout** (masculino), **toute** (femenino singular), **tous** (masculino plural) y **toutes** (femenino plural). Memoriza esta frase:
Les amis sont à la maison tous les jours (masc. pl.) **et toutes les semaines** (fem. pl.): **ils mangent tout le pain** (masc. sing.) **et toute la confiture** (fem. sing.). **Tout** califica no solo a los sustantivos, sino también a los adjetivos posesivos y demostrativos:
Toute ma famille vit dans le Midi, *Toda mi familia vive en el sur de Francia*.
Tous ces gens sont ici pour nous aider, *Todas estas personas están aquí para ayudarnos*.
En cuanto a la pronunciación, **tout** y **tous** suenan idénticos ([tu]) al igual que **toute** y **toutes** ([tut]).
Como adverbio, **tout** es casi siempre invariable:
Allez tout droit et tourner à gauche, *Vaya todo recto y gire a la izquierda*.
Si se usa con otro adverbio, significa *muy*:
Le dimanche matin, elle se réveille tout doucement, *El domingo por la mañana se levanta muy despacio*.
Otras tres expresiones muy comunes en las que **tout** es un adverbio son **tout droit**, *todo recto* (Módulo 5), **tout à l'heure**, *más tarde* (Módulo 12), y **tout à fait**, *absolutamente*.
Como pronombre, solo tiene tres formas: **tout**, **tous** y **toutes**.
Tout est possible !, *¡Todo es posible!*
– **Où sont les enfants ? – Ils sont tous dans la chambre**, *– ¿Dónde están los niños ? – Están todos en el dormitorio*.
Elles sont toutes arrivées en retard, *Todas llegaron tarde*.
En términos de pronunciación, **tout** y **toutes** se pronuncian de la misma manera que como adjetivo [tu / tut], pero la **s** final de **tous** sí se pronuncia: [tuss].
Recuerda también las expresiones **pas du tout** (Módulo 1) y **rien du tout**, *nada en absoluto*.
También hemos visto varias expresiones útiles con **tout** hasta ahora en este curso, en particular **tout le monde**, *todo el mundo*, y **en tout cas**, *en cualquier / todo caso* (Módulo 5); **tout de suite**, *enseguida, de inmediato* (Módulo 6), **tout le temps**, *todo el tiempo* (Módulo 10); y **tout à l'heure**, con el sentido de *antes* (ver Diálogo).

PEU

No confundas los adverbios **un peu** y **peu de** (ver Módulo 5). El primero solo se puede usar con un sustantivo incontable y expresa una presencia, mientras que **peu de** (sin artículo) se puede usar con sustantivos contables e incontables, pero expresa una ausencia o limitación. Compara **J'ai un peu de temps**, *Tengo un poco de tiempo* y **J'ai peu de temps**, *Tengo poco tiempo*. **Peu** solo se puede usar después de un verbo para transmitir el mismo significado. **Il lit très peu**, *Él lee muy poco*.

▲CONJUGACIONES

LE PASSÉ COMPOSÉ CON *ÊTRE* EN LUGAR DE *AVOIR* COMO AUXILIAR

Sabemos que la mayoría de los verbos usan **avoir**, *haber*, como auxiliar para formar el pretérito perfecto. Pero algunos verbos intransitivos comunes usan **être**. ¿Cómo recordarlos? Para ello te presentamos al DR & MRS P. VANDERTRAMP:

Devenir (*convertirse*); **R**evenir (*volver*); **M**ourir (*morir*); **R**etourner (*volver*); **S**ortir (*salir*); **P**artir (*irse*); **V**enir (*venir*); **A**rriver (*llegar*); **N**aître (*nacer*); **D**escendre (*bajar, descender*); **E**ntrer (*entrar*); **R**entrer (*volver a entrar, regresar*); **T**omber (*caer*); **R**ester (*descansar*); **A**ller (*ir*); **M**onter (*subir*); **P**asser (*pasar*).

Estos 17 verbos expresan movimiento o un cambio de lugar o condición (¡especialmente en el caso de **naître** y **mourir**!). Hay algunos miembros más en el grupo, pero se usan con menos frecuencia.

En pretérito perfecto, concuerdan en género y número con el(los) sujeto(s): **Le docteur est allé à la conférence hier** PERO **Le docteur et son collègue sont allés à la conférence hier** (*El doctor / El doctor y su colega ha(n) asistido ayer a la conferencia*). **Paul est tombé amoureux de Marie, mais que Marie n'est pas tombée amoureuse de Paul**, *Paul se ha enamorado de Marie, pero Marie no se ha enamorado de Paul*.

– **Est-ce que les filles sont rentrées ? – Non, elles sont sorties il y a seulement deux heures**, – *¿Han vuelto las chicas? – No, han salido hace apenas dos horas*.

Recuerda que **vous** puede ser tanto singular (*usted*) como plural (*vosotros / ustedes*): **À quelle heure êtes-vous arrivé ?** (masc. sing.) PERO **À quelle heure êtes-vous arrivés ?** (masc. pl.). Por supuesto, la pronunciación es la misma.

En una oración con un sujeto masculino y femenino plural, el participio pasado toma el género masculino: **Paul et sa femme sont rentrés hier soir**, *Paul y su esposa han regresado anoche*.

Cinco de los 17 tienen participios pasados irregulares. Estos son: **venir** (**venu**) y sus derivados: **revenir** (**revenu**) y **devenir** (**devenu**); junto con **naître** (**né**) y **mourir** (**mort**). Por último, media docena de verbos intransitivos también tienen una forma transitiva, lo que significa que pueden llevar un objeto directo. Por ejemplo: **Nous avons passé trois jours à Nîmes à Noël**, *Hemos pasado tres días en Nîmes en Navidad* (transitivo), PERO **Trois bus sont passés sans s'arrêter**, *Han pasado tres autobu-*

ses sin parar. Dado que este formato dual es bastante poco frecuente, podrás recordar los verbos en cuestión con bastante facilidad.

E incluso si cometes un error, tu oración será lo suficientemente clara como para que te entiendan.

● EJERCICIOS

1. PON ESTOS VERBOS EN PRETÉRITO PERFECTO

a. J'attends nos filles. Elles (*sortir*: ……………………..) tout à l'heure mais elles (*rentrer*, negativo: ……………………..) encore.

b. – Est-ce que le docteur Bellier (*partir*: …………....………………..) ? – Oui, il (*partir*: ……………………..) il y a une heure.

c. Les deux sœurs (*naître*: ……………………..) en 1901 et elle (*mourir*) en 1999.

d. Nous* (*sortir*: ……………………..) à pied ce matin mais nous (*aller*, negativo: ……………………..) très loin.

e. Le directeur et sa femme (*arriver*: ……………………..) ce matin mais ils (*partir*: ……………………..) déjà.

* Masculino

2. USA LA FORMA CORRECTA DE *TOUT*

a. Madame Vandertramp est (*tout*) seule à la maison car son mari est parti (*tout*) à l'heure en voyage d'affaires. →

b. Comme (*tout*) le monde, il se réveille (*tout*) doucement le dimanche matin. →

c. (*tout*) mes cousins et (*tout*) mes cousines habitent au Canada. →

d. – Est ce qu'ils viennent te voir (*tout*) les semaines ? – (*tout*) à fait ! →

e. (*tout*) ces gens sont venus pour t'aider. En (*tout*) cas, c'est ce qu'ils m'ont dit. →

3. LEE ESTOS AÑOS EN VOZ ALTA

a. 1984*
b. 827
c. 1832*
d. 2019
e. 1100*

f. 1999*
g. 1555*
h. 1066
i. 1600*
j. 2000

* dos posibilidades

VOCABULARIO

changer *cambiar*
entrer *entrar*
étudier *estudiar*
inventer *inventar*
naitre *nacer**
obtenir *obtener, conseguir*
mourir *morir**
monter *subir**
passer (intransitivo) *pasar**
retourner *volver, regresar**
tomber *caer**
tomber amoureux/-se *enamorarse*
* conjugados con **être** como auxiliar en pretérito perfecto

sans cesse *constantemente, sin cesar*
soudainement *de repente*
tout a l'heure *antes* (con un verbo en pasado)
dans un premier temps *al principio, inicialmente*

Tout a fait *Absolutamente*

l'Amérique du sud *América del Sur*
une carrière *una carrera*
un doctorat *un doctorado*
le droit *el derecho*
les droits *los derechos*
une faculté, une fac *una facultad, una universidad*
la loi *la ley*
une licence *una licenciatura*
une maitrise *una maestría, un máster*
un médicament *un medicamento*
Noël *Navidad*
une nouvelle *una noticia*
une poche *un bolsillo*
un professeur *un profesor*
un(e) scientifique *un(a) científico/a*
une université *una universidad*

brillant(e) *brillante*
doué(e) *talentoso/a, dotado/a*

4. TRADUCE AL FRANCÉS

18
a. – Creo que todos los estudiantes tienen derecho a tomar vacaciones en Navidad. – Absolutamente.

b. Estudió derecho y se convirtió en una de las abogadas más jóvenes * de Francia.

c. Nos enamoramos, y permanecimos juntos durante unos 20 años.

d. ¿Ha oído las noticias? La actriz Jeanne Morteau falleció a los 92 años.

e. – Obtuvo su maestría en menos de tres años. – ¡Ella es realmente talentosa!

* **un avocat** se puede usar tanto para hombre como para una mujer, pero la forma femenina **une avocate** ahora es de uso común.

> Recuerda que aprender los números y las fechas es en gran parte una cuestión de reflejos. Los años pueden ser especialmente difíciles cuando empiezas a aprender francés, así que no dudes en leer las fechas en voz alta cada vez que encuentres una, u hojea un libro grueso (cualquier cosa con más de 2000 páginas) para comenzar tu entrenamiento. ¡Empieza con la fecha de hoy!

17.
¡VAMOS AL MERCADO!

ALLONS AU MARCHÉ !

OBJETIVOS	NOTIONS

- HABLAR DE TIENDAS Y TENDEROS
- HABLAR SOBRE AMIGOS Y PLANES
- APRENDER SOBRE LOS ACENTOS REGIONALES

- *Y* Y *EN*
- PRONOMBRES DE OBJETO INDIRECTO

AMIGOS DE TOULOUSE (1.ª PARTE)

(Bruno, parisino, visita a sus amigos Émilie y Marc en Toulouse).

– ¿Has ido ya al mercado esta mañana, Emilie?

– Todavía no: voy dentro de una o dos horas mientras Marc trabaja.

– ¿Puedo acompañarte a hacer la compra? No conozco nada *(en absoluto)* la Ciudad Rosa.

– ¡Pero toda la ciudad conoce el Hall Saint Cyprien! Todo el mundo va allí al final de la semana. Por fuera *(En el exterior)*, hay pescaderos, carniceros y vendedores de frutas y verduras. Dentro *(En el interior)* del edificio, hay productos regionales, charcuteros, floristas, queseros y muchas otras cosas. Esta mañana tengo que coger mantequilla, leche y huevos. Realmente tengo que pensarlo porque no tenemos *(más)* en casa. Préstame un boli, por favor. Tengo que hacer una lista.

– No tengo ninguno encima *(sobre mí)*. Voy a buscar uno en mi habitación.

– Olvídalo, no es importante. Venga, vamos.

(Por el camino, los dos amigos están hablando).

– Por cierto, ¿tienes noticias de Raphäel y Claudie?

– Sí, me llamaron el martes para decirme que están en Toulouse esta semana.

– Los he estado esperando en París durante meses y meses. Les escribí hace mucho tiempo y les di mi nueva dirección.

– ¿Le diste tus nuevos datos de contacto?

– A Raphäel, no, pero para Claudie, sí. Y le di mi correo electrónico y mi número de móvil. Pero ella no me contactó.

– ¡Qué pena! Los visitamos hace tres meses. Nos prestaron su habitación de invitados y nos lo pasamos muy bien juntos. Raphäel es como Marc: se parecen *(se le parece)* como dos gotas de agua.

– ¿Qué quieres decir?

– ¡Hablo con él, pero él no me escucha!

DES AMIS À TOULOUSE (1ʳᵉ PARTIE)

(Bruno, le Parisien, rend visite à ses amis Émilie et Marc à Toulouse.)

– Es-tu déjà allée au marché ce matin, Émilie ?

– Pas encore : j'y vais dans une heure ou deux pendant que Marc travaille.

– Je peux t'accompagner faire les courses ? Je ne connais pas du tout la Ville rose.

– Mais toute la ville connaît la halle Saint Cyprien ! Tout le monde y va en fin de semaine. À l'extérieur, on trouve des poissonniers, des bouchers et des marchands de fruits et légumes. À l'intérieur du bâtiment, il y a des produits régionaux, des charcutiers, des fleuristes, des fromagers, et un tas d'autres choses. Ce matin je dois prendre du beurre, du lait et des œufs. Il faut vraiment que j'y pense car on n'en a plus à la maison. Prête-moi un stylo s'il te plaît. Je dois faire une liste.

– Je n'en ai pas sur moi. Je vais en chercher un dans ma chambre.

– Laisse tomber, ce n'est pas important. Allez, on y va.

(En route, les deux amis discutent.)

– À propos, as-tu des nouvelles de Raphaël et Claudie ?

– Oui, ils m'ont appelée mardi pour me dire qu'ils sont à Toulouse cette semaine.

– Moi, je les attends à Paris depuis des mois et des mois. Je leur ai écrit il y a longtemps et je leur ai donné ma nouvelle adresse.

– As-tu donné tes nouvelles coordonnées ?

– A Raphaël, non, mais à Claudie, oui. Et je lui ai donné mon mail et mon numéro de portable. Mais elle ne m'a pas contacté.

– Quel dommage ! Nous leur avons rendu visite il y trois mois. Ils nous ont prêté leur chambre d'amis et on a passé un bon moment ensemble. Raphaël est comme Marc : il lui ressemble comme deux gouttes d'eau.

– C'est-à-dire ?

– Je lui parle, mais il ne m'écoute pas !

COMPRENDER EL DIÁLOGO
PALABRAS Y FRASES

→ En el Módulo 16, vimos **une nouvelle** en singular, es decir, *una noticia*. En plural, con el artículo partitivo **des**, tiene un sentido más general: **As-tu des nouvelles de Sacha ?** *¿Tienes noticias / Sabes algo de Sacha?* Un proverbio común (y fácilmente reconocible) es **Pas de nouvelles, bonnes nouvelles**, *Si no hay noticias, es una buena noticia.*

→ **pendant** es una preposición que significa *durante* (Módulo 5). Seguido de **que**, forma una frase conjuntiva que significa *mientras*. **Pendant que** se usa en frases como **Pendant que j'y pense, peux-tu me donner tes coordonnées ?** *Mientras lo pienso, ¿puedes darme tus datos de contacto?* (El sustantivo femenino plural **les coordonnées** es un término matemático para *coordenadas*. Pero en el francés cotidiano se usa para indicar *la dirección y el número de teléfono* o, más ampliamente, *los datos de contacto*. **Je vous laisse mes coordonnées**, *Te dejo mi número de teléfono / mis datos de contacto*.

→ El significado preciso de **la fin de semaine**, literalmente «el fin de semana», depende del contexto, pero generalmente se refiere a viernes y/o jueves o sábado. (Viene de **à la fin de la semaine**, *al final de la semana*). Como sabemos, los franceses han adoptado el término inglés **le week-end** porque el descanso de dos días consecutivos es supuestamente una invención inglesa —tanto es así que una semana laboral de cinco días solía ser conocida como **la semaine anglaise**—, pero los canadienses de habla francesa tienden a evitar esas palabras prestadas, y utilizan **la fin de semaine** para el sábado/domingo. En caso de duda, pregunta siempre.

→ **une course**, *un recado*, generalmente se usa con el verbo **faire**: *obtener algo de las tiendas* o *hacer un recado*. En plural, **faire les courses** significa *hacer la compra*. No confundas esta expresión con **faire du shopping**, que vimos en el Módulo 11. (Ten en cuenta que **une course** también significa *una carrera*, lo que podría sugerir un vínculo entre compras, velocidad y competencia…).

→ **laisser tomber** significa *soltar* («dejar caer»): **Zut, j'ai laissé tomber mes clés**, *Maldita sea, se me han caído (he perdido) las llaves*. La expresión idiomática **Laisse tomber !** significa *¡Olvídalo!*

→ El sustantivo masculino **dommage**, significa *daño* o *lesión*. Pertenece a un grupo de sustantivos que pueden ser singulares o plurales. En el lenguaje cotidiano, sin embargo, significa *lástima*, *pena*, y se usa en expresiones como **Quel dommage !**, *¡Qué pena / lástima!* o una frase como **C'est vraiment dommage de perdre le match**, *Es realmente una pena perder el partido*. En un módulo posterior, veremos un grupo de sustantivos colectivos, incluido **dommage**, que son singulares en español pero que pueden tomar un plural en francés.

NOTAS CULTURALES

Toulouse es la capital de la región de **Occitanie**, en el suroeste de Francia. Se encuentra entre las costas mediterránea y atlántica y la atraviesa el río **Garonne** y el **Canal du Midi** de 240 km. La ciudad no es solo un hito histórico y cultural; también es un centro de alta tecnología y el centro de la industria aeroespacial europea.

Toulouse es conocida como **La Ville rose**, *la Ciudad Rosa*, debido a los edificios rojizos de terracota que se esparcen por el centro histórico de la ciudad. (Hay otras ciudades francesas que tienen sobrenombre, en particular **Paris - La Ville lumière**, *la Ciudad de la Luz*; **Marseille - La Cité phocéenne**, *la Ciudad Fenicia*; y **Saint Malo - La Cité corsaire**, *la Ciudad Pirata*).

Otra característica distintiva de Toulouse, y del suroeste de Francia en general, es un acento local distintivo derivado del idioma occitano que los nativos llaman **la langue d'oc** (ver Módulo 8). El acento tiene varias características particulares: las sílabas tienen un acento más fuerte que en el francés estándar; las vocales son más nasales; y la **e** final en palabras como **femme** se pronuncia ([femë] en lugar de [fem]). El poeta y cantante **Claude Nougaro**, oriundo de Toulouse, describió el acento como **un torrent de cailloux [qui] roule** (literalmente, «un torrente de piedras rodando»). Intenta escuchar la canción de amor de Nougaro a su ciudad natal: Ô Toulouse.

GRAMÁTICA

Y Y *EN*

Estas dos palabras a veces pueden causar problemas a los principiantes, pero una vez que entiendas cómo funcionan, apreciarás su elegancia para evitar la repetición, una de las reglas básicas del buen francés.

- **y**

A menudo traducido como *allí*, **y** sustituye frases preposicionales seguidas de **à** (**au**, **aux**, etc.) o **dans**. Se coloca antes de un verbo, sustituyendo a la vocal final de un pronombre o al adverbio negativo **ne** si es necesario:

– **Tu vas au marché ? – Oui, je vais au marché tout à l'heure → Oui, j'y vais tout à l'heure.**
– **Est-ce qu'il habite dans la rue Balzac ? – Non, il n'habite pas dans la rue Balzac → Non, il n'y habite pas.**

Aunque **y** no siempre se traduce –*Sí, voy [allí] más tarde / No, nunca he estado*–, no se puede omitir.

Y también se puede usar como pronombre en oraciones como estas:
– **Vous pensez à votre voyage ? – Oui, je pense à mon voyage ? → Oui, j'y pense.**
– **Est-ce que tes collègues sont dans le bureau ? – No, ils ne sont pas dans le bureau → Non, ils n'y sont pas.**

También nos permite evitar la repetición en oraciones como la que vimos en el Módulo 5:
Le musée est près de la Seine. Vous pouvez y aller à pied.

• El pronombre **en** tiene una función similar a **y**. Sustituye a **du**, **de la**, **des**, y al sustantivo singular o plural que sigue, para evitar repeticiones. Lo encontramos en el Módulo 4:

– **Avez-vous des sœurs ? – Oui, j'ai deux sœurs → Oui, j'en ai deux.**
– *¿Tienes hermanas? – Sí, tengo dos.*

Al igual que **y**, **en** no siempre se traduce (*Tengo dos* en lugar de *Tengo dos de ellas*).
Je n'ai plus de cigarettes. Est-ce tu as des cigarettes ? → Est-ce tu en as ?
No tengo más cigarrillos. ¿Tienes tú?

Del mismo modo, **en** se usa como pronombre con verbos seguidos de **de**. Este mecanismo puede parecer complicado al principio, pero en realidad es bastante intuitivo.
Si tu as des idées, tu peux m'en parler (es decir, **parler des idées**),
Si tienes alguna idea, puedes hablarme de ellas.
Est-ce que vous pouvez me prêter votre stylo ? J'en ai besoin (es decir, **besoin de votre stylo**). *¿Puede prestarme su boli? Lo necesito.*

Es importante no confundir el pronombre y la preposición (**Il habite en Bretagne, Je vais en car**, etc.).

Tanto **en** como **y** van generalmente antes del verbo que modifican. Una excepción muy común a esta regla, que veremos en el siguiente módulo, es la forma imperativa: **Allez-y**, *¡Adelante!*, *¡Vamos!*; **Prenez-en**, *¡Ten!*, *¡Toma* (un poco, alguno)*!*

PRONOMBRES DE OBJETO INDIRECTO

Ya estamos familiarizados con los pronombres de objeto directo (Módulo 5).
Estos son los pronombres que se utilizan para los objetos indirectos, los que «reciben» la acción de un verbo indirectamente (como a quién o a/para qué en español).

me*	me	**nous**	nos
te**	te	**vous**	os
lui	le	**leur**	les

* **m'** antes de vocal o **h** muda
** **t'** antes de vocal o **h** muda

Los pronombres de objeto indirecto sustituyen a los nombres personales que siguen a la preposición **à**. Se utilizan siempre con un grupo particular de verbos, algunos de los cuales aparecen en la segunda parte del diálogo de este módulo, especialmente **écrire à** (*escribir en*) **dire à** (*decir a*) y **parler à** (*hablar a*). Estos pronombres siempre van antes del verbo.

Je parle à Marc → Je lui parle.
Émilie a écrit à Raphaël et Bruno → Émilie leur a écrit.

En una construcción negativa, **ne** va antes del pronombre y **pas** se coloca después del verbo o auxiliar:

Émilie n'a pas écrit à Raphaël et Bruno → Émilie ne leur a pas écrit.

Recuerda que **à** se convierte en **au** o **aux**, dependiendo del objeto indirecto (**J'ai parlé au directeur / aux copains → Je lui / leur ai parlé**).

Por último, aunque normalmente los pronombres de objeto indirecto van delante del verbo, tienes que ponerlos detrás si la oración expresa una orden: **Répondez-moi !** *¡Contéstame!* **Téléphonez-lui !** *¡Llámale!*

⬢ EJERCICIOS

1. SUSTITUYE LAS PALABRAS SUBRAYADAS POR *Y*. ¡ATENCIÓN AL ORDEN DE LAS PALABRAS!

a. – Vous allez au bureau cet après-midi ? – Oui, nous allons au bureau vers quatorze heures. →

b. L'année dernière il habitait à Lyon mais il n'habite plus à Lyon. →

c. – Est-ce qu'ils pensent aux vacances ? – Oui, ils pensent aux vacances tout le temps. →

d. Marc and Élodie adorent le sud-ouest. Ils passent leurs vacances dans le sud-ouest chaque année. →

e. – Le Louvre est près des Tuileries. – Est-ce que je peux aller au Louvre à pied ? →

2. SUSTITUYE LAS PALABRAS SUBRAYADAS POR *EN*. ¡ATENCIÓN AL ORDEN DE LAS PALABRAS!

a. – Nous avons des croissants chauds. – Excellent. Je veux deux croissants s'il vous plait. →

b. – Est-ce que Paul et Marie ont des enfants ? – Oui, ils ont deux enfants. →

c. Si vous avez des problèmes, vous pouvez me parler des problèmes. →

d. – Prête-moi de l'argent. – Pourquoi ? – J'ai besoin de l'argent. →

e. Vous avez entendu la nouvelle ? Tout le monde parle de la nouvelle. →

3. SUSTITUYE LOS SUSTANTIVOS SUBRAYADOS POR SU PRONOMBRE DE OBJETO INDIRECTO

a. Raphaël a écrit à Bruno la semaine dernière. → Raphaël (……..) a écrit la semaine dernière.

b. Nous allons rendre visite à mes cousins. → Nous allons (………..) rendre visite.

c. Est-ce que tu as donné ton adresse à Anne ? → Est-ce tu (………….) as donné ton adresse ?

d. L'agence a téléphoné à ma femme et à moi hier. → L'agence (……..) a téléphoné hier.

e. Ils ont vendu leur vieille voiture à moi. → Ils (……….) vendu leur vieille voiture.

●VOCABULARIO

accompagner *acompañar, ir con*
contacter *contactar*
faire les courses *hacer la compra*
prêter *prestar*
rendre *devolver*
rendre visite *hacer una visita*
ressembler (a) *parecerse (a)*
se ressembler comme deux gouttes d'eau *parecerse como dos gotas de agua*

un bâtiment *un edificio*
le beurre *la mantequilla*
un boucher *un carnicero*
un charcutier *un charcutero*
les coordonnées *datos de contacto* (lit. «coordenadas»)
une course *un recado*
un fleuriste *un florista*
un fromager *un quesero*
une goutte *una gota*
le lait *la leche*
un légume *una verdura*
une liste *una lista*
un marchand *un tendero*
un marche *un mercado*
un œuf *un huevo**
un poissonnier *un pescadero*
une pomme *una manzana*
un produit *un producto*
un stylo *un boli*

* Pronunciado [ef] en singular, pero [e] en plural

régional/-aux *regional(es)*

a l'extérieur *en el exterior, por fuera*
longtemps *(durante) mucho tiempo*
il y a longtemps *hace mucho tiempo*

Allez, on y va ! *¡Venga, vamos!*
A propos *A propósito*
C'est a dire ? *¿Qué quieres decir?*
Laisse tomber *Olvídalo*
On y va *Vamos*
Quel dommage ! *¡Qué pena!, ¡Qué lástima!*

4. TRADUCE AL FRANCÉS

a. ¿Puede darme sus datos de contacto?

b. ¿Le ha escrito Bruno? ¡Contésteme! Si no, llámele inmediatamente.

c. – Han perdido el partido de fútbol. – ¡Qué pena!

d. – ¿Puedo ir con usted al mercado? – Por supuesto, todo el mundo va al final de la semana.

e. Si no hay noticias, es buena noticia.

> Es posible que hayas notado que la gramática se está volviendo un poco más complicada a medida que avanzamos. Por eso te damos notas más pequeñas en la sección de gramática, para que tengas más tiempo para aprenderlas. Intenta no apresurarte. Tómate tu tiempo y vuelve sobre las notas y el diálogo, y no continúes hasta que todo esté claro.

18.
LAS DIETAS

LES RÉGIMES

OBJETVOS	CONTENIDOS
- **HABLAR DE ACCIONES FUTURAS** - **COMPRAR COMIDA EN UN MERCADO** - **EXPLICAR UNA INTENCIÓN**	- **EL FUTURO** - **VERBOS CONJUGADOS TANTO CON *ÊTRE* COMO CON *AVOIR*** - **PRONOMBRES ENFÁTICOS**

AMIGOS DE TOULOUSE (2.ª PARTE)

(Bruno y Émilie están en el mercado de Saint Cyprien)

— ¿De quién es el turno? Señora, ¿[qué] desea?

— Llevaré *(Tomaré)* patatas, cebollas, zanahorias y algunos puerros.

— ¿Cuánto le pongo? ¿Una libra? ¿Un kilo?

— Medio kilo, por favor. Y también tomillo y un poco de perejil. ¿Cuánto le debo? Ahora vamos a comprar salchichas, queso y una botella de vino.

— Para mí, no: tengo que perder peso —al menos, un poco de peso— así que voy a hacer dieta.

— ¿Vas a hacer una dieta? Será demasiado difícil porque eres [un] glotón.

— Sí, sí: de ahora en adelante, no comeré más charcutería y no beberé más vino. Ya no pondré *(tomaré)* azúcar en el *(mi)* café y no picaré entre comidas. Voy a hacer *footing* todas las mañanas e iré al gimnasio dos veces por semana, si no más. Alice me ayudará: dejará de hacer postres y aprenderá a cocinar más ligero. Compraremos una bicicleta estática *(de apartamento)* y haremos ejercicio juntos. Así, estaré *(en)* mejor [de] salud, perderé peso y podremos ahorrar. Es difícil, pero hay que confiar en uno mismo.

— Pero te aburrirás, estoy seguro. Yo ya he intentado hacer un poco ejercicio todos los días. Ayer por la mañana, subí la compra al segundo piso, bajé la basura, y metí el cubo de basura que estaba fuera. Luego pasé la aspiradora y planché todas las camisas de Marc. Pero me dio hambre, así que revolví toda la casa para encontrar un trozo de chocolate y una galleta.

— Eso es, tu dieta equilibrada: ¡algo de comer en cada mano!

DES AMIS À TOULOUSE (2ᵉ PARTIE)

(Bruno et Émilie sont au marché Saint Cyprien)

– C'est à qui, le tour ? Madame, vous désirez ?

– Je prendrai des pommes de terre, des oignons, des carottes et quelques poireaux.

– Je vous en mets combien ? Une livre ? Un kilo ?

– Un demi-kilo s'il vous plait. Et aussi du thym et un peu de persil. Je vous dois combien ? Maintenant, on va acheter des saucisses, du fromage et une bouteille de vin.

– Pas pour moi : je dois perdre du poids – du moins, un peu de poids, donc je vais faire un régime.

– Tu feras un régime, toi ? Ça sera trop difficile car tu es gourmand.

– Si, si : à partir de maintenant, je ne mangerai plus de charcuterie et je ne boirai plus de vin. Je ne prendrai plus de sucre dans mon café et je ne grignoterai pas entre les repas. Je ferai un footing tous les matins et j'irai à la gym deux fois par semaine, sinon plus. Alice m'aidera : elle arrêtera de préparer des desserts et elle apprendra à faire une cuisine plus légère. Nous achèterons une bicyclette d'appartement et, ensemble, nous ferons de l'exercice. Comme ça, je serai en meilleure santé, je perdrai du poids, et on pourra faire des économies. C'est dur, mais il faut avoir confiance en soi.

– Mais tu t'ennuieras, j'en suis sûre. Moi, j'ai déjà essayé de faire un peu d'exercice tous les jours. Hier matin, j'ai monté les courses au deuxième étage, j'ai descendu les ordures, et j'ai rentré la poubelle qui était dehors. Ensuite, j'ai passé l'aspirateur et repassé toutes les chemises de Marc. Mais ça m'a donné faim, donc j'ai retourné toute la maison pour trouver un bout de chocolat et un biscuit.

– C'est ça, ton régime équilibré : quelque chose à manger dans chaque main ?!

COMPRENDER EL DIÁLOGO
PALABRAS Y FRASES

→ Sabemos que algunos nombres propios de profesionales pueden ser masculinos o femeninos (Módulo 16). Otros sustantivos también tienen dos géneros, y dos significados diferentes. Por ejemplo, **un tour** puede significar *una vuelta* (por una ciudad, por ejemplo) o, por extensión, *una gira*. Pero **une tour** significa *una torre*. Del mismo modo, **un livre** es *un libro*, pero **une livre** significa *una libra*, tanto esterlina o de peso (500 gramos). Y **une voile**, *una vela* (Módulo 12) tiene un equivalente masculino, **le voile**, que significa *un velo* o *manto*.

→ **désirer**, *desear*, se usa con frecuencia en lugar de *querer*. Lo escucharás a menudo en boca de los vendedores o del personal de servicio de un restaurante, tanto en la frase formal **Que désirez vous ?** *¿Qué desea?*, como en la informal **Vous désirez ?** En un restaurante de lujo, el camarero podría preguntarte: **Désirez-vous un café ?**, pero en un bar te preguntará **Vous voulez un café ?** o simplemente **Un café ?**

→ **la charcuterie** (derivado del término algo menos apetecible **la chair cuite** o *carne cocida*) se refiere a los productos de cerdo como **le pâté**, **le jambon**, *el jamón*, **le saucisson**, *el salchichón*, y **les rillettes**. Se puede añadir la terminación **-erie** a la raíz para transformar una profesión en una tienda: **un boulanger → une boulangerie**, *un panadero → una panadería*; **un boucher → une boucherie**, *un carnicero → una carnicería*; **un fromager → une fromagerie**, *un quesero → una tienda de quesos*; y, por supuesto, **un charcutier → une charcuterie**. (No confundas la terminación **-ère** con **-erie**).

→ Sabemos que **si** puede significar *si* y *muy* (**Si tu viens, je serai si heureuse**, *Si vienes, estaré muy contenta*) y también se puede usar en aposición (Módulo 6). También se usa con frecuencia para negar una afirmación: – **Tu n'es pas français.** – **Si, je suis de Rouen**, – *Tú no eres francés.* – *Sí, soy de Rouen*. Para insistir en la contradicción, la palabra si se suele repetir: **Si si, je suis de Rouen**.

→ Otra palabra útil derivada de **si** es **sinon**, es decir, *si no* o *de lo contrario*. **Mets tes clés dans ta poche, sinon tu les perdras**. *Pon tus llaves en tu bolsillo, si no las perderás*.

→ El sustantivo femenino singular **l'économie** significa *la economía*: **L'économie français est en bonne santé**, *La economía francesa goza de buena salud*; **Elle étudie l'économie à l'université de Toulouse**, *Estudia Economía en la Universidad de Toulouse*. En el plural, sin embargo, **les économies** (f.) significa *el ahorro* y se utiliza normalmente con el verbo **faire** que significa *ahorrar*: **Nous faisons des économies pour partir en vacances**, *Estamos ahorrando para ir de vacaciones*.

→ Aprendimos **le bout** en el Módulo 10. También se puede utilizar idiomáticamente con el sentido de *un poco de*: **Tu veux un bout de gâteau ?** *¿Quieres un poco de pastel?* Una expresión idiomática que combina esta palabra con las anteriores es **faire des économies de bout de chandelle**, *ahorrar escatimando gastos*.

NOTAS CULTURALES

Le jogging, y su pariente cercano **un footing**, son ejemplos principales de **le franglais**, equivalente al *espanglish*. En algunos casos, la relación entre el significado original y su interpretación en **franglais** es tenue: **les baskets**, *las deportivas*, presumiblemente venga de las zapatillas de baloncesto (*basketball boots*, en inglés). Algunas de estas palabras prestadas, como **le week-end**, están tan profundamente arraigadas en el francés que presumiblemente nunca desaparecerán. Otras se han importado de la marca del producto o de su nombre original (**le scotch**, *la cinta adhesiva*, y **un caddy**, *un carrito de supermercado*), y por lo tanto es poco probable que cambien. Pero algunos términos del **franglais** han entrado al idioma por la puerta trasera. Estos son los intrusos que los académicos, las autoridades y muchos francófonos están ansiosos de eliminar. **L'Académie Française**, la guardiana de la lengua francesa desde hace tres siglos, publica regularmente listas de traducciones «oficiales» (**les contre-vérités** en lugar de **les fake-news**, por ejemplo*), pero no todas consiguen desplazarlas. Los canadienses francófonos, que tienen anglófonos a 325 m de su puerta, comprensiblemente tienen un enfoque más proactivo, creando **le courriel** para *el correo electrónico* y **le clavardage** para *el chat* (sin mencionar **le chien chaud** para *el perrito caliente*). Algunos de estos neologismos arraigarán, al igual que lo ha hecho **un ordinateur**, *un ordenador*. Otros desaparecerán, como **la vacancelle**, un discutido sustituto para **le week-end**.

* www.academie-francaise.fr/la-langue-francaise/terminologie-et-neologie

◆ GRAMÁTICA

VERBOS CONJUGADOS TANTO CON *ÊTRE* COMO CON *AVOIR*

En el Módulo 16, aprendimos los verbos que se conjugan con **être** en lugar de **avoir** en **le passé composé**. Como ya mencionamos, algunos pueden llevar ambos auxiliares, dependiendo de si tienen un objeto directo. Para ayudarte a recordar estos verbos, te presentamos a otro médico: DR PREMS: **D**escendre, **R**entrer, **P**asser, **R**etourner, **E**ntrer, **M**onter, **S**ortir

Aquí tienes, en contexto, los usos transitivos e intransitivos de cada verbo:

Intransitivo (sin objeto directo)*		Transitivo (con objeto directo)*	
Je suis descendu du bus.	*He bajado del autobús.*	**J'ai descendu le sac.**	*He bajado la bolsa.*
Il est rentré très tard.	*Ha regresado muy tarde.*	**Simon a rentré la poubelle.**	*Simon ha metido el cubo de basura.*
Je suis passé plus tôt.	*He pasado más pronto.*	**J'ai passé un bon moment.**	*He pasado un momento agradable.*
Il est retourné en France.	*Ha vuelto a Francia.*	**Il a retourné le matelas.**	*Le ha dado la vuelta al colchón.*
Je suis entré dans le magasin.	*He entrado en la tienda.*	**Simon a entré les informations.**	*Simon ha metido la información.*
Il est monté dans la voiture.	*Se ha montado en el coche.*	**Il a monté les courses.**	*Ha subido la compra.*
Je suis sorti à dix heures.	*He salido a las 10 de la mañana.*	**J'ai sorti mon téléphone.**	*He sacado mi teléfono.*

* Dependiendo del contexto, el verbo se puede traducir por el presente perfecto o por el indefinido.

Como puedes ver, los significados están relacionados, pero son bastante diferentes. Recuerda: el intransitivo va seguido inmediatamente por una preposición o un adverbio (por ejemplo, **tôt**, **tard**) y el transitivo por un objeto directo.

MÁS SOBRE LOS PRONOMBRES ENFÁTICOS

Ya vimos los pronombres enfáticos (**moi**, **toi**, etc.) en el Módulo 6.
Los hemos visto utilizados de forma «disyuntiva»:
– **Qui veut un café ?** – **Moi.** – *¿Quién quiere un café? – Yo.*
Estos pronombres se utilizan más en francés que en español. Generalmente se colocan al principio o al final de una oración que expresa un contraste. En la mayoría de los casos, no es necesario traducirlos: **Moi, je suis gourmand; lui, il mange trop**, *Yo soy glotón; él come mucho.* **Bruno m'aide, lui.**, *Bruno me ayuda* (es decir, tú no me ayudas).
El pronombre más complicado de este tipo es el **soi** impersonal, que significa *sí mismo* o *uno mismo*. Lo encontrarás en frases como **Chacun pour soi !** *¡Cada uno para/por sí mismo!* o, como en nuestro ejemplo, **Il faut avoir confiance en soi**, *Hay que confiar en uno mismo.*

▲ CONJUGACIONES
EL FUTURO

El tiempo futuro se forma añadiendo las siguientes terminaciones al infinitivo de los verbos acabados en **-er** e **-ir**:

manger *comer*

je mangerai	*comeré*	nous mangerons	*comeremos*
tu mangeras	*comerás*	vous mangerez	*comeréis*
il/elle mangera	*comerá*	ils/elles mangeront	*comerán*

Los que terminan en **-re** eliminan la **e** final antes de añadir las terminaciones:

perdre *perder*

je perdrai	*perderé*	nous perdrons	*perderemos*
tu perdras	*perderás*	vous perdrez	*perderéis*
il/elle perdra	*perderá*	ils/elles perdront	*perderán*

Salvo las formas **nous** y **vous**, las terminaciones son las del presente de **avoir**. Hay algunos cambios leves en la ortografía de ciertos verbos, que revisaremos en el siguiente módulo.

• Las formas negativa e interrogativa siguen los mismos modelos que el presente:
je ne perdrai pas, elle ne mangera pas, etc.
est-ce que je mangerai ?, perdront-ils ?, etc.
Con la tercera forma invertida de la interrogativa, usamos la misma **-t-** con guiones que usamos en pretérito perfecto (**a-t-elle appelé ?**, Módulo 13) para evitar la yuxtaposición de las vocales finales e iniciales en la tercera persona del singular: **perdra il → perdra-t-il ?**, etc. No obstante, como ya vimos en el pretérito perfecto, en el lenguaje hablado y en la escritura informal son más comunes la primera y la segunda formas interrogativas.

• El futuro se usa de la misma manera que en español, pero recuerda que también podemos usar el tiempo presente de **aller** + infinitivo para hablar de acciones en el futuro inmediato (**Je vais acheter des carottes; Il arrête de manger ce soir**).
Il repassera ses chemises tout à l'heure, *Planchará sus camisas más tarde.*
A partir de demain, je ne prendrai pas de sucre dans mon café, *A partir de mañana, no pondré azúcar en mi café.*
Est-ce que tu boiras du thé ? *¿Vas a tomar té?*

• Por supuesto, hay algunas formas irregulares, especialmente con **être** y **avoir**, que debes aprender de inmediato:

être		avoir	
je serai	nous serons	j'aurai	nous aurons
tu seras	vous serez	tu auras	vous aurez
il/elle sera	ils/elles seront	il/elle aura	ils/elles auront

• Estos son otros verbos irregulares importantes de este módulo:

aller		faire		pouvoir	
j'irai	nous irons	je ferai	nous ferons	je pourrai	nous pourrons
tu iras	vous irez	tu feras	vous ferez	tu pourras	vous pourrez
il/elle ira	ils/elles iront	il/elle fera	ils/elles feront	il pourra	ils pourront

● EJERCICIOS

1. CONJUGA ESTOS VERBOS IRREGULARES EN FUTURO

a. Je (*prendre*: ………………..) deux kilos de poireaux, s'il vous plaît.

b. Bruno n'a pas faim maintenant. Il (*manger*: …………...) tout à l'heure.

c. Nous devons finir demain. Sinon, nous (*perdre*: ……………...) beaucoup d'argent.

d. Jacques et Christine (*passer*: ……………...) Noël avec nous cette année.

e. – J'espère que vous m'(*aider*: ……………...) à terminer cet exercice. – Mais bien sûr !

2. PON ESTOS VERBOS IRREGULARES EN LA FORMA NEGATIVA O SEGUNDA INTERROGATIVA DEL FUTURO

a. Tu <u>es</u> là demain. (interrog.) →

b. Nous <u>avons</u> assez d'argent. (neg.) →

c. Émilie <u>peut</u> nous aider si on lui demande gentiment. (interrog. con **est-ce que**) →

d. Je pense qu'ils <u>font</u> beaucoup de progrès (neg.) →

e. Vous <u>allez</u> directement au marché. (interrog. con **est-ce que**) →

●VOCABULARIO

avoir confiance *tener confianza, confiar*
descendre* *bajar*
désirer *querer, desear*
devoir *deber* (ver Módulo 7)
faire un régime *hacer una dieta*
grignoter *picar, picotear*
monter* *subir*
passer* *pasar*
rentrer* *meter*
repasser* *planchar*
retourner* *dar la vuelta*
* en la forma intransitiva

une bicyclette *una bicicleta*
une bicyclette d'appartement *una bicicleta estática*
un biscuit *una galleta*
une bouteille *una botella*
une carotte *una zanahoria*
la charcuterie *la charcutería*
une/les course(s) *un recado / la compra*
le fromage *el queso*
un/le footing *el footing*
les économies *los ahorros*
la gym *un gimnasio*
un oignon* *una cebolla*
une livre *una libra*
les ordures *la basura*
le persil *el perejil*
le poids *el peso*
un poireau *un puerro*
une pomme de terre *una patata* («manzana de tierra»)
une poubelle *un cubo de basura*
un régime *una dieta*
la sante *la salud*
une saucisse *una salchicha*
le thym *el tomillo*
le vin *el vino*
* Escrito también **un ognon** pero pronunciado de la misma forma

léger/-ère *ligero/a*
gourmand *glotón*
dehors *fuera*
du moins *al menos*
sinon *si no*

C'est a qui le tour ? *¿De quién es el turno?*
Vous désirez ? *¿Qué desea / quiere?*
Je vous dois combien ? *¿Cuánto le debo?*

No todos los hablantes nativos que conozcas cumplirán estrictamente las reglas gramaticales estándar. A menudo te encontrarás con palabras conocidas, así como con giros idiomáticos, como los utilizados por el tendero del mercado de este módulo, que dice **C'est à qui, le tour ?**, **Vous désirez ?** y **Je vous en mets combien ?** en lugar de, **À qui est-ce le tour ?**, **Que désirez-vous ?** y **Combien vous en mets-je ?**, respectivamente, que, aunque perfectamente correcto, sonaría demasiado formal en este contexto. Nuestro objetivo no es solo enseñarte el francés «correcto» sino también que conozcas el lenguaje coloquial que oirás habitualmente. No obstante, te recomendamos que no uses estas palabras y frases coloquiales hasta que te sientas como en casa con el francés. **C'est clair ?** (*¿Está claro?*)

3. PON LOS VERBOS ENTRE PARÉNTESIS EN PRETÉRITO PERFECTO

a. Je (*passer*: …………..) trois semaines en Corse cette année.

b. Marine (*retourner*, negativo: …………..) en France à Noël.

c. Les enfants (*rentrer*: …………………..) tard hier.

d. Nous (*sortir*: …………..) les couteaux et les fourchettes pour mettre la table.

e. Il (*entrer*: ……………….) dans le bureau et, ensemble, ils (*entrer*: ……………….) les informations dans l'ordinateur.

4. TRADUCE AL FRANCÉS

a. La mujer de Fabien revolvió toda la casa para encontrar su móvil.

b. En nuestro nuevo vecindario, tendremos dos tiendas de queso, tres panaderías y una carnicería.

c. – Creo que no eres feliz, Marion. – Oh, sí lo soy; todo está bien, gracias.

d. Ponga sus llaves en su bolsillo, si no las perderá.

e. – Benjamin dice que no quiere comprar más chocolate. – Está escatimando.

19. LA RESERVA

LA RÉSERVATION

OBJETIVOS

- PREGUNTAR POR HABITACIONES Y PRECIOS
- PREGUNTAR / SUGERIR
- SER EVASIVO

CONOCIMIENTOS

- PREPOSICIONES AL COMIENZO DE PREGUNTAS
- *CHAQUE / CHACUN / CHACUNE*
- *FALLOIR*: NECESITAR, HACER FALTA

NO ES UN CHOLLO

– Hotel le Marais, le habla Camille *(Camille al aparato)*. ¿En qué le puedo ayudar *(Cómo puedo serle útil)*?

– Me gustaría conocer sus tarifas para una habitación doble y una habitación individual.

– ¿Para que fecha quiere reservar, y para cuántas personas?

– Será el último fin de semana del próximo mes, para una pareja y dos niños.

– Eso será el *(Estaremos a)* veintiséis y veintisiete, me parece.

– Así es, domingo de Semana Santa y el lunes, que es festivo.

– Todavía tenemos sitio para esas fechas, pero hay que hacerlo pronto. Cada una de las habitaciones está equipada con un baño privado grande, una cama de matrimonio *(cama grande)* o dos camas individuales y conexión wifi. Los niños estarán en la habitación de al lado de la suya y cada uno tendrá su propia cama. ¿A qué hora cree que llegaran, aproximadamente? ¿De dónde vienen?

– No llegaremos antes de las seis y media porque estamos en Grenoble.

– ¿Qué más necesita: una plaza de aparcamiento, quizás?

– No gracias. Tomaremos el tren y buscaremos *(encontraremos)* un taxi en la estación. Pero tendremos que irnos muy temprano el martes por la mañana. ¿Será posible desayunar?

– No hay problema. Se sirve un bufet a partir de las seis para los clientes que se levantan temprano. Solo hay que pedirlo la víspera.

– Me he olvidado de preguntarle cuánto cuestan *(son)* las habitaciones.

– Cada habitación cuesta *(es)* quinientos sesenta euros, sin desayuno *(desayuno no incluido)*.

– Ah, ya veo... le llamaré mañana para confirmar y pagaré entonces *(en ese momento)*.

– Le tomaré algunos datos *(Tomaré algunas informaciones)*, si le parece bien. ¿Cuál es su apellido, nombre y fecha de nacimiento?

– Se lo diré todo mañana. Sin falta...

CE N'EST PAS UNE BONNE AFFAIRE.

— Hôtel le Marais, Camille à l'appareil. Comment puis-je vous être utile ?

— Je voudrais connaître vos tarifs pour une chambre double et une chambre simple.

— Pour quelle date souhaitez-vous réserver, et pour combien de personnes ?

— Ça sera le dernier week-end du mois prochain, pour un couple et deux enfants.

— Nous serons le vingt-six et le vingt-sept, il me semble.

— C'est bien ça, le dimanche de Pâques et le lundi, qui est férié.

— Nous avons encore de la place pour ces dates mais il faut faire vite. Chacune des chambres est équipée d'une salle de bain privée, d'un grand lit ou de lits jumeaux, et d'une connexion wifi. Les enfants seront dans la chambre à côté de la vôtre et chacun aura son propre lit. À quelle heure pensez-vous arriver, à peu près ? D'où viendrez-vous ?

— Nous n'arriverons pas avant dix-huit heures trente car nous serons à Grenoble.

— De quoi d'autre avez-vous besoin : une place de parking, peut-être ?

— Non merci. Nous prendrons le train et trouverons un taxi à la gare. Mais nous devrons partir très tôt le mardi matin. Sera-t-il possible de prendre le petit déjeuner ?

— Pas de soucis. Un buffet est servi à partir de six heures pour les clients qui se lèvent tôt. Il faut simplement le commander la veille.

— J'ai oublié de vous demander : à combien sont les chambres ?

— Chaque chambre est à cinq cent soixante euros, petit déjeuner non compris.

— Ah, je vois… Je vous appellerai demain pour confirmer et je paierai à ce moment-là.

— Je vais prendre quelques informations, si vous le voulez bien. Quels sont vos nom, prénom et date de naissance ?

— Je vous dirai tout ça demain. Sans faute….

COMPRENDER EL DIÁLOGO
PALABRAS Y FRASES

→ **un appareil**, *un aparato*, se usa en palabras compuestas como **un appareil-photo**, *una cámara de fotos* o **un appareil électroménager**, *un electrodoméstico*. También se usa comúnmente cuando se llama o contesta al teléfono (que suele llamarse **un appareil téléphonique**): **Qui est à l'appareil?** *¿Quién llama?* Del mismo modo, al recibir una llamada, puedes dar tu nombre, por ejemplo: **Michel à l'appareil**, *Le habla Michel*. Pero ahora que la telefonía móvil es lo habitual, la mayoría de las personas responde simplemente **Allô ?**, excepto en contextos más formales.

→ La primera persona singular de **pouvoir**, *poder* (ver Módulo 3) es **je peux** y la segunda interrogativa –la más común– es **est-ce que je peux ?** Sin embargo, en contextos formales, **je peux** no puede invertirse, por lo que escucharás o leerás una forma literaria más antigua, **puis** (pronunciado [pui]), en frases formales en primera persona como **Puis-je vous aider ?** *¿Puedo ayudarle?* o **Comment puis-je vous être utile ?** *¿En qué le puedo ayudar (serle útil)?*

→ Además de **un prix** (pron. [pri]), *un precio* (Módulo 5), otra palabra de uso común es **un tarif**, *una tarifa*. En un hotel, puedes solicitar **Quel est votre meilleur tarif ?** *¿Cuál es tarifa más económica?* La palabra también se usa en contextos como el transporte o el entretenimiento: **un billet à plein tarif / à tarif réduit**, *un billete de tarifa completa / tarifa reducida*; **tarif étudiant**, *precio de estudiante*. Existe una cierta superposición entre un **prix** y un **tarif**, por lo que, en caso de duda, utiliza la primera.

→ **souhaiter** (pron: [suete]) significa *desear*. El verbo se usa en contextos formales para expresar un deseo, **Je souhaite avoir des informations**, *Desearía alguna información* o hacer una pregunta: **À quelle heure souhaitez-vous venir ?** *¿A qué hora le gustaría venir?* (La respuesta habitual cuando alguien estornuda es **À vos souhaits !** («A sus deseos»).

→ El adjetivo **propre** tiene dos significados: *limpio*, generalmente situado detrás del sustantivo: **Les chambres de cet hôtel ne sont pas très propres**, *Las habitaciones de este hotel no están muy limpias*; y *propio*, que generalmente lo precede: **Ce sont mes propres photos**, *Son mis propias fotos*. Recuerda esta característica porque el **propre** es uno de los adjetivos que cambian de significado dependiendo de dónde se coloquen en una oración.

→ **près**, *cerca*, se usa en la frase adverbial **à peu près**, «a poco cerca», que significa *aproximadamente* o *más o menos*. La frase generalmente aparece antes de un adjetivo o un sustantivo: **Le sens de cette phrase est à peu près clair**, *El significado de esta frase está más o menos claro*, pero también puede usarse después de una pregunta: **Le petit déjeuner coûte combien, à peu près ?** *¿Cuánto cuesta el desayuno, aproximadamente?* Cualquiera que sea el contexto, la frase expresa una aproximación.

→ **un souci**, *una preocupación, una inquietud*, se usa sobre todo en la frase **Pas de soucis** (o **souci**), más o menos equivalente a *Sin problema*. Es un sustituto más coloquial de **Pas de problème**.

NOTAS CULTURALES

Cuando busques un hotel en Francia, asegúrate de que el que encuentres ofrezca realmente alojamiento. Esto se debe a que el sustantivo masculino **un hôtel** también significa *un edificio grande*, generalmente majestuoso. **Un hôtel particulier** (lit. «un hotel privado») es una mansión, a menudo de importancia histórica. Estas suntuosas viviendas comenzaron a aparecer en el siglo XIV, especialmente en el distrito parisino de **Le Marais**, donde aún se conservan algunas de las más «recientes», como **l'Hôtel de Carnavalet**, que data de 1600. **Le Marais**, «la marisma», es uno de los distritos más antiguos de la capital, que alberga no solo edificios medievales sino también prestigiosos museos, galerías vanguardistas de arte y diversas comunidades.

Muchos otros edificios que llevan el nombre de **hôtel** tienen una función oficial, como **l´Hôtel de la Monnaie**, *la Casa de la Moneda*, o **un hôtel de police**, *una sede central de policía*. En las grandes ciudades, **l'hôtel de ville** es equivalente *al ayuntamiento* en España. (En las ciudades y pueblos más pequeños, el centro del gobierno local es **la mairie**, la oficina de **le** o **la maire**, *el alcalde* o *la alcaldesa*).

La ciudad universitaria de Grenoble, en el sureste de Francia, es un importante centro para la investigación científica y la industria de la alta tecnología. También es la puerta de entrada a la región montañosa de los Alpes, de ahí su apodo, **la Capitale des Alpes** (*la capital de los Alpes*).

◆ GRAMÁTICA

PREGUNTAS CON UNA PREPOSICIÓN INICIAL

A estas alturas ya debes saber al dedillo las tres formas de la forma interrogativa. Veamos ahora cómo hacer preguntas usando pronombres interrogativos combinados con las preposiciones **à** y **de**. Con la segunda y la tercera forma, comenzamos la pregunta con una preposición:

J'arrive à dix heures.	Llego a las 10.	→	À quelle heure arrives-tu ? / est-ce que tu arrives ?	¿A qué hora llegas?
Ils arrivent de Grenoble.	Vienen (Llegan) de Grenoble.	→	D'où arrivent-ils / est-qu'ils arrivent ?	¿De dónde vienen (llegan)?

Sin embargo, muchos francófonos prefieren la primera interrogativa de entonación ascendente porque es más sencilla de construir y menos formal: **Tu arrives à quelle heure ? / Ils arrivent d'où ?** Las tres formas son gramaticalmente correctas, por supuesto.

Ten en cuenta que à puede estar «disfrazada» como **au: Je veux parler au directeur → À qui voulez-vous parler ?**

Del mismo modo, **de** puede estar disfrazado como **du / des: Ils ont besoin des clés → De quoi ont-ils besoin ?**

Estas preguntas también se pueden reformular y hacerlas menos formales poniendo el pronombre interrogativo al final:

Cette lettre vient de qui ? Ils ont besoin de quoi ?
Vous voulez parler à qui ? Tu penses à quoi ?

No obstante, la preposición sigue siendo la misma.

CHAQUE / CHACUN / CHACUNE

Ya hemos encontrado anteriormente **chaque**, *cada, cada uno*, un adjetivo indefinido que se refiere a personas o cosas en general y siempre está emparejado con un sustantivo singular: **chaque chambre**, *cada habitación*, **chaque pays**, *cada país*.

El adjetivo se combina con **un** o **une** para formar los pronombres indefinidos **chacun** (masculino) y **chacune** (femenino), es decir, *cada uno/a*. Ambos se utilizan para «singularizar» una declaración y deben concordar con el sustantivo al que califican: **Chacune des chambres a une salle de bain**, *Cada una de las habitaciones tiene un baño*. **Chacun des enfants aura un grand lit**, *Cada uno de los niños tendrá una cama grande*. El pronombre también se puede usar solo, detrás de un sustantivo: **Nous avons dix chambres, chacune avec une salle de bain**, *Tenemos diez habitaciones, cada una con un baño*. En esta forma, también se puede traducir como *todos*, **J'ai donné une pomme à chacun**, *Les he dado una manzana a todos / a cada uno*. (Si el grupo de personas que reciben el objeto está compuesto solo por hombres o por hombres y mujeres, usamos **chacun**; si está compuesto solo por mujeres, **chacune**).

Por último, **chacun(e)** se puede usar en expresiones indefinidas como **Chacun pour soi!**

Cada uno por / para sí mismo, o **Chacun sait que Grenoble es une belle ville**, *Todo el mundo sabe que Grenoble es una bonita ciudad*. En este contexto, es sinónimo de **tout le monde**: **Tout le monde sait que…**, etc. Hay un par de usos más, los cuales veremos más adelante. Recuerda que no hay forma plural porque **chacun(e)** significa *cada uno/a*.

▲ CONJUGACIONES
FALLOIR

Falloir es un verbo impersonal que se usa solo en infinitivo o con **il**. La buena noticia es que solo hay media docena de formas, en particular **il faut**, en comparación con las 20 que suele tener un verbo normal. **Falloir** expresa una necesidad o requisito y generalmente se traduce *necesitar, hacer falta*.
Il faut une connexion wifi pour accéder à Internet. *Para acceder a internet, hace falta una conexión wifi.*
Pour aller de Grenoble à Forcalquier, il faut deux heures, *Se necesitan dos horas para ir de Grenoble a Forcalquier.*
Cualquier verbo que vaya inmediatamente detrás de **falloir** irá en infinitivo: **Il faut partir tout de suite**, *Hay que irse inmediatamente*. Veremos algunas otras construcciones en un módulo posterior.

EL FUTURO: CAMBIOS ORTOGRÁFICOS

Sabemos que el futuro se forma añadiendo **-ai, -as, -a, -ons, -erez** y **-ont** al infinitivo de los verbos acabados en **-er** y en **-ir** y a la raíz de los verbos acabados en **-re**. Hay un par de excepciones que afectan a ciertos grupos de verbos. Aquí están dos de las más importantes:
1) Casi todos los verbos que terminan en **-eler**, como **appeler**, doblan la «l»: **j'appellerai, tu appelleras, il / elle appellera, nous appellerons, vous appellerez, ils / elle appelleront**.
De manera similar, la mayoría de los que terminan en **-eter**, como **jeter**, *tirar*, doblan la «t»: **je jette, tu jettes**, etc. La excepción más importante es **acheter**, *comprar*, que se comporta como **lever**.
En ambos casos, la pronunciación cambia ligeramente. Por ejemplo, la «e» de **nous appelons**, que casi no suena, se escucha perfectamente en **appellerai**. Escucha con atención el cuarto ejercicio de este módulo, pero, por el momento, simplemente es importante que reconozcas los cambios ortográficos.

2) Verbos como **lever**, *levantar*, añaden un acento grave sobre la primera «e», como lo hace **acheter**: **je lèverai**, **tu lèveras**, etc.

Aquí, también cambia la pronunciación de la «e», de casi inaudible (**lever**) a perfectamente audible (**lèverai**).

Por último, el futuro de los verbos acabasos en **-yer**, como **payer**, *pagar*, se puede escribir de dos maneras: **je payerai** o **je paierai**. Ambos son correctos, y la pronunciación es la misma.

Estos detalles son importantes porque este mismo tipo de cambios también se produce en otros tiempos. Pero recuerda que, de momento, es más importante hablar y entender que escribir.

● EJERCICIOS

1. CONVIERTE ESTAS FRASES EN PREGUNTAS QUE COMIENZAN POR UNA PREPOSICIÓN

a. Les oignons sont à 2 euros le kilo. →

b. Marion arrive à 22 heures. →

c. Elles veulent parler à Jean-Philippe. →

d. J'ai besoin de deux places. →

e. Nous pensons à nos vacances d'été. →

2. HAZ ESTAS PREGUNTAS MENOS FORMALES

a. De qui vient ce mail ? → …………………………………… ?

b. À qui veut-il parler. → …………………………………… ?

c. De quoi ont-ils besoin ? → ………………………………… ?

d. À quoi pensez-vous ? → …………………………………… ?

e. D'où arrivent-ils ? → ……………………………………… ?

3. COMPLETA CON *CHAQUE, CHACUN* O *CHACUNE*

a. Je l'appelle (………………) jeudi pour avoir de ses nouvelles.

b. (……………) des enfants fait de l'exercice tous les matins.

c. J'ai trois boîtes de chocolat, mes filles. Vous aurez une boîte (……………….)

d. (………………) sait que cet hôtel est beaucoup trop cher.

e. Nous avons deux marchés dans notre ville, (……………..) avec un boucher et un poissonnier.

VOCABULARIO

commander *pedir*
confirmer *confirmar*
falloir (il faut) *necesitar, haber que*
sembler *parecer*
souhaiter *desear*

une bonne affaire *un chollo*
une connexion *una conexión*
un nom *un apellido*
un couple *una pareja*
un jumeau/-elle *un/a gemelo/a*
des lits jumeaux *dos camas pequeñas*
la naissance *el nacimiento*
Paques *Semana Santa, Pascua*
un prénom *un nombre*
un taxi *un taxi*
la veille *la víspera, el día de antes*

double *doble*
prive(e) *privado/a*
propre *limpio, propio*
simple *individual* (habitación)
chacun(e) *cada uno/a (individualmente)*
chaque *cada, todo*
prochain(e) *próximo/a*
a ce moment-là *en este momento*

C'est bien ca *Así es*
Comment puis-je vous etre utile ? *¿En qué le puedo ayudar?*
Il me semble *Me parece*
Pas de souci(s) *Sin problema*
Sans faute *Sin falta*
Si vous voulez bien *Si le parece bien*

4. TRADUCE AL FRANCÉS

21
a. – Esta cámara cuesta solo 200* euros. – Es un chollo.
b. – Sophie me pidió que la llamara a las 10:00. – Llámala, vas tarde.
c. – Se necesitan dos horas para ir de París a Burdeos en tren. – ¿Solo?
d. – ¿Quién llama? – Soy yo, Arnaud. – Te llamaré yo en media hora.
e. – Todavía tengo habitaciones, pero es necesario hacerlo rápido. – Sin problema.

> En este módulo, has aprendido el tipo de lenguaje formal que podrías leer en un sitio web o escuchar por teléfono cuando contactas con el proveedor de un servicio. Compara con las primeras líneas del vendedor del mercado cuando habla con un cliente en el Módulo 18. Todavía no esperamos que hables como Camille, pero es útil que puedas reconocer diferentes registros, incluso aunque seas principiante.

20.
EL DEPORTE

LE SPORT

OBJETIVOS

- INVITAR EDUCADAMENTE
- ACEPTAR EDUCADAMENTE
- RECHAZAR UNA OFERTA

CONTENIDOS

- VERBOS + PREPOSICIÓN
- SUSTANTIVOS PLURALES IRREGULARES
- VERBOS QUE CAMBIAN DE SIGNIFICADO

UN PUÑADO DE JUGADORES, MUCHOS ÁRBITROS

— Sigo el campeonato de Francia de fútbol todos los años. Leo los diarios deportivos todas las semanas. Veo la mayoría de los partidos por la televisión o, en el peor de los casos, los escucho en la radio. Pero esta vez, mi equipo favorito está en la final y voy a ir a verlo mañana por la noche. ¿Te apetece venir conmigo? Me las he arreglado para conseguir dos entradas para asistir al partido.

— Ya sabes, no sé [nada] de fútbol. Soy del suroeste y prefiero el rugby. ¿Dónde es el partido?

— Tiene lugar en el *Stade de France*. Realmente vale la pena, te lo aseguro. Los jugadores tuvieron mucho éxito hace dos semanas cuando jugaron contra Niza. Ganaron cuatro a dos, mientras que la vez anterior, habían empatado.

— ¿Y André? Me parece que le encanta el fútbol. ¿No quiere ir *(venir)* contigo?

— Le ofrecí acompañarme, pero él se niega a salir entre semana. Dice que tiene mil *(treinta y seis mil)* cosas que hacer y no puede pasar la noche divirtiéndose. En general, nos llevamos muy bien, pero está empezando a sacar de quicio *(romperme los pies)*.

— Hay que aprender a ser paciente.

— Tienes razón. Haré un esfuerzo. Entonces, ¿vienes, sí o no?

— Si tú quieres *(te da placer)*. Pero yo pago mi entrada *(sitio)*, insisto.

— De eso no hay duda. Te invito, ¡en cualquier caso no te gustan los juegos de pelota redonda!

— ¿Dónde nos encontramos?

— Te esperaré frente al estadio a las seis y media. Atención: hay obras en la línea RER.

— Vale. Hasta mañana por la noche, entonces. ¿Crees que habrá mucha gente?

— ¡Pues claro! Habrá veintidós jugadores y cincuenta mil árbitros.

22 UNE POIGNÉE DE JOUEURS, BEAUCOUP D'ARBITRES

— Je suis le championnat de France de football chaque année. Je lis les journaux sportifs toutes les semaines. Je regarde la plupart des matchs à la télé ou, au pire, je les écoute à la radio. Mais cette fois-ci, mon équipe préférée est en finale et je vais les voir demain soir. Ça te dit de venir avec moi ? J'ai réussi à avoir deux billets pour assister au match.

— Tu sais, je ne m'y connais pas en foot. Je suis du sud-ouest et je préfère le rugby. Ça se passe où, ce match ?

— Il a lieu au Stade de France. Ça vaut vraiment la peine, je t'assure. Les joueurs ont fait un tabac il y a deux semaines quand ils ont joué contre Nice. Ils ont gagné quatre à deux, alors que la fois d'avant, ils avaient fait match nul.

— Et André ? Il me semble qu'il adore le foot. Il ne veut pas venir avec toi ?

— Je lui ai proposé de m'accompagner mais il refuse de sortir en semaine. Il dit qu'il a trente-six mille choses à faire et qu'il ne peut pas passer la soirée à s'amuser. En général, on s'entend très bien mais il commence à me casser les pieds.

— Il faut apprendre à être patient.

— Tu as raison. Je ferai un effort. Alors, tu viens, oui ou non ?

— Si ça te fait plaisir. Mais je vais payer ma place, j'insiste.

— Il n'en est pas question. Je t'invite – même si tu n'aimes pas les jeux de ballon rond !

— Où est-ce qu'on se retrouve ?

— Je t'attendrai devant le stade à dix-huit heures trente. Attention : il y a des travaux sur la ligne du RER.

— Ça marche. À demain soir, alors. Tu penses qu'il y aura beaucoup de monde ?

— Et comment ! Il y aura vingt-deux joueurs et cinquante mille arbitres.

COMPRENDER EL DIÁLOGO
PALABRAS Y FRASES

→ Como ya sabes, **je suis** es la primera persona singular del verbo **être**. Pero también es el presente de **suivre**, *seguir*, que vimos en el Módulo 15 (**je suis, tu suis, il/elle suit, nous suivons, vous suivez, ils suivent**). Es importante que apuntes las palabras que tienen la misma ortografía, pero diferentes significados para asegurarte de que las usas correctamente.

→ **dire**, *decir*, se puede usar idiomáticamente como sinónimo de *apetecer*. A menudo se encuentra en la forma impersonal con **ça**: **Ça vous dit de voir le match ?** *¿Le apetece ver el partido?* **Ça ne me dit rien**, *No me apetece nada / Realmente no tengo ganas*. Recuerda que el sujeto de **dire** en este caso es **ça**, por lo que el verbo se conjuga en la tercera persona del singular.

→ **Assister** significa *asistir, presenciar*. **Le premier ministre a assisté au débat au Sénat hier**, *El Primer Ministro asistió al debate en el Senado ayer*. **Combien de spectateurs ont assisté au match ?** *¿Cuántos espectadores asistieron al partido?* En este contexto, el verbo siempre va seguido de **à** (o **au/aux**). Sin la preposición, **assister** significa *ayudar, asistir a alguien* (Ver gramática a continuación).

→ **s'y connaître en** (literalmente «conocerse a sí mismo en») se usa idiomáticamente con el sentido de *saber (de algo)*. Observa cómo se usa la expresión: **Je m'y connais en sport automobile**, *Sé de deportes de motor*. **Est-ce qu'il s'y connait en rugby ?** *¿Sabe él algo de rugby?* **Elle ne s'y connaît pas en peinture**, *Ella no sabe nada de pintura*.

→ **la peine** significa *la pena*. **Cet homme me fait de la peine**, *Este hombre me da pena*. Pero la palabra se usa con frecuencia con el verbo **valoir** en el sentido de *valer / Merecer la pena*, con el artículo indefinido **de**. **Ça vaut la peine d'arriver de bonne heure au stade**, *Merece la pena llegar temprano al estadio*. La forma negativa, **ça ne vaut pas la peine**, a menudo se abrevia en **ce n'est pas la peine**: **Ça ne vaut pas la peine / Ce n'est pas la peine d'arriver avant deux heures**, *No merece la pena llegar antes de las dos*.

→ **faire un tabac** (literalmente «hacer un tabaco») es un modismo que significa *tener / ser un gran éxito*. Viene de una vieja expresión naval que significa el estruendo de un trueno. **La chanteuse a fait un tabac avec son nouvel album**, *La cantante tuvo un gran éxito con su nuevo álbum*. (Ver también Módulo 24, Notas culturales). Otra expresión común es **casser les pieds** (literalmente «romper los pies»), que básicamente significa *fastidiar, sacar de quicio* o *poner de los nervios a alguien*. **Elle me casse les pieds avec ses problèmes**, *Ella me saca de quicio con sus problemas*. Aprenderemos más modismos comunes en los próximos módulos.

→ **trente-six**, *treinta y seis*, se usa como un número indeterminado en algunas expresiones idiomáticas. Puede significar un número enorme e indefinido, como hemos visto en el diálogo: **Je ne peux pas faire trente-six** (o **trente-six mille**) **choses à la fois**, *No puedo hacer treinta y seis* (o *treinta y seis mil*) *cosas a la vez*. O un periodo de tiempo muy largo: **Je la vois tous les trente-six du mois parce qu'elle habite très loin**. *La veo de Pascuas a Ramos porque vive muy lejos*. El origen de estos y otros modismos relacionados con el número 36 es muy discutido. Lo que debes tener claro es que no siempre que escuches **trente-six** se refiere a tres veces doce.

→ **Il n'en est pas question** significa *No hay duda*. Escucha atentamente la grabación y ten cuidado de no poner un segundo adverbio negativo antes de **est** (**il n'en n'est pas**).

→ **Ça marche !** (literalmente «Eso camina») es una expresión muy común, similar a *Vale*. Básicamente indica acuerdo o afirmación: – **Tu peux venir dîner mardi ? – Ça marche !** – *¿Puedes venir a cenar el martes? – ¡Vale!* A menudo lo oirás cuando pidas algo en una cafetería o restaurante: – **Deux cafés et un thé, s'il vous plaît. – Ça marche !** – *Dos cafés y un té, por favor. – ¡Marchando!* (Otra alternativa es el omnipresente **Ok !**)

NOTAS CULTURALES

Le sport, *el deporte*, juega un papel importante en la vida francesa. El deporte más popular es **le football** (a menudo abreviado como **le foot**), aunque la parte suroeste del país es el hogar espiritual de **le rugby**. Otros deportes que tienen muchos seguidores son **le tennis**, **le cyclisme**, **la natation**, **l'escrime**, *la esgrima* y, por supuesto, **le ski** (Francia tiene la zona esquiable más grande del mundo). Y, con unos 3400 km de costa, no es sorprendente que **la voile**, *navegar*, sea tanto un deporte como un pasatiempo. Un juego típico francés que no requiere habilidades de nivel olímpico es **la pétanque**, un juego relacionado con los bolos (y también conocido como **le jeu de boules**).

Un evento internacional de alto nivel que atrae el interés mundial es la carrera ciclista anual de tres semanas de duración, **Le Tour de France** (ten cuidado: **la tour** significa *la torre*), en la que equipos ciclistas recorren el país de cabo a rabo, con incursiones en las vecinas Italia, España, Bélgica y el Reino Unido.

Además del sustantivo **le foot**, la mayoría del vocabulario francés relacionado con el deporte proviene del inglés: **la boxe**, **le hockey**, **le golf**, **le steeple**, *la carrera de obstáculos* (*steeplechase* en inglés), **le squash**, **le tennis**, **le volley** y **le water-polo** (por no mencionar **le match**, **le penalty**, y **tacler**, *robar el balón*). No obstante, el francés es uno de los idiomas oficiales de **les Jeux olympiques**, *los Juegos Olímpi-*

cos franceses, y además Francia fue precursora de ciertos deportes, incluido el tenis (la palabra inglesa viene de **tenez**, el imperativo de **tenir**, y el juego se llamaba originalmente **le jeu de paume** o «juego de la palma») y, posiblemente, incluso el típico juego inglés del cricket (de **un criquet**, *un palo*). **Allez les Bleus!** (*¡Vamos, Francia!* – el nombre de **les Blues** proviene del color de la camiseta oficial de la selección nacional).

◆ GRAMÁTICA

En esta sección de gramática te ofrecemos algunas reglas que cubren los temas que ya has asimilado en los módulos anteriores, al leer los diálogos y las reglas de gramática, y al hacer los ejercicios.

VERBOS CON PREPOSICIÓN

Cuando se aprende un nuevo verbo, es igual de importante aprender la preposición, si la hay, que suele acompañarlo. Una de las razones es evitar la interferencia con el español. Desgraciadamente, no hay una sola regla que rija estas combinaciones, pero aquí tienes algunas pautas:

Verbos que siempre llevan preposición

appuyer sur	presionar	**Appuyez sur ce bouton.**	*Presione este botón..*
assister à	asistir a	**Il assiste à tous les matchs.**	*Él asiste a todos los partidos.*
changer de	cambiar de	**Je change de sujet.**	*Cambio de tema.*
commencer à	empezar a	**Il commence à pleuvoir**	*Comienza a llover.*
douter de	dudar de	**Elle doute de moi.**	*Ella duda de mí.*
finir de	acabar de	**J'ai fini de manger.**	*He acabado de comer*
manquer de	faltar	**Nous manquons de personnel**	*Nos falta personal.*
jouer à jouer de	practicar un deporte / tocar un instrumento	**Je joue au golf.** **Elle joue du piano.**	*Yo juego al golf. / Ella toca el piano.*

Verbos que pueden ir seguidos de un infinitivo sin preposición

aimer	gustar	**Elle aime travailler seule.**	*A ella le gusta trabajar sola.*
détester	odiar	**Ils détestent attendre.**	*Ellos odian esperar.*

devoir	deber	**Tu dois arriver avant neuf heures.**	*Debes llegar antes de las nueve.*
espérer	esperar	**Nous espérons aller en vacances en mars.**	*Esperamos irnos de vacaciones en marzo.*
pouvoir	poder	**Peux-tu répondre au téléphone ?**	*¿Puedes responder el teléfono?*
préférer	preferir	**Je préfère partir demain.**	*Prefiero salir mañana.*
savoir	saber	**Il sait faire la cuisine.**	*Él sabe cocinar.*
vouloir	querer	**Nous voulons acheter cette maison.**	*Queremos comprar esa casa.*

Dado que las reglas que rigen el uso o no de las preposiciones son muy complejas, es más sencillo aprenderse los verbos en grupos (los que van seguidos de **à**, de **de**, de un infinitivo, etc.).

VERBOS "DUALES": REFLEXIVOS Y TRANSITIVOS

Sabemos que un verbo transitivo se convierte en un verbo pronominal (o reflexivo) al añadir **se** y un pronombre reflexivo: **Je réveille ma femme, Je me réveille** → *Despierto a mi esposa / Me despierto* (ver Módulo 10). En algunos casos, sin embargo, el significado cambia.

Mira estos ejemplos:

Je vais demander trois billets pour le match mais je me demande si André viendra.
Voy a pedir tres entradas para el partido, pero me pregunto si André vendrá.
Le film se passe à Nice, où nous passons nos vacances tous les ans.
La película tiene lugar en Niza, donde pasamos nuestras vacaciones cada año.
– Je vous entends très mal. – J'ai dit: "Nous nous entendons bien avec tout le monde".
– Te oigo muy mal. – He dicho: "Nos llevamos bien con todos".
J'ai trouvé sa maison sur la carte : elle se trouve près de la banque.
He encontrado su casa en el mapa. Está cerca del banco.

amuser	divertir	s'amuser	divertirse
battre	batir	se battre	luchar
tromper	engañar	se tromper	equivocarse
servir	servir	se servir	servirse

SUSTANTIVOS PLURALES

Sabemos que la mayoría de los sustantivos forman su plural añadiendo una **s** final (a menos que ya terminen en **s**, o en **x** o **z**, ver Módulo 2). Sin embargo, hay algunas excepciones. Los sustantivos que terminan en **-al** usualmente forman su plural sustituyendo la **l** por **-ux**:

un animal, *un animal* → **des animaux**
un journal, *un periódico* → **des journaux**

La misma regla se aplica con las palabras que terminan en **-eau**, **-au** y **-eu**:

un bateau, *un barco* → **des bateaux**
un tuyau, *una tubería* → **des tuyaux** (tuberías, mangueras, etc.)
un jeu, *un juego* → **des jeux**

Algunos sustantivos que terminan en **-ail** siguen una regla similar. El más común es **le travail**, *el trabajo* → **les travaux**, *las obras* (por ejemplo, *las obras públicas*).
Finalmente, hay siete sustantivos que terminan en **-ou** que forman su plural con una **x** (todos los demás añaden una **s** final). Los más útiles de estos son probablemente **un chou** (*un repollo*), **des choux;** y **un geno**u (*una rodilla*), **des genoux**.
En todos los casos, la **x** final es muda.

● EJERCICIOS

1. ESCRIBE LA PREPOSICIÓN CORRECTA, SI LA HAY, DETRÁS DE LOS VERBOS

a. Le chanteur joue aussi _ _ _ _ piano. J'espère _ _ le voir en concert à Nantes.

b. Est-ce que vous voulez assister _ _ _ la réunion demain ?

c. J'ai appuyé _ _ le bouton mais la machine ne marche pas.

d. Nous espérons _ _ _ te voir _ _ match ce soir.

e. Ils préfèrent _ _ aller en vacances en octobre parce qu'il y a moins _ _ monde.

f. Je joue _ _ _ golf et _ _ _ la guitare.

g. Vous avez fini _ _ faire cet exercice ?

2. TRADUCE ESTOS SUSTANTIVOS Y PONLOS EN PLURAL

a. un animal → ……………………………………………………

b. un barco → ……………………………………………………

c. un periódico → …………………………………………………

d. una tubería → …………………………………………………

e. una rodilla → ……………………………………………………

VOCABULARIO

avoir lieu *tener lugar*
assister *asistir*
casser les pieds *sacar de quicio*
connaitre *conocer*
s'y connaitre *saber de algo*
entendre *oír*
s'entendre *entenderse*
faire plaisir *gustar*
faire un tabac *tener / ser un gran éxito*
gagner *ganar*
inviter *invitar*
passer *pasar*
se passer *ocurrir*
préférer *preferir*
proposer *proponer*
refuser *rechazar*
retrouver *volver a encontrar*
se retrouver *encontrarse con*
réussir *lograr* (ver también Módulo 6)
sortir *salir*

un arbitre *un árbitro*
un championnat *un campeonato*
un ballon *un balón* (fútbol, rugby, etc.)
une équipe *un equipo*
une finale *una final* (deporte, etc.)
le football / le foot *el fútbol*
un joueur/une joueuse *un/a jugador/a*
un match / des matchs *un partido / unos partidos*
un match nul *un empate*

une place *un sitio, un asiento* (teatro, etc.)
un stade *un estadio*
la télé *la tele*
des travaux *las obras* (construcción, reparación, etc.)

au pire *en el peor de los casos*
contre *contra*
en général *en general*
la plupart (de) *la mayoría (de)*

Attention ! *¡Atención!*
Ça marche ! *¡Vale!*
Ça vous/te dit de… ? *¿Te apetece?*
Et comment ! *¡Pues claro!*
Il n'est pas question *Sin duda*

3. HAZ FRASES CON ESTOS PARES DE VERBOS

a. Nous (*se demander*) si ce projet vous intéresse.
   Nous vous (*demander*) de ne pas être en retard.

b. Avez-vous (*trouver*) votre journal ?
   Où (*se trouver*) votre bureau ?

c. La ligne est mauvaise : je te (*entendre*) mal
   Je (*s'entendre*) avec ta famille.

d. (*Passer*) nous voir si vous venez à Paris.
   Le film (*se passer*) en mil neuf cent quarante-trois à Paris.

4. TRADUCE AL FRANCÉS

a. No sé nada de rugby, pero haré un esfuerzo si quiere(s).*

b. – Hay que aprender a ser paciente. – Sin duda.

c. ¿Te/Le apetece* ver una película esta noche? Merece la pena llegar pronto al cine.

d. – ¿Puede(s)* ayudarme a terminar este trabajo? – No puedo hacer miles de cosas a la vez.

e. – ¿Estáis buscando el metro? – No, estamos esperando el autobús. – Venid conmigo. – ¡Claro!

* *Utiliza las formas* **tu** *y* **vous**

21.
LA ENFERMEDAD

LA MALADIE

OBJETIVOS

- HABLAR DE SALUD
- EXPLICAR SÍNTOMAS
- EXPLICAR UNA INTERACCIÓN

CONTENIDOS

- ORDEN DE LOS PRONOMBRES
- *MEILLEUR / MIEUX*
- FUTURO CON CONJUNCIONES DE TIEMPO

NO ME SIENTO MUY BIEN

— Parece que no te sientes muy bien. ¿Es verdad?

— Absolutamente. Me siento muy mal: tengo fiebre —unos treinta y ocho grados— y tos. Creo que tengo *(una)* gripe o algo así. Me he puesto en contacto con mi médico de cabecera y me ha dicho que me quede en la cama. Le he explicado los síntomas, le he pedido consejos y él me los ha dado, con explicaciones claras de mi enfermedad.

— ¿Has hablado con él? ¿Cómo es eso?

— Me ha pedido mi número de móvil y se lo he dado.

— ¿Qué? ¿Le has dado tu número personal? ¡Eso no se hace!

— Lo sé, pero no me encontraba bien *(estaba en mi plato)*. No le he pedido una baja para el trabajo, pero me la ha dado de todos modos. Ha dicho: «Créame, es mejor para usted. Volverá a trabajar cuando esté mejor de salud». Luego me ha enviado una receta y el certificado médico.

— ¿Le has enviado ese certificado a tu jefe *(empleador)*?

— Sí, se lo he enviado sin esperar.

— Pero ¿qué tienes exactamente? No me parece que estés enfermo *(sufriendo)*. Parece que estás en forma

— Pero estoy enfermo *(sufriendo)*, te digo. No estoy bien en absoluto. Puede que no lo parezca, pero según el médico tengo anginas, otitis, dolor de cabeza y dolor abdominal. ¿Lo ves? Es bastante grave, ¿no?

— ¡Chorradas! Te duele la garganta, te duelen los oídos, te duele la cabeza y te duele el estómago.

— ¡Uff! Ahora me siento mucho mejor. ¡Gracias, doctor!

23   JE NE ME SENS PAS TRÈS BIEN…

— Il parait que tu ne te sens pas très bien. C'est vrai, ça ?

— Absolument. Je me sens très mal : j'ai de la fièvre – près de trente-huit degrés – et de la toux. Je crois que j'ai une grippe ou quelque chose comme ça. J'ai contacté mon médecin traitant et il m'a dit de rester au lit. Je lui ai expliqué les symptômes et demandé des conseils et il me les a donnés, avec des explications claires sur ma maladie.

— Tu lui en as parlé ? Comment ça ?

— Il m'a demandé mon numéro de portable et je le lui ai donné.

— Quoi ? Tu lui as donné ton numéro personnel ? Ça ne se fait pas !

— Je sais, mais je n'étais pas dans mon assiette. Je ne lui ai pas demandé un arrêt de travail mais il m'en a donné un quand même. Il m'a répondu : « Croyez-moi, c'est mieux pour vous. Vous retournerez au travail quand vous serez en meilleure santé ». Puis il m'a envoyé une ordonnance et le certificat médical.

— Est-ce que tu as envoyé ce certificat à ton employeur ?

— Oui, je le lui ai envoyé sans attendre.

— Mais, qu'est ce tu as précisément ? Tu ne m'as pas l'air souffrant. Tu as l'air en forme.

— Mais je suis souffrant, je te dis. Je ne vais pas bien du tout. Je n'en ai peut-être pas l'air, mais, d'après le médecin je souffre d'une angine, une otite, une céphalée et des douleurs abdominales. Tu vois ? C'est plutôt grave, non ?

— N'importe quoi ! Tu as mal à la gorge, mal aux oreilles, mal à la tête et mal au ventre.

— Ouf ! Maintenant je me sens beaucoup mieux. Merci docteur !

COMPRENDER EL DIÁLOGO

PALABRAS Y FRASES

→ Para hablar de enfermedades, podemos usar el verbo **souffrir** (**de**), que literalmente significa «sufrir (de)», pero a menudo es menos dramático de lo que pueda parecer: **Je souffre d'un mal de tête**, *Tengo dolor de cabeza*. **Ma sœur souffre de l'estomac**, *Mi hermana tiene dolor de estómago*. Como siempre, el contexto es clave. El adjetivo **souffrant** significa *enfermo*. Otra forma más común de describir la enfermedad o el malestar es **avoir mal**, (literalmente «tener mal») seguido de **à** (en la forma correcta) y la(s) parte(s) del cuerpo enferma(s). **J'ai mal à la tête**, *Tengo dolor de cabeza*; **Elle a mal au ventre**, *Tiene dolor de tripa*; **Ils ont mal aux oreilles**, *Tienen dolor de oído*. (Recuerda, sin embargo, que los médicos tienden a usar expresiones técnicas, como **une otite**). Por último, una forma idiomática común de decir que uno se siente mal es **ne pas être dans son assiette**, literalmente «no estar en el plato».

→ **Comment ça?** expresa desconcierto y exige una explicación, como *¿Cómo es eso?* **Comment ça : tu as oublié d'acheter le pain ?** *¿Cómo que te has olvidado de comprar el pan?* No lo confundas con **Comment ça va ?**, *¿Cómo está(s)?*

→ La forma reflexiva **se faire**, que vimos en el Módulo 10 con el significado literal de «hacerse uno mismo», se usa en varias expresiones idiomáticas. Una de las más comunes es **Ça ne se fait pas**, que significa *Eso no se hace*. Se puede usar con un complemento: **Ca ne se fait pas de refuser une invitation**, *No es correcto rechazar una invitación*.

→ **avoir** se puede utilizar de la misma manera que en español: **Qu'est-que vous avez ? Vous vous sentez mal ?** *¿Qué tiene? ¿No se siente bien?* Una respuesta estándar sería **Je n'ai rien**, *No me pasa nada*, o, por ejemplo, **J'ai mal à la tête**, *Tengo dolor de cabeza*.

→ **avoir l'air** se refiere a lo que una persona percibe sobre alguien o algo. Se suele traducir por *parecer*. **Il a l'air fatigue**, *Parece cansado*; **Les hommes ont l'air très contents de leur travail**, *Los hombres parecen muy contentos con su trabajo*.

NOTAS CULTURALES

El sistema de salud francés, **le système de santé français**, está considerado uno de los mejores del mundo. La atención primaria (**les soins de ville**, literalmente «atención de la ciudad») está provista de un sistema integral de hospitales públicos (**des hôpitaux publics**), hospitales privados aprobados por la ley (**des cliniques**), urgencias (**la médicine d'urgence**) y la atención ambulatoria (**soins ambulatoires**). La mayor parte de los costes de los tratamientos están financiados por el sistema de la seguridad social (**la Sécurité sociale**, conocido coloquialmente como **la Sécu**), y el resto lo cubren los seguros de salud independientes (**des mutuelles**). La primera línea de atención médica está proporcionada por *un médico general* (**un médecin généraliste**). Todo el mundo tiene que registrarse con un médico de cabecera de su elección, que se convierte en su **médecin traitant** (*médico de atención primaria*). Ten en cuenta que **un médecin** significa *un médico* (hombre o mujer), y que la palabra **docteur** se usa solo como título (por ejemplo, **docteur Bellier**) o cuando te diriges directamente al médico: **Bonjour, docteur**. La mayoría de los médicos trabajan de forma independiente o en pequeños consultorios (**un cabinet**) y, cuando es necesario, derivan a *un paciente* (**un patient**) a *un especialista* (**un/une spécialiste**). Si un médico prescribe *medicamentos* (**les médicaments**, que no deben confundirse con **la médecine**, la ciencia de *la medicina*), escribirá *una receta* (**une ordonnance** o **une prescription**), que el paciente lleva a *una farmacia* (**une pharmacie**) para que se los den. Todos los mayores de 16 años tienen una tarjeta inteligente de seguro de salud, **une carte Vitale**, que se presenta al profesional de la salud o al farmacéutico cuando se realiza el pago. Por último, la expresión que se usa cuando se hace un brindis es **À votre / ta santé !** (¡o simplemente **Santé!**), *¡Salud!*

◆ GRAMÁTICA
ORDEN DE LOS PRONOMBRES

Cuando una oración contiene un pronombre de objeto directo y un pronombre de objeto indirecto, hay un orden estricto que debe seguirse. Una buena manera de recordar esta secuencia es visualizarla como un equipo de fútbol que juega en una formación 5-3-2-1-1 (el último «1» es el balón):

me				
te	le			
se	la	lui	y	en
nous	les	leur		
vous				

Todos estos pronombres tienen que preceder al verbo. Veamos qué sucede en la práctica cuando los usamos para sustituir a un sustantivo:

Je te laisserai le numéro de téléphone. Te dejaré el número de teléfono.	→	**Je te le laisserai.** Te lo dejaré.
Il donnera l'ordonnance à Louise. Él le dará la receta a Louise.	→	**Il la lui donnera.** Se la dará a ella.

Nous envoyons les invitations à vous. *Le enviamos las invitaciones a usted.*	→	**Nous vous les envoyons.** *Se las enviamos a usted.*
Elles me parlent souvent de leur travail. *A menudo me hablan de su trabajo*	→	**Elles m'en parlent souvent.** *A menudo me hablan de ello.*
Je vais aller à Rennes demain. *Voy a ir a Rennes mañana.*	→	**Je vais y aller demain.** *Voy a ir allí mañana.*

Los pronombres indirectos en la primera y tercera columnas de la tabla del equipo nunca pueden ir juntos.

Todo esto puede parecer bastante complejo, pero en la práctica nunca hay más de dos pronombres juntos. Simplemente recuerda la formación 5-3-2-1-1.

En la forma negativa, los pronombres van inmediatamente después de la primera partícula negativa, **ne**, mientras que **pas**, como de costumbre, va detrás del verbo: **Je ne te le donnerai pas**, **Il ne la lui donnera pas**, etc.

En un módulo posterior, veremos cómo cambia el orden de las palabras cuando usamos la forma imperativa.

MEILLEUR / MIEUX

Es fácil confundir estas palabras, ya que ambas significan *mejor*. El problema es que *mejor* puede ser tanto un adjetivo como un adverbio en español, mientras que en francés la diferencia es mucho más clara: **meilleur** es un adjetivo, el comparativo de **bon**, *bueno*; y **mieux** es un adverbio, el comparativo de **bien**, *bien*. Las formas superlativas son **le meilleur** y **le mieux**, respectivamente.

En una comparación, el adjetivo comparativo **meilleur** suele ir seguido de **que** y un sustantivo, con el que concuerda: **Ce magasin de vêtements est meilleur que celui d'en face**, *Esta tienda de ropa es mejor que la de enfrente*; **Les femmes sont meilleures que les hommes dans ce domaine**, *En este campo, las mujeres son mejores que los hombres*. La misma regla se aplica al superlativo: **Ma copine fait les meilleurs gâteaux au monde**, *Mi novia hace los mejores pasteles del mundo*. En una oración superlativa o en una pregunta, **le/la/les meilleur(e)(s)**, el sustantivo puede aparecer al final de la oración: **Il and a trois films au cinéma ce soir. Lequel est le meilleur ?** *Hay tres películas en el cine esta noche. ¿Cuál es la mejor?*

El adverbio comparativo **mieux** se usa con un verbo (o un adjetivo): **Je parle bien le français mais tu l'écris mieux**, *Yo hablo bien el francés, pero tú lo escribes mejor*. La respuesta a la pregunta **Commet vas-tu ?** suele ser **Je vais bien** (o, coloquialmente, **Bien !**), pero si has estado enfermo y ahora te sientes mejor, dices **Je vais mieux**.

Y, dado que los adverbios son invariables, **mieux** nunca cambia: **Les femmes conduisent mieux que les hommes**, *Las mujeres conducen mejor que los hombres*.

Aquí tienes una frase simple que te ayudará a recordar la diferencia: **André est un bon cuisinier mais Gérard est meilleur. Ensemble, ils cuisinent mieux que moi**, *André es un buen cocinero, pero Gérard es mejor. Juntos cocinan mejor que yo.*

▲ CONJUGACIONES
FUTURO DESPUÉS DE *QUAND*

Cuando una oración en francés contiene **quand** para describir dos acciones que tendrán lugar en el futuro, ambos verbos estarán en futuro. Esto contrasta con el español, que usa el presente de subjuntivo después de la conjunción *cuando*:

Je vous donnerai des nouvelles quand je vous verrai, *Te daré algunas noticias cuando te vea.*

Esta es una regla importante para recordar, especialmente cuando la oración comienza con **quand**:

Quand nous viendrons à Paris, nous irons au Louvre, *Cuando vayamos a París, iremos al Louvre.*

Si se usa el presente en la oración con **quand**, implica que se trata de una acción habitual (**quand nous venons à Paris** = *cada vez que / cuando venimos a París*, etc.). Esta regla se aplica a varias otras expresiones relacionadas con el tiempo, incluyendo **lorsque**, un sinónimo formal de **quand**, pero por el momento, simplemente memoriza los ejemplos anteriores.

● EJERCICIOS

1. USA UN PRONOMBRE DE OBJETO PARA SUSTITUIR LAS PALABRAS ENTRE PARÉNTESIS

a. Je le donnerai (à *Jean*) → Je le …….. donnerai demain.

b. Elle a dit (à *ses patients*) qu'elle serait absente vendredi. → Elle …….. a dit qu'elle serait absente vendredi.

c. Le médecin a téléphoné (à *moi et ma femme*) → Le médecin ………. a téléphoné.

d. Est-ce qu'il vous a parlé (*de son problème*) ? → Est-ce qu'il vous …….. a parlé ?

e. Je ne dirai pas (*aux deux frères*) que leur père est malade. → Je ne …….. dirai pas que leur père est malade.

2. RESPONDE A ESTAS PREGUNTAS SUSTITUYENDO LOS SUSTANTIVOS SUBRAYADOS CON UN PRONOMBRE DE OBJETO DIRECTO O INDIRECTO

a. Est-ce que tu as donné l'ordonnance au patient ? → Oui, je ……………….. ai donnée.

b. Est-ce que Simon va à Rennes demain ? → Non, il ………………… va pas.

c. Est-ce qu'elles te parlent de leur appartement ? → Oui, elles ……….. parlent.

d. Est-ce qu'elle donnera l'adresse à Marion ? → Non, elle ne …………….donnera pas.

e. Est-ce que vous vendez les billets à Michel et Catherine. → Oui, nous …….. vendons.

3. USA *MEILLEUR* (EN LA FORMA CORRECTA) O *MIEUX* CUANDO CORRESPONDA

a. Je parle très bien l'allemand, mais tu le parles beaucoup …………….. que moi.

b. Les hommes sont …………….. que les femmes en football.

c. – Est-ce qu'André est toujours malade ? – Non, il va ……………... .

d. – J'ai deux disques de ce nouveau chanteur français. – Lequel est le …………….. ?

e. Ce sont les …………….. tartes aux fraises de toute la ville.

4. TRADUCE AL FRANCÉS

a. – No tengo la dirección de Marie encima. – Se/Te* la daré mañana cuando te vea.

b. ¿Qué quieres decir, que han rechazado mi invitación? Eso no se hace.

c. – ¿Qué le pasa? ¿Se siente enferma? – Aparentemente tiene fiebre.

d. – ¿Has enviado el informe a tu médico? – Sí, se lo envié directamente.

e. – Pareces en forma. – ¡Chorradas! Estoy muy enfermo.

* Usa **vous** y **tu**

VOCABULARIO

avoir l'air *parecer*
croire *creer*
expliquer *explicar*
paraitre *parecer*
retourner *regresar*
(se) sentir *sentir(se)*

une angine / un mal de gorge *anginas, dolor de garganta*
un arrêt de travail *baja de trabajo*
une céphalée / mal de tête *un dolor de cabeza*
un certificat médical *un certificado médico*
un degré *un grado* (temperatura)
une douleur *un dolor*
une explication *una explicación*
une fièvre *una fiebre*
avoir de la fièvre *tener fiebre*
un hôpital/-aux *un hospital / hospitales*
une ordonnance* *una receta*
une otite / mal aux oreilles *una otitis, dolor de oídos*
une maladie *una enfermedad* (de **mal**, *mal*)
un symptôme *un síntoma*
une toux *una tos*
* **une prescription** también se utiliza

souffrant *enfermo*
d'après *según*
en forme *en forma*
personnel(le) *personal*
précis *preciso*
précisément *precisamente*

quand même *de todos modos*
sans attendre *sin esperar*

Il parait que… *Parece que…*
A votre / ta sante ! *¡A su / tu salud!*
Ca ne se fait pas *Eso no se hace*
Comment ca ? *¿Cómo es eso?*
Ouf ! *¡Uff!*

IV

DISFRUTAR DEL TIEMPO LIBRE

22. LA VIDA PROFESIONAL

LA VIE PROFESSIONNELLE

OBJETIVOS

- HABLAR DE UNA SECUENCIA DE ACONTECIMIENTOS EN EL PASADO
- HABLAR DE CIUDADES Y PAÍSES
- EXPRESAR DUDA

CONTENIDOS

- EL IMPERFECTO
- ADJETIVOS «MÓVILES»
- CONCORDANCIA DEL PARTICIPIO PASADO
- PREPOSICIONES DE LUGAR

NO SABÍA NADA

— Buenas noches y bienvenidos a su programa semanal *La empresa en la pantalla pequeña*, presentado por Amélie Broutard. La semana pasada hablamos sobre el mundo de la construcción. Esta semana, me complace dar la bienvenida a Baptiste Legrand, exdirector de marketing y ahora uno de los hombres de negocios más famosos del momento. Entonces, Baptiste, explique a nuestros espectadores su excepcional carrera.

— Gracias y buenas noches a todos. Quería venir a este programa desde hace mucho tiempo. Lo veía siempre cuando era joven y pensaba que era genial.

— ¡Qué bien! Hábleme de Xavier Perrier, el hombre a quien le debe su éxito.

— Lo conocí cuando dirigía una fábrica muy moderna en Le Mans. Luego se fue a Canadá y, con su esposa Élise, creó una empresa especializada en comercio digital. La empresa pronto se convirtió en la número uno de la industria, y los dos socios se hicieron muy ricos.

En esa época, yo vivía en Le Havre, donde trabajaba en una oficina de empleo justo al lado del edificio donde tenían una de sus oficinas. Quería cambiar de trabajo desde hacía meses y meses. Me contrataron como responsable de comunicación. No sabía nada al respecto, pero me aceptaron porque éramos amigos de la infancia y pensaron que podría arreglármelas solo. A pesar de todo, por mi culpa se hicieron millonarios.

— ¿Ah, sí? Entonces, ¿qué eran antes?

— Bueno, ¡eran multimillonarios!

— Gracias y adiós. Este es el último programa de esta temporada. Nos veremos en enero.

JE N'Y CONNAISSAIS RIEN.

— Bonsoir et bienvenue à votre émission hebdomadaire *L'Entreprise au petit écran*, présentée par Amélie Broutard. La semaine dernière, nous vous parlions du monde du bâtiment. Cette semaine, j'ai le plaisir de recevoir Baptiste Legrand, un ancien directeur de marketing et maintenant un des hommes d'affaires les plus connus du moment. Alors, Baptiste, expliquez à nos téléspectateurs votre carrière exceptionnelle.

— Merci et bonsoir à tous. Je voulais depuis longtemps passer à cette émission. Je la regardais tout le temps quand j'étais jeune et je la trouvais formidable.

— Tant mieux ! Parlez-moi de Xavier Perrier, l'homme à qui vous devez votre succès.

— Je l'ai rencontré quand il dirigeait une usine très moderne au Mans. Ensuite, il est parti au Canada et, avec sa femme Élise, a créé une entreprise spécialisée dans le commerce numérique. La boîte est devenue très vite le numéro un du secteur, et les deux associés sont devenus très riches.

À l'époque, je vivais au Havre, où je travaillais dans un cabinet de recrutement juste à côté du bâtiment où ils avaient un de leurs bureaux. Je voulais changer de métier depuis des mois et des mois. Ils m'ont embauché comme responsable de communication. Je n'y connaissais rien mais ils m'ont pris parce que nous étions des amis d'enfance et ils pensaient que je pouvais me débrouiller seul. C'est quand même à cause de moi qu'ils sont devenus millionnaires.

— Ah bon ? Alors, qu'est-ce qu'ils étaient avant ?

— Ben, ils étaient milliardaires !

— Merci et au revoir. C'était la dernière émission de cette saison. Nous nous verrons en janvier.

COMPRENDER EL DIÁLOGO
PALABRAS Y FRASES

→ **bienvenue** es la traducción literal de *bienvenida*. Se utiliza como interjección invariable, seguido, cuando sea necesario, de **à** cuando se trata de un lugar y de **en** para una región, país, etc.: **Bienvenue à Paris / en France**, *Bienvenido a París / a Francia*. En este sentido, es invariable. Utilizado como adjetivo, **bienvenu** concuerda con su sustantivo: **un accord bienvenu**, *un acuerdo de bienvenida*, **une offre bienvenue**, *una oferta de bienvenida*, etc. (Los hablantes de francés en Canadá usan **Bienvenue** como respuesta a un agradecimiento).

→ **un boîte**, literalmente «una caja», es otro término muy común de la jerga (ver el Módulo 15). En el lenguaje relacionado con el trabajo, significa *una empresa o negocio*: **Xavier travaille pour une grosse boîte au Mans**, *Xavier trabaja para una gran empresa en Le Mans*. Pero **une boîte** también significa *una discoteca*: **Xavier sort en boîte tous les soirs**, *Xavier va a la discoteca todas las noches*. ¡Presta mucha atención al contexto!

→ **hebdomadaire**, *semanal*. Puede ser un adjetivo: **une émission hebdomadaire**, *un programa semanal*, o un sustantivo, **un hebdomadaire**, *un semanario, una publicación semanal*.

→ **un cabinet**, mencionado en las Notas culturales del módulo anterior, es el nombre que se le da a un despacho de profesionales como arquitectos o abogados (**un cabinet d'architectes, d'avocats**). **Ma femme travaille dans un cabinet dentaire**. *Mi esposa trabaja en un consultorio dental / en la consulta de un dentista*. En muchos casos, una palabra francesa puede tener diferentes traducciones, según sean las circunstancias.

→ **tant** es un adverbio que significa *tanto*. **Je les aime tant**, *Los amo tanto*. Junto con **mieux**, *mejor*, el comparativo de **bien**, *bien*, forma la expresión **Tant mieux**, literalmente, «tanto mejor», que expresa aprobación. – **J'ai gagné !** – **Tant mieux !** – *¡He ganado!* – *¡Qué bien! / ¡Bien por ti!* Como tantas expresiones idiomáticas, la traducción dependerá del contexto.

→ **brouiller** significa *mezclar*: **les œufs brouillés**, *los huevos revueltos*. Lógicamente, **débrouiller** significa *desenredar*. Sin embargo, el uso más común es como verbo reflexivo **se débrouiller**, que significa *hacer frente, defenderse, administrar* (es decir, para «desenredar» los problemas). La traducción real del francés dependerá del contexto, pero recuerda expresiones como: **Je me débrouille en français**, *Puedo arreglármelas en francés*. **Elle se débrouille toute seule**, *Ella se las arregla sola*. Un derivado útil es el adjetivo y el sustantivo **débrouillard(e)**, que significa *inteligente* o *ingenioso/a*. – **Tu penses qu'elle va réussir ? – Bien sûr, elle est débrouillarde**, – ¿Crees que ella tendrá éxito? – Por supuesto, es ingeniosa.

NOTAS CULTURALES

Francia fue uno de los primeros países del mundo en introducir **la télévision**, o **la télé** en francés coloquial, también llamada **le petit écran**, *la pantalla pequeña* (a diferencia de **le grand écran**, *la pantalla grande*, es decir, *el cine*). Los medios de difusión –básicamente la TV y la radio, denominados colectivamente **l'audiovisuel** (masc.)– han cambiado drásticamente en las últimas décadas con la llegada de la difusión por *cable* (**le câble**), *digital* (**le numérique**) y *vía satélite* (**le satellite**). Muchas empresas de medios de comunicación ahora ofrecen *un paquete*, o **un bouquet**, de *canales* (**des chaînes**) accesibles a través de un decodificador, **un décodeur**. Sin embargo, a pesar de estos avances tecnológicos, muchos *espectadores* (**les téléspectateurs**) aún sintonizan la televisión terrestre para ver *un boletín de noticias* o *un parte meteorológico*, respectivamente, **un journal télévisé** («periódico televisado») o **les informations** (*las noticias*), y **un bulletin météorologique**. Como corresponde a un medio tan rápido, estos términos generalmente se abrevian en el lenguaje cotidiano en, respectivamente, **un JT** (pronunciado [yete]), **les infos** y **la météo**. Asimismo, **la publicité**, *la publicidad*, se abrevia en **la pub**.

En cuanto al contenido, los tipos de programas son fácilmente reconocibles, ya sea **un jeu télévisé** (*un concurso de televisión*), **un dessin animé** (*un dibujo animado*), **un documentaire** (*un documental*), o **une émission de sports** (*un programa deportivo*). Ten en cuenta que **un programme** significa *una lista de programas* o *una programación*, en lugar de **un émission**, *un programa*. Pero se puede decir que el vocabulario relacionado con la televisión se está volviendo cada vez más inglés: el término **un feuilleton** ahora es **une série** (plural: **des séries**) y **les heures de big écoute**, *el prime time*, mientras que **un sitcom** y **un talk show** son a menudo preferidos a sus equivalentes **une comédie de situation**, *una comedia de situación* y **un débat spectacle**, *un programa de debate*. Afortunadamente, la creatividad lingüística no está muerta: tenemos el asombroso verbo **zapper**, *zapear*, que se realiza mediante **une zappette**, *un mando a distancia* (la palabra correcta es **une télécommande**). ¡El mundo de **la téloche** (*la tele*) todavía tiene mucho que ofrecer al estudiante de idiomas!

◆ GRAMÁTICA
EL IMPERFECTO

El pretérito imperfecto (**l'imparfait**) se usa para hablar de una acción que se realizaba habitualmente o durante un período de tiempo prolongado en el pasado. (Se llama así porque las acciones que describe no están «perfectas» o completas).
Para formar el imperfecto, tomamos la raíz del verbo y añadimos las terminaciones que se muestran en color. Esta es la estructura para los verbos del grupo **-er**:

je pens**ais**	pensaba	nous pens**ions**	pensábamos
tu pens**ais**	pensabas	vous pens**iez**	pensabais
il/elle pens**ait**	pensaba	ils/elles pens**aient**	pensaban

Mira el apéndice para los otros dos grupos de verbos.
Las formas negativas e interrogativas siguen el modelo habitual:
Il ne pensait pas à son travail, *No pensaba en su trabajo.*
Est-ce que vous pensiez que l'émission aurait du succès ?, *¿Pensaba usted que el programa tendría éxito?*
El único verbo con una forma imperfecta excepcional es **être**, *ser / estar*:

j'étais	era / estaba	nous étions	éramos / estábamos
tu étais	eras / estabas	vous étiez	erais / estabais
il/elle était	era / estaba	ils/elles étaient	eran / estaban

El imperfecto también se usa cuando se describe una acción que continuaba mientras se llevaba a cabo otra acción. Esa segunda acción suele estar en **passé composé**:
J'ai rencontré Serge quand je vivais à Paris.
Conocí a Serge cuando vivía en París.
Elle ne travaillait pas dans son bureau quand le mail est arrivé.
Ella no estaba trabajando en su oficina cuando llegó el correo electrónico.
Otro uso común del imperfecto es en una narración, en cuyo caso se traduce por *soler*:
Quand j'étudiais à Nantes, j'allais chaque semaine à l'Île de Versailles. Je me promenais dans le Jardin japonais, je mangeais des glaces et je regardais la vue pendant des heures. Parfois, je louais un bateau pour naviguer sur la rivière.
Cuando estudiaba en Nantes, solía ir todas las semanas a la isla de Versalles. Caminaba por el jardín japonés, comía helados y miraba las vistas durante horas. A veces, alquilaba un barco y navegaba por el río.
Algunos adverbios y frases adverbiales suelen necesitar el imperfecto, particularmente aquellos que describen acciones repetidas o habituales: **toujours**, *siempre*; **d'habitude**, *normalmente* **chaque jour**, *todos los días*; **en général**, *en general*, etc.

ADJETIVOS "MÓVILES"

En el Módulo 19 vimos que el significado del adjetivo **propre** depende de si va antes (*propio*) o después (*limpio*) del sustantivo. Aquí tienes otros adjetivos más cuyos significados cambian o varían según su posición.

un ancien employé	un antiguo empleado	un bâtiment ancien	un edificio antiguo
un cher ami	un querido amigo	un hôtel cher	un hotel caro
le dernier train	el último tren	la semaine dernière	la semana pasada
un grand homme	un gran hombre	un homme très grand	un hombre muy grande / alto
une jeune femme	una mujer joven	un visage jeune	un rostro juvenil
la même ville	la misma ciudad	la ville même	la propia ciudad
un pauvre type	un tipo desafortunado	un pays pauvre	un país pobre
un seul homme	un solo hombre	un homme seul	un hombre solo

Como regla general, cuando el adjetivo va detrás del sustantivo, es atributivo y tiene un significado literal (**un bâtiment ancien**, *un edificio antiguo*). Pero si va antes del sustantivo, su significado es figurativo (**un pauvre type**, *un tipo desafortunado*) o ligeramente diferente del atributivo (**un seul homme**, *un solo hombre*, es decir, *no varios*). Hay alrededor de 40 adjetivos como estos, pero los de arriba son los más utilizados.

CONCORDANCIA DEL PARTICIPIO PASADO

En algunos casos, el participio pasado de un verbo conjugado en pretérito perfecto concuerda con el sujeto o con el objeto directo. En el francés hablado, esto plantea muy pocos problemas porque la **s** del plural nunca se pronuncia y la **e** de la terminación femenina rara vez cambia la pronunciación. Como no nos estamos enfocando en el lenguaje escrito en este curso, no queremos entrar más a fondo en la cuestión, pero aquí tienes algunas reglas básicas:

– Si el verbo está conjugado con **avoir**, el participio generalmente no concuerda con nada.
– Si el verbo está conjugado con **être**, el participio concuerda con el sujeto.

Por lo tanto, para un sujeto femenino, escribimos **Elle est allée au Canada, où elle a vu le Lac Champlain**, *Ella fue a Canadá, donde vio el Lago Champlain*. Si el sujeto es masculino, la oración sería **Il est allé au Canada, où il a vu...**, etc. No hay diferencia en la pronunciación entre **allée** y **allé**.

Por supuesto, los verbos reflexivos se conjugan con **être**, por lo que el participio tiene que concordar: **Michel s'est levé à dix heures et sa femme s'est levée à midi**, *Michel se levantó a las 10 y su esposa se levantó al mediodía*. Las reglas de concordancia se vuelven más complejas cuando el objeto directo de un verbo reflexivo es diferente al sujeto, pero, para este curso, con la información anterior es suficiente.

USO DE ARTÍCULOS Y PREPOSICIONES CON LOS NOMBRES DE LUGARES

Elegir la preposición que hay que usar delante de un topónimo, o del nombre de un lugar, puede ser un poco complicado. Con verbos que describen la posición más que el movimiento (**vivre**, **travailler**, etc.), usamos **à**: **Je travaille à Paris**, *Yo trabajo en París*. Delante de un topónimo que contiene el artículo definido masculino, se aplica la siguiente regla: **à + le** o **les** se convierte en **au** o **aux**. Por ejemplo: **Les bureaux de ma société sont aux Ulis mais je travaille au Mans**, *Las oficinas de mi empresa están en Les Ulis, pero yo trabajo en Le Mans*. (Observa cómo la **l** mayúscula inicial se convierte en minúscula).

En cuanto a los nombres de países, las preposiciones varían según el género. Por ejemplo, **La France** es femenina, por lo que se usa la proposición **en**: **Ma tante habite en France**, *Mi tía vive en Francia*. Pero si ella vive en Canadá, **Le Canada**, se dirá: **Ma tante habite au Canada**. Algunos países, como **Les États-Unis**, *Estados Unidos*, están en plural, así que **Mon oncle habite aux États-Unis**.

La regla básica para identificar el género del nombre de un país es que la gran mayoría de los que terminan en **-e** son femeninos y llevan la preposición **en**: **Notre cousine est née en Pologne**, *Nuestro primo nació en Polonia*. Todos los demás nombres son masculinos y llevan **à**: **… mais son père est né au Japon,** *… pero su padre nació en Japón*. Sin embargo, si el nombre, ya sea masculino o femenino, comienza por vocal, entonces el artículo se elimina y se usa la preposición **en**: **Il travaille en Équateur** (**L'Équateur**, *Ecuador*).

Como siempre, hay algunas excepciones a la regla, y algunos países, como **Cuba** (*Cuba*), no tienen artículo definido. Pero siempre que digas bien el nombre del país, te entenderán (ten en cuenta que **México** es la capital de **le Mexique**, ¡una de las excepciones a la regla de la «e» femenina!).

● VOCABULARIO

créer *crear*
(se) débrouiller *defenderse, dirigir*
diriger *dirigir*
embaucher *contratar*
passer *pasar*
présenter *presentar*
recevoir *recibir*
se voir *verse*

un(e) associe(e) *un/a socio/a*
le bâtiment *el edificio*
un bâtiment *un edificio*
une boîte *una caja, una empresa, una discoteca*
une carrière *una carrera*
le commerce *el comercio, el negocio*
le commerce numérique *el comercio digital*
un métier *una profesión*
une émission *un programa* (TV, radio)
l'enfance *la infancia*
un homme / une femme d'affaires *un hombre / una mujer de negocios*
un milliard *mil millones*
un(e) milliardaire *un/a multimillonario/a*
un(e) millionnaire *un/a millonario/a*
un programme *una programación, una lista de programas*
un(e) responsable *un/a responsable*
une saison *una temporada*
le (un) succès *el (un) éxito*
un(e) téléspectateur(-trice) *un/a telespectador/a*
une usine *una fábrica*

a cause de *a causa de*
ancien(ne) *antiguo*
exceptionnel(le) *excepcional*
hebdomadaire *semanal*
formidable *genial, formidable*

Ah bon ? *¿Ah, sí?*
A l'époque *En esa época*
Ben… *Emmm…*
Bonsoir et bienvenue *Buenas tardes y bienvenido*
Tant mieux *¡Qué bien!*

Puedes sentir que los detalles son endiablados (**au Mans**, **en France** pero **au Canada**, etc., sin mencionar la concordancia del participio pasado). Y es cierto que hay mucho que aprender. Pero recuerda que el objetivo principal de este curso es conseguir que hables y leas (y, en menor medida, que escribas). Lo que estás aprendiendo son los componentes básicos que te ayudarán a construir oraciones que se volverán cada vez más complejas a medida que avances. No olvides que aprender un idioma debe ser divertido, por eso algunos de nuestros diálogos tienen un ligero giro al final. **Tant mieux !**

EJERCICIOS

1. PON ESTOS VERBOS EN IMPERFECTO

a. À l'époque, nous (*vivre*) au Mans et je (*travailler*) dans une usine.

b. Tu (*vouloir*) me parler, peut-être ?

c. Le journaliste (*penser*) que je (*être*) un homme d'affaires.

d. – Est-ce qu'ils (*être*) riches à l'époque ? – Oui, ils (*être*) milliardaires.

e. Nous avons rencontré Serge et Nathalie quand ils (*habiter*) à Paris.

2. PON LOS VEROS EN ESTE PÁRRAFO EN IMPERFECTO

Quand nous sommes (**a.**) _ _ _ _ _ _ à Nantes, nous allons (**b.**) _ _ _ _ _ chaque semaine à l'Ile de Versailles. Nous nous promenons (**c.**) _ _ _ _ _ _ dans le Jardin japonais, nous mangeons (**d.**) _ _ _ _ _ des glaces et nous regardons (**e.**) _ _ _ _ _ _ _ la vue pendant des heures. Parfois, Serge loue (**f.**) _ _ _ _ _ un bateau pour naviguer sur la rivière.

3. UTILIZA LA PREPOSICIÓN Y/O ARTÍCULO APROPIADOS

a. J'habite _ _ Paris mais je travaille _ _ _ Le Havre.

b. Ma sœur est née _ _ _ l'Argentine et moi _ _ _ les États-Unis.

c. Est-ce que tu as étudié _ _ _ l'Angleterre ? Non, _ _ _ la France

d. Je vais _ _ _ Cuba en janvier. Je préfère _ _ _ le Canada.

e. Quelle est la capitale _ _ _ _ Mexique ? – _ _ _ Mexico, bien sûr.

4. TRADUCE AL FRANCÉS

a. – Emmanuelle y sus amigos están trabajando para una gran empresa en Les Ulis. – Se las arreglan bien.

b. – Michelle se levantó a las diez y su marido a medianoche. – ¿De verdad?

c. Se volvió rica muy rápidamente, y se compró una casa en Le Mans.

d. – Se fueron a Canadá cuando eran muy jóvenes. – ¡Qué bien!

e. – ¿Crees que esos programas tendrás éxito? – No creo.

23.
PASARLO BIEN

FAIRE LA FÊTE

OBJETIVOS

- HABLAR DE CUMPLEAÑOS
- EXPRESAR UNA CONDICIÓN
- COMENTAR ALTERNATIVAS

CONTENIDOS

- PRIMERA CONDICIONAL
- *CE QUI / CE QUE*
- ¿*ON* O *NOUS*? (CONT.)

¡FELIZ CUMPLEAÑOS!

– ¿Algo va mal? ¿Estás depre *(Tienes la cucaracha)*?

– Si estoy de mal humor es porque es mi cumpleaños el mes que viene. Soplo mis veinticinco velas. ¿Te imaginas? ¡Un cuarto de siglo ya! Voy a organizar una gran fiesta; no el mismo día, pero al día siguiente o al otro *(dos días después)*.

– Qué gran idea. Tienes muchos amigos en París. Si están *(allí)*, vendrán todos, seguro.

– Lo que me preocupa es el clima. Ya sabes lo que se dice: «En abril, no te quites ni un hilo». Si hace buen tiempo, podemos hacer un picnic en el Bois de Boulogne. En cambio, si llueve, nos veremos obligados a quedarnos en casa y será menos divertido. Si somos muchos, lo que es seguro es que los vecinos protestarán. Se quejan por regla general, así que si hacemos ruido, se subirán por las paredes *(saltarán al techo)*. No sé qué es lo más importante: una fiesta exitosa o vecinos pacíficos.

– Veo lo que quieres decir. Y si los invitas, ¿crees que vendrán?

– Eso me sorprendería, pero siempre podemos intentarlo. No cuesta nada *(No come pan)*.

– ¿Sabes lo que pienso? Estarán encantados si se lo pides amablemente. Si dicen que sí, estaremos tranquilos. Si no, no importa: nos divertiremos de todos modos.

– Por cierto, pienso invitar a Jacques, mi ex. Si viene, seré muy feliz. No lo he visto en mucho tiempo.

– ¿Sabías que estaba saliendo con Christine? Ah, no lo sabías. Eso significa que si él viene, estoy bastante seguro de que Christine también vendrá.

– Para ser sincera, eso no me molesta demasiado. Ya no lo quiero, Jacques. Y de todos modos, siempre olvidaba mi cumpleaños, lo que me molestaba mucho.

– Pero si se olvida, ¡significa que no te ve envejecer!

JOYEUX ANNIVERSAIRE !

– Qu'est-ce qui ne va pas ? Tu as le cafard ?

– Si je suis de mauvaise humeur, c'est parce que c'est mon anniversaire le mois prochain. Je souffle mes vingt-cinq bougies. Tu imagines ? Un quart de siècle déjà ! Je vais organiser une grosse fête ; pas le jour même mais le lendemain ou le surlendemain.

– Quelle excellente idée. Tu as plein d'amis à Paris. S'ils sont là, ils viendront tous, c'est certain.

– Ce qui m'inquiète, c'est le temps. Tu sais ce qu'on dit : « En avril ne te découvre pas d'un fil ». S'il fait beau, on pourra pique-niquer au Bois de Boulogne. En revanche, s'il pleut, on sera obligés de rester à la maison et ça sera moins amusant. Si on est nombreux, ce qui est sûr et certain c'est que les voisins vont râler. Ils se plaignent en règle générale, alors, si on fait du bruit, ils vont sauter au plafond. Je ne sais pas ce qui est le plus important : une fête réussie ou des voisins paisibles.

– Je vois ce que tu veux dire. Et si tu les invites, tu penses qu'ils viendront ?

– Ça m'étonnerait, mais on peut toujours essayer. Ça ne mange pas de pain.

– Tu sais ce que je pense ? Ils seront ravis si tu leur demandes gentiment. S'ils disent oui, on sera tranquilles. Sinon, ça ne fait rien : on s'amusera quand même.

– À propos, je pense inviter Jacques, mon ex. S'il vient, je serai très contente. Je ne l'ai pas vu depuis longtemps.

– Tu savais qu'il sortait avec Christine ? Ah, tu n'étais pas au courant. Ça veut dire que s'il vient, je suis presque sûr que Christine viendra aussi.

– Pour être honnête, ça ne me gêne pas trop. Je ne l'aime plus, Jacques. Et de toute façon, il oubliait toujours mon anniversaire, ce qui m'énervait beaucoup.

– Mais s'il l'oublie, ça veut dire qu'il ne te voit pas vieillir !

COMPRENDER EL DIÁLOGO
PALABRAS Y FRASES

→ **Qu'est-ce qu'il y a?**, literalmente, «¿qué hay allí?», es una frase útil para preguntar sobre un problema o una situación. – **Qu'est-ce qu'il y a ? – Je ne me sens pas très bien**, – ¿Qué pasa? – No me siento muy bien. Si algo está visiblemente mal, la pregunta es: **Qu'est-ce qui ne va pas ?** ¿Algo va mal?

→ **un cafard** significa una cucaracha, un insecto que puede causar depresión si se encuentra en el baño o en el colchón. De este modo, la expresión idiomática **avoir le cafard** significa sentirse deprimido. La mejor manera de recordar expresiones idiomáticas es crear reglas mnemotécnicas propias, como sentirse mal si te encuentras con un insecto desagradable.

→ **une revanche**, una revancha. La expresión **en revanche**, generalmente usada al principio de una oración, significa en cambio. **Je n'aime pas les films d'horreur. En revanche, j'adore les comédies romantiques**, No me gustan las películas de terror. En cambio, me encantan las comedias románticas. Una expresión sinónima es **par contre**: hay un debate abierto entre los doctos gramáticos sobre la diferencia entre las dos expresiones. La primera se considera más elegante que la segunda, pero puedes usar cualquiera de las dos.

→ **le plafond**, el techo. Si estás furioso en francés, «saltas al techo», pero en español te subes por las paredes: **Quand je lui ai donné la mauvaise nouvelle, il a sauté au plafond**, Cuando le di las malas noticias, se subió por las paredes. (En algunos casos, la misma expresión también puede significar saltar de alegría, ¡así que presta mucha atención al contexto!)

→ **Ça ne fait rien** (literalmente «Eso no hace nada») es una expresión muy útil que básicamente significa no importa o no hay problema. Otra expresión con **ça** es **Ça ne mange pas de pain**, es decir, «no come pan» y significa que no cuesta nada. La expresión data de la época en que el pan era un alimento básico y había que ahorrarlo. Todo aquello que no consumiera pan era inofensivo. Al igual que en español, hay muchas expresiones que usan **le pain**, incluyendo **On a du pain sur la planche**, «Tenemos el pan en la plancha», equivalente a Tenemos mucho trabajo por hacer.

NOTAS CULTURALES

Los vínculos estrechos entre el español y el francés son tan evidentes que nos pueden llevar a un sentimiento de falsa seguridad lingüística. Además, hay muchos refranes y proverbios en ambos idiomas que expresan el mismo sentimiento, pero con una redacción ligeramente diferente. Por ejemplo, **En avril ne te découvre pas**

d'un fil (en abril, no te quites un hilo) anticipa en algo más de un mes a su equivalente en español *Hasta el 40 de mayo, no te quites el sayo*. Otro proverbio que tiene relación con el tiempo es **Une hirondelle ne fait pas le printemps**, aunque en español haya que esperar un poco más: *Una golondrina no hace verano*. En general, las diferencias se limitan a las frases hechas, y los cambios siguen ciertos patrones. Esto es particularmente verdad en los dichos que implican animales. Los franceses dicen que algo podrá ocurrir **quand les poules auront des dents**, mientras que para nosotros pasará *cuando las ranas críen pelo* y no *se aburren como una ostra* sino como una rata muerta: **Ils s'ennuient comme un rat mort** y prefieren *desvestir a Pedro para vestir a Pablo*, **déshabiller Pierre pour habiller Paul**, aunque nosotros *desvestimos a un santo para vestir a otro*.

Tales diferencias no son simplemente anecdóticas. Es importante identificarlas y recordarlas para apreciar las similitudes y las diferencias sutiles entre el francés y el español.

Una de esas diferencias radica en el significado de **la fête**, que, en el uso cotidiano, significa *la fiesta*. Sin embargo, también significa *el día del santo*. Esta tradición católica se ha ido desvaneciendo a medida que la sociedad francesa se ha vuelto más laica y ahora los niños reciben nombres de otras culturas o religiones. No obstante, el nombre del santo del día sigue figurando en los calendarios, se muestra en la sección de entretenimiento de ciertos periódicos e incluso se anuncia en el parte meteorológico que dan en la televisión por la noche. Antes era costumbre desear a los amigos o familiares **Bonne fête** (*Feliz santo*) aunque poco a poco esa tradición también está desapareciendo. (En Canadá, usan esta frase en lugar de **Joyeux anniversaire**, para *Feliz cumpleaños*). No obstante, ten cuidado: ¡la interjección **Ça va être ta fête !** no es una invitación a la fiesta, sino un mensaje de advertencia: *¡Tienes un problema!*

◆ GRAMÁTICA
LA PRIMERA CONDICIONAL, CON *SI*

Ya hemos visto la primera condicional –o condicional real– (*si* → *entonces*), pero merece la pena que echemos otra mirada porque se usa mucho. Este tipo de construcción consta de dos partes: la oración con **si** y la oración principal.

• Para hablar de costumbres o estados habituales, usamos el presente en ambas oraciones:

Je suis de mauvaise humeur si on me pose trop de questions, *Me pongo de mal humor si la gente me hace demasiadas preguntas.*

En este caso, **si** tiene la misma función que **quand**, *cuando*, que se puede usar en su lugar (**quand on me pose…**). Las dos oraciones se pueden invertir sin ninguna diferencia en el significado, pero en este caso, al igual que en español, hay que poner una coma después de la primera: **Si on me pose trop de questions, je suis de mauvaise humeur.**

• Para hablar sobre algo que definitivamente sucederá si se cumple una condición, utilizamos el tiempo futuro en la oración principal:

Si mes amies sont à Paris, elles viendront à ta fête, *Si mis amigas están en Paris, vendrán a tu fiesta*.

• Con el condicional real, también podemos usar el pretérito perfecto en lugar del presente en la oración con **si**:

Si vous avez oublié votre mot de passe, vous pourrez le retrouver par mail, *Si ha olvidado su contraseña, puede recuperarla por correo electrónico*.

El mismo tipo de construcción se usa con una oración imperativa:

Si tu vas à la boulangerie, achète-moi deux croissants et une baguette, *Si vas a la panadería, cómprame dos cruasanes y una barra de pan*.

Recuerda: en una oración con **si**, solo podemos usar el presente, el pretérito perfecto, el imperfecto y el pluscuamperfecto (que no veremos en este curso). En el siguiente módulo, veremos la segunda condicional.

CE QUI / CE QUE

Estos dos pronombres relativos indefinidos, que significan *lo que, lo cual*, pueden ser problemáticos al principio porque son muy similares. Ambos introducen una oración subordinada, al igual que **qui** y **que**. Pero se usan en oraciones donde el antecedente —el sustantivo o la frase a la que se refiere el pronombre— no se expresa.

• **Ce qui** se refiere a la frase —no solo al sustantivo— que es el sujeto del verbo. **Mes voisins font beaucoup de bruit, ce qui m'énerve**, *Mis vecinos hacen mucho ruido, lo cual me molesta*.

Je n'ai pas de ses nouvelles, et c'est ce qui m'inquiète le plus, *No he tenido noticias de él, y eso es lo que más me preocupa*.

• **Ce que** se refiere al objeto del verbo:

Ce qu'elles font m'intéresse énormément, *Lo que hacen me interesa enormemente*.

Nous ne comprenons pas ce que vous voulez, *No entendemos lo que usted quiere*.

Ambos pronombres pueden usarse para enfatizar. Para ello, comenzamos la oración con la cláusula **ce qui / ce que** y luego introducimos la segunda oración con **c'est**:

Ce qui nous intéresse, c'est que nos clients gagnent de l'argent, *Lo que nos interesa es que nuestros clientes ganen dinero.*
Ce que je veux dire, c'est que j'ai vraiment besoin de vacances, *Lo que quiero decir es que realmente necesito vacaciones.*

ON VERSUS *NOUS*

Aprendimos sobre el pronombre **on** en el Módulo 6. Como ya habrás notado, se utiliza mucho, tanto en la forma impersonal (*se*) y como alternativa a **nous**. Una posible razón para esto último es que la forma de un verbo en primera persona del plural puede ser bastante larga: las tres sílabas de **nous préférons**, por ejemplo, pueden reducirse a dos: en **on préfère**. En consecuencia, como se muestra en el diálogo de este módulo, **on** es el pronombre que más se utiliza en el lenguaje hablado, y el cambio entre personal e impersonal es constante: **On sera obligés**, *Estaremos obligados* (personal); **Tu sais ce qu'on dit**, *Sabes lo que dicen* (impersonal). **On** también se puede utilizar como la primera persona del plural al escribir de manera informal, por ejemplo, en un correo electrónico personal. En este caso, puedes elegir si quieres que los adjetivos concuerden o no con el sujeto (**on sera obligé / obligés**) porque la regla es bastante ambigua. En el francés formal, sin embargo, siempre usa **nous** para la primera persona del plural, y deja **on** como pronombre indefinido.

ADJETIVOS INVARIABLES

Muchos adjetivos singulares tienen la misma forma en masculino y femenino. En este módulo, por ejemplo, hemos visto **tranquille**, *tranquilo/a, calmado/a*. Otros adjetivos comunes que no cambian son: **large**, *amplio*; **libre**, *libre*; **magnifique**, *excelente*; **malade**, *enfermo*, **mince**, *delgado*; **moderne**, *moderno*; **nécessaire**, *necesario*; **pauvre**, *pobre*; **riche**, *rico* y **rapide**, *rápido*. Esta es una manera rápida de recordarlos:

Si vous êtes riche ou pauvre, mince ou malade, vous pouvez admirer ce magnifique bâtiment moderne avec sa large porte d'entrée. L'accès est libre, mas il est nécessaire d'être rapide : il y a beaucoup de visiteurs, *Ya seas rico o pobre, estés delgado o enfermo, puedes admirar este magnífico edificio con su amplia puerta de entrada. El acceso es gratuito, pero hay que ser rápido: hay muchos visitantes.*

Otra categoría de adjetivos invariables son los colores. Por ejemplo, **orange**, *naranja*; **rose** *rosa*; y **marron**, *marrón*, son invariables. Los adjetivos derivados de sustantivos relacionados con animales, flores, frutas o piedras preciosas generalmente no varían. Los más comunes de estos son **argent**, *plata*; **émeraude**, *verde esmeralda*;

marine, *azul marino*; y **turquoise**, *turquesa*. Los colores compuestos siguen la misma regla: **des yeux gris clair**, *los ojos grises claros*; **une jupe vert pomme**, *una falda verde manzana*. Sin embargo, dado que estas idiosincrasias tienen poco efecto en la pronunciación, no es necesario explicarlas en detalle en este curso.

● EJERCICIOS

1. PON LOS VERBOS DE ESTAS CONDICIONALES EN LA FORMA CORRECTA

a. Si mes amis (*être*) à Paris le mois prochain, ils (*venir*) dîner à la maison.

b. Tu (*pouvoir*) retrouver ton mot de passe par mail si tu le (*perdre*).

c. Si vous (*aller*) au marché, (*prendre*)-moi un kilo de pommes, s'il vous plait.

d. Nous (*aller*) au Bois de Boulogne demain s'il (*faire*) beau.

e. Si tu (*inviter*) ton ex à la fête, tu penses qu'elle (*venir*) ?

2. USA *CE QUI* O *CE QUE* PARA COMPLETAR ESTAS FRASES

a. (……..) est certain, c'est que les voisins vont se plaindre du bruit.

b. Dis-moi (……) tu comprends dans cette lettre : elle est écrite en arabe.

c. Son mari oublie toujours son anniversaire, (……..) l'énerve.

d. (……….) font Marie et Nicolas m'aide beaucoup dans mon travail.

e. Avoir un bon travail, c'est (……..) est le plus important.

3. CAMBIA ESTAS FRASES DE *NOUS* A *ON* Y VICE VERSA

a. Nous sommes très contents de vous avoir ici avec nous. →

b. Ce n'est pas grave : nous nous amuserons quand même. →

c. Nous ne l'avons pas vu vendredi dernier mais nous lui avons parlé le surlendemain. →

d. On préfère ne pas bouger d'ici car on attend nos amis à seize heures. →

e. Ce que nous pensons, c'est que nous devons vraiment aller à la fête de Jacques demain. →

* El segundo **nous** de esta frase no cambia porque es un pronombre enfático (ver Módulo 6).

VOCABULARIO

avoir le cafard *estar deprimido*
(s')énerver *enfadar(se)*
(s')étonner *sorprender(se)*
gêner *molestar*
inquiéter *preocupar* (ver **inquiet**, Módulo 12)
inviter *invitar*
piqueniquer *hacer un picnic*
se plaindre (de) *quejarse (de)*
râler *protestar, quejarse*
sauter *saltar*
au plafond *al techo*
souffler *soplar*
vieillir *envejecer*
vouloir dire *querer decir, significar*

un anniversaire *un cumpleaños*
un bois *un bosque*
le bois *la madera*
une bougie *una vela*
un cafard *una cucaracha*
une fête *una fiesta, un santo*
mauvaise humeur *mal humor*
le lendemain *el día siguiente*
le plafond *el techo*
le surlendemain *dos días después*
un(e) voisin(e) *un/a vecino/a*

longtemps *mucho tiempo*
quand même *de todas formas, a pesar de todo*
amusant(e) *divertido/a*
gentiment* *amablemente*
honnête *honesto*
nombreux(-euses) *numerosos/as*
paisible *pacífico, tranquilo*
ravi(e) *feliz, alegre*
tranquille *tranquilo*

Ca ne mange pas de pain *No cuesta nada*
En revanche *En cambio*
Joyeux anniversaire *Feliz cumpleaños*
Qu'est ce qui ne vas pas ? *¿Algo va mal?*

* Observa la ortografía irregular (**gentillement** → **gentiment**)

4. TRADUCE AL FRANCÉS

25

a. Se subieron por las paredes cuando les dimos las malas noticias. Por eso están de mal humor.

b. ¿Es consciente de que las tiendas estarán cerradas mañana y el lunes?

c. Tenemos mucho trabajo: tenemos que organizar la fiesta de Nelly.*

d. – ¿Algo va mal, Monique? – Estoy depre porque mi ex sale con mi mejor amiga.

e. – Quizá les invitaré. – Siempre puedes intentarlo. No cuesta nada.

* Usa las dos formas (**on**, **nous**)

24. LA LOTERÍA

LA LOTERIE

OBJETIVOS

- DESCRIBIR UNA CONDICIÓN
- HABLAR DE POSIBILIDADES
- UTILIZAR FRASES HECHAS

CONTENIDOS

- LA SEGUNDA CONDICIONAL
- POSICIÓN DE LOS ADVERBIOS
- VERBOS PRONOMINALES IDIOMÁTICOS

«NUESTROS GANADORES HAN TENTADO A LA SUERTE»

(Una periodista hace preguntas a un invitado)
– ¿Le apetecería jugar a un pequeño juego, solo para cambiar de tema? ¿Sí? Entonces conteste a la pregunta con franqueza: ¿qué haría si ganara el premio grande de la lotería?
– ¿Si ganara el premio gordo? De hecho, nunca lo he pensado. ¿Y usted?
– A menudo pienso en ello. Pero le hecho la pregunta a usted.
– Nunca he comprado un boleto de lotería, porque me he dado cuenta de que he tenido poca suerte en mi vida. Pero si ganara, lo cierto es que no seguiría trabajando.
– Lo siento, le he escuchado mal: ¿continuaría trabajando?
– No, al contrario, renunciaría y nunca volvería a ir a la oficina. Daría regalos a toda mi familia y seres queridos y buscaría *(encontraría)* una buena casa de campo para mi novia. Estoy seguro de que ella haría lo mismo si estuviera en mis zapatos. Me gustaría comprar el último coche híbrido de lujo, el que conducen las estrellas de cine. Vi uno ayer o anteayer en la carretera y tuve un flechazo. Normalmente, no podría permitírmelo *(pagármelo)* porque cuesta un ojo de la cara. Pero como estaría forrado *(rodaría sobre el oro)*, incluso compraría dos, uno para los días pares y otro para los días impares. Viviría en una villa en un distrito elegante y moderno de la capital. Tendría un chef que me cocinaría comida deliciosa y alguien que haría las tareas domésticas.
– Entonces, ¿se gastaría todo, todo de repente? Debería tener cuidado de no tirar la casa *(su dinero)* por la ventana.
– Tranquilícese: pondría una parte *(a un lado)* en un banco. Y usted, ¿qué haría si estuviera en mi lugar?
– Antes que nada, si quisiera ganar, ¡compraría un boleto!

26 « TOUS NOS GAGNANTS ONT TENTÉ LEUR CHANCE. »

(Une journaliste pose des questions à un invité)

– Ça vous dirait de faire un petit jeu, juste pour vous changer les idées ? Oui ? Alors répondez franchement à cette question : qu'est-ce que vous feriez si vous gagniez le gros lot à la loterie ?

– Si je gagnais le jackpot ? À vrai dire, je n'y ai jamais pensé. Et vous ?

– Moi, j'y pense souvent. Mais c'est à vous que j'ai posé la question.

– Je n'ai jamais acheté un billet de loterie, parce que je me suis rendu compte que j'ai eu peu de chance dans ma vie. Mais si je gagnais, ce qui est sûr est que je ne continuerais pas à travailler.

– Pardon, j'ai mal entendu : vous continueriez à bosser ?

– Non, au contraire, je démissionnerais et je n'irais plus jamais au bureau. J'offrirais des cadeaux à toute ma famille et mes proches et je trouverais une jolie maison de campagne pour ma petite amie. Je suis convaincu qu'elle ferait pareil si elle était à ma place. Je m'offrirais la toute dernière voiture hybride de luxe, celle que conduisent les vedettes de cinéma. J'en a vu une hier ou avant-hier sur l'autoroute et j'ai eu le coup de foudre. Normalement, je ne pourrais pas me la payer parce que ça coûte les yeux de la tête. Mais parce que je roulerais sur l'or, j'en achèterais même deux, une pour les jours pairs et l'autre pour les jours impairs. J'habiterais une villa dans un quartier chic et branché de la capitale. J'aurais un chef qui me cuisinerait des plats délicieux, et quelqu'un qui ferait le ménage.

– Donc vous dépenseriez tout, tout d'un coup ? Il faudrait faire attention à ne pas jeter votre argent par les fenêtres.

– Rassurez-vous : j'en mettrais une partie de côté, dans une banque. Et vous, que feriez-vous si vous étiez à ma place ?

– Avant tout, si je voulais gagner, j'achèterais un billet !

COMPRENDER EL DIÁLOGO
PALABRAS Y FRASES

→ El verbo regular **dire**, *decir*, se puede usar para preguntar a alguien cortésmente si le gustaría hacer algo: **Ça te dit de venir passer la soirée avec nous ?** *¿Te apetece pasar la tarde con nosotros?* En un contexto más formal, el verbo se pone en el condicional de cortesía: **Ça vous dirait de visiter nos bureaux ?** *¿Le gustaría visitar nuestras oficinas?* Otra expresión con **dire** es **à vrai dire**, *a decir verdad*. Esta frase se puede invertir, sin cambiar de significado (**à dire vrai**).

→ **bosser**, *currar*, es otra de esas palabras coloquiales (ver Módulo 15) que se usan mucho en el francés cotidiano. **Une bosse** es *un bulto* o *un chichón*, y el significado original de **bosser** era que la espalda de la persona estaba doblada por el peso de su trabajo (**un bossu**, *un jorobado*).

→ El adjetivo **proche** significa *cercano* (ver Módulo 12, **la proche banlieue**, *el extrarradio cercano*). Como sustantivo, generalmente un masculino plural, **les proches** significa *parientes cercanos* o, más formalmente, *parientes más próximos*. Un saludo de fin de año común es **Bonne année à vous et à vos proches**, equivalente a nuestro *Feliz año nuevo para usted y los suyos*.

→ **pareil** es un adjetivo con un significado comparable a **même**, *igual*, pero también significa *similar* o *parecido*. – **J'ai une nouvelle écharpe.** – **J'en ai une pareille**, – *Tengo una nueva bufanda,* – *Yo tengo una igual*. También se puede usar como adverbio: **Elles s'habillent pareil**, *Visten igual*.

→ El sustantivo **une vedette** significa *una estrella* (de la escena, la pantalla, etc.). En este sentido, a menudo se ve eclipsada por la palabra «afrancesada» **une star** (siempre en femenino). Pero la palabra también se usa como adjetivo: **Giniaux es le joueur vedette de l'équipe**, *Giniaux es el jugador estrella del equipo*. (La palabra para *una estrella* como cuerpo celeste es **une étoile**).

→ **branché** es un adjetivo que significa *enchufado*: **Est-ce que l'imprimante est branchée ?** *¿Está enchufada la impresora?* En un registro coloquial, la palabra significa *de moda*: **Il y a plein de boutiques branchées dans le quartier du Marais**, *Hay muchas tiendas de moda en el distrito de Le Marais*. (Ver en el Módulo 22 la regla sobre los artículos definidos con nombres propios).

NOTAS CULTURALES

Los juegos de azar, **les jeux du hasard**, están controlados por el estado en Francia. Probablemente el más popular sea la *lotería nacional*, **loterie nationale**, establecida en la década de 1930 para recaudar fondos para los soldados heridos o mutilados durante la Primera Guerra Mundial. El sorteo semanal más tarde pasó a llamarse **Le Loto**, bajo el nombre con el que todavía funciona hoy. *Los juegos de rasca y gana*, **les jeux de grattage**, también son muy populares. Las tarjetas se pueden comprar en **un bureau de tabac**, una cafetería con licencia especial que también vende tabaco (de ahí el nombre) o en *un quiosco de prensa*, **un marchand de journaux**. En los últimos años, gran parte de esta actividad ha pasado a jugarse en línea. Otro popular juego de azar (o habilidad) es apostar en *las carreras de caballos*, **les courses de chevaux**. Esta actividad se controla a través de una organización llamada **le Pari mutuel urbain**, o **PMU**, llamada así por un sistema de apuestas mutuas (**un pari**, *una apuesta*) que también se usa en Norteamérica. Los apostantes originalmente apostaban a una combinación de tres caballos, de ahí el nombre **tiercé**. Aunque el sistema se ha ampliado a cuatro o cinco ganadores, **le tiercé** se usa mucho como un término genérico para las apuestas de caballos. Gran parte del vocabulario relacionado con esta actividad proviene del inglés, incluido **un bookmaker**, *un corredor de apuestas*, **un trotteur** (*un trotón*) y **un steeple-chase**, *una carrera de obstáculos*. Pero **le Loto** ha dejado huella en Francia y es conocida por sus ingeniosos eslóganes, posiblemente el más famoso de todos sea **Cent pour cent des gagnants ont tenté leur chance**, *El 100% de los ganadores han tentado a la suerte*. **Bonne chance !** *¡Buena suerte!*

◆ GRAMÁTICA
POSICIÓN DE LOS ADVERBIOS

Ahora que ya estamos familiarizados con la formación de los adverbios, veamos dónde colocarlos en una oración.

La primera regla es que se colocan inmediatamente después de un verbo de una sola palabra, independientemente del tiempo en el que esté: **Je pense souvent à mon premier travail**, *A menudo pienso en mi primer trabajo*. Si el verbo está en negativo, el adverbio va detrás de la partícula negativa: **Sa voiture ne roule pas vite**, *Su coche no conduce rápido*. Sin embargo, recuerda que si el adverbio ya contiene la idea de negación, no es necesario poner **pas**: **Il ne pensait jamais à moi**, *Él no pensaba nunca en mí*.

Si la oración contiene un sustantivo de objeto directo, el adverbio irá delante de él: **J'aime beaucoup ses romans**, *Me gustan mucho sus novelas*.

Para los verbos conjugados con **avoir** o **être**, el adverbio generalmente va entre el auxiliar y el participio: **Je n'ai jamais pensé qu'il était intelligent**, *Nunca pensé que fuera inteligente*. La mayoría de estos adverbios se relacionan con la cantidad o la frecuencia; entre otros: **beaucoup**, *mucho*; **bien**, *bien*; **mal**, *mal*; **vraiment**, *en reali-*

dad; **rarement**, *raramente*; **souvent**, *a menudo*, y **toujours**, *siempre*. Del mismo modo, en el futuro inmediato con **aller**, el adverbio se interpone entre el auxiliar y el infinitivo: **Elle va certainement venir demain**, *Ella seguramente vendrá mañana*. Algunos adverbios van detrás de un verbo compuesto, especialmente aquellos relacionados con el tiempo y la posición: **Ils sont arrivés tôt ce matin**, *Han llegado temprano esta mañana*. Otros adverbios de esta categoría son: **tard**, *tarde*; **quelquefois**, *a veces*; **longtemps**, *mucho tiempo*; así como **aujourd'hui**, *hoy*; **hier**, *ayer*; y **demain**, *mañana*.

Los adverbios que modifican a un adjetivo o a otro adverbio van generalmente delante de la palabra en cuestión: **Le livre est très bien écrit**, *El libro está muy bien escrito*. **Désolé, vous êtes trop en retard**, *Lo siento, llega demasiado tarde*.

VERBOS PRONOMINALES IDIOMÁTICOS

Como ya se mencionó en el Módulo 10, algunos verbos pronominales son idiomáticos y deben aprenderse de memoria. El mecanismo es muy simple y consiste en poner un pronombre reflexivo delante de un verbo normal: **J'offre un cadeau à ma petite amie**, *Le doy un regalo a mi novia* → **Je m'offre un cadeau**, *Me estoy haciendo un regalo* (a mí mismo).

Del mismo modo, **payer quelque chose**, *pagar algo*; **se payer quelque chose**, *comprarse algo para uno mismo*.

Algunos de estos verbos son idiomáticos y tendrás que memorizarlos. Por ejemplo, **rendre compte** significa *dar cuenta* o *rendir cuentas*, *informar*, mientras que **se rendre compte** significa *darse cuenta*: **Il s'est rendu compte que le quartier était très branché**, *Se ha dado cuenta de que el distrito estaba muy de moda* (recuerda que todos los verbos pronominales usan **être** en lugar de **avoir** como auxiliar). Del mismo modo, **se changer les idées**, «cambiar de ideas», significa *pensar en otra cosa* o *dejar de pensar en algo*: **Viens boire un café avec moi: ça te changera les idées**, *Ven a tomar un café conmigo: eso hará que pienses en otra cosa*.

Es importante aprender estas formas idiomáticas porque, en la mayoría de los casos, no se pueden entender a través de una traducción literal.

▲ CONJUGACIONES

LA SEGUNDA CONDICIONAL

La segunda condicional se utiliza para describir una situación hipotética o como una forma de dirigirse a alguien de manera educada cuando se solicita algo. También se puede emplear para dar consejos o hacer una sugerencia.

Para formar el condicional, añade las terminaciones del imperfecto (ver el Módulo 22) al infinitivo (suprimiendo la **e** final en el grupo **-re**).
gagner, *ganar*

je gagnerais	ganaría	nous gagnerions	ganaríamos
tu gagnerais	ganarías	vous gagneriez	ganaríais
il/elle/on gagnerait	ganaría	ils/elles gagneraient	ganarían

mettre, *poner*

j'en mettrais	pondría	nous mettrions	pondríamos
tu mettrais	pondrías	vous mettriez	pondríais
il/elle/on mettrait	pondría	ils/elles mettraient	pondrían

Si el tiempo futuro de un verbo tiene formas irregulares (especialmente los auxiliares **aller**, **avoir** y **être**), estas también aparecerán en el condicional. Por ejemplo: **j'irai → j'irais**; **j'aurai → j'aurais**; **je serai → je serais**). Sin embargo, ambas formas se pronuncian de manera idéntica.

Así que ten especial cuidado al escribir la primera persona: **je gagnerai** = futuro; **je gagnerais** = condicional: ¡incluso los hablantes nativos de francés a veces los confunden!

Hemos añadido el **on** impersonal a la tabla porque a menudo se usa en lugar de **nous**, que se considera más bien formal (¡y un poco más difícil de pronunciar!).

Otros dos verbos comunes también aparecen con frecuencia en el condicional porque se usan en conversaciones formales: **pouvoir**, *poder*, y **vouloir**, *querer*.

je pourrais	nous pourrions	je voudrais	nous voudrions
tu pourrais	vous pourriez	tu voudrais	vous voudriez
il/elle pourrait	ils/elles pourraient	il/elle voudrait	Ils/elles voudraient

Pourriez-vous nous aider s'il vous plait ? Nous voudrions louer une voiture, *¿Podría ayudarnos, por favor? Nos gustaría alquilar un coche.*

En oraciones de dos partes (una oración con **si** y una oración subordinada), el verbo que sigue a la conjunción va en imperfecto:

Si je gagnais le gros lot, j'achèterais une maison, *Si ganara el premio gordo, compraría una casa.*

Elles partiraient demain si elles pouvaient, *Se irían mañana si pudieran.*

● EJERCICIOS

1. PON ESTAS FRASES EN LA SEGUNDA CONDICIONAL CUANDO SEA NECESARIO

a. Dis-moi, qu'est ce tu (*faire*:……………….) si tu (*gagner*:……………….) le gros lot à la loterie ?

b. Je (*acheter*, negativo:…………………………..) une voiture car j'en ai déjà deux.

c. – Qu'est-ce que tu (*vouloir*:………………….) si tu (*avoir*:……………….) de l'argent? – Quelqu'un qui (*faire*:……………….) le ménage.

d. Elle m'a dit que son mari (*démissionner*:……….……..) et (*aller*, negative:…..……….) au bureau.

e. Ce qui est sûr, c'est que je (*habiter*, negativo:……………………..) Le Marais, même si je (*pouvoir*:………….....…..).

2. PON ESTOS ADVERBIOS EN EL LUGAR CORRECTO PARA MODIFICAR LOS VERBOS SUBRAYADOS

a. **beaucoup** → Elle n'<u>aime</u> pas ses films car ils <u>sont</u> trop tristes. (2 veces en esta frase)

b. **jamais** → Tu es égoïste : tu ne <u>penses</u> pas à moi.

c. **certainement** → Il m'a dit qu'il <u>va partir</u> demain.

d. **toujours** → J'<u>ai pensé</u> qu'ils étaient nos amis mais j'avais tort.

e. **souvent** → Nous l'<u>avons vu</u> à la télévision : c'est une star !

3. COMPLETA ESTAS FRASES HECHAS

a. – Est-ce que son cadeau était cher ? – Oui ! Ça m'a coûté …………………………….

b. Ne jette pas tout ton argent ………………………………. .

c. Sortons au restaurant. Tu pourras …… changer ………….. .

d. Je ne peux pas acheter une voiture neuve. Je ne roule pas ………………. .

e. – Je pense que Michel est tombé amoureux. – Oui, il a eu ……………………. .

● VOCABULARIO

bosser (fam.) *currar*
conduire *conducir*
(se) changer *cambiar*
~ les idées *pensar en otra cosa*
convaincre *convencer*
démissionner *renunciar*
dépenser *gastar*
jeter *tirar*
offrir *ofrecer*
(se) rendre compte *darse cuenta*
rassurer *tranquilizar*
rouler *rodar*

une autoroute *una autopista*
une banque *un banco*
un cadeau *un regalo*
une étoile *una estrella* (cielo)
une fenêtre *una ventana*
la foudre *el rayo*
un gros lot, un jackpot *el gordo de la lotería*
un jeu *un juego*
une loterie *la lotería*
le luxe *el lujo*
de luxe *de lujo*
l'or *el oro*
le ménage *las tareas de la casa*
un proche *un pariente cercano*
une star *una estrella* (famoso)
un(e) petit(e) ami(e) *un/a novio/a*
une vedette *una estrella* (famoso)
une villa *una villa, un chalé*
branche(e) *de moda*
chic *elegante*
à côte *a un lado*
franchement *francamente*

impair *impar*
pair *par*
pareil *parecido, similar*

Ca te/vous dirait…? *¿Te / Le apetece…?*
Rassurez-vous *Tranquilícese*

4. TRADUCE AL FRANCÉS

a. – ¿Le / Te apetece pasar la noche con nosotros?* – A decir verdad, no tengo mucho tiempo. (dos posibilidades)

b. Estoy convencido de que haría(s)* lo mismo si estuviera(s) en nuestra posición.

c. – Me he dado cuenta de que su (de ellos) nuevo vecindario está muy de moda.
– Francamente, nunca lo hemos pensado.**

d. Se iría mañana si pudiera, solo para pensar en otra cosa.

e. Las dos tiendas son parecidas: bastante elegantes y muy caras.

* Usa las dos formas (**vous**, **tu**)
** Usa las dos formas (**nous**, **on**)

Hemos empezado a aprender algunos modismos habituales, como **rouler sur l'or**, **avoir le coup de foudre** y **coûter les yeux de la tête** (y la forma alternativa **coûter un bras**). Es importante reconocer este tipo de expresiones porque son muy comunes. Sin embargo, te recomendamos que no las utilices hasta que tu francés sea fluido.

25. LA POLÍTICA

LA POLITIQUE

OBJETIVOS

- EXPRESAR UNA ORDEN
- COMPARAR MANERA / MÉTODO
- OFRECER CONSEJO

CONTENIDOS

- COMPARACIÓN DE LOS ADVERBIOS
- FORMAS IMPERSONALES
- EL SUBJUNTIVO DE *ÊTRE* Y *AVOIR*

¡TODOS SON PARECIDOS!

(Dos diputados comentan las próximas elecciones).

– La ministra de Sanidad se retirará pronto. ¿Cuánto tiempo ha estado en el parlamento?

– Fue elegida cuando tenía veintiún años, la parlamentaria más joven durante medio siglo.

– ¿Hasta cuándo está ella ahí?

– Hasta las próximas elecciones generales *(legislativas)*.

– ¿Y qué le parece *(cómo encuentra a)* Dubuffet, el senador encargado de los problemas de desempleo?

– Grita más fuerte que los otros parlamentarios, pero se expresa claramente peor *(menos bien)* que ellos. Él debería estar desempleado.

– ¡Se diría que no le gusta a usted! ¿Desde cuándo lo conoce?

– Éramos amigos cuando éramos jóvenes diputados, pero ahora nos vemos mucho menos que antes. Él se presentará a las elecciones, estoy seguro, y quizá gane otra vez. Todo lo que le interesa es el poder.

– Pero, vamos a ver, usted debe ser optimista y entusiasta, y sobre todo, ¡debe tener una actitud positiva!

– Si insiste, pero tampoco debo ser estúpido. La política es algo demasiado serio como para dejársela *(confiársela)* a los políticos. Ocurre que algunos políticos, hombres y mujeres, pueden ser mejores que otros, pero esta es la excepción y no la regla.

– Me parece que se ha vuelto un poco cínico. ¿Tengo razón?

– Es importante, no, imprescindible que estemos muy atentos. Para esto, basta con votar por el que hará el menor daño. En cualquier caso, usted sabe tan bien como yo que los partidos son todos parecidos: la derecha es la explotación del hombre por el hombre, mientras que la izquierda es exactamente lo contrario.

ILS SONT TOUS PAREILS !

(Deux députés discutent des prochaines élections).

– La ministre de la santé va prendre sa retraite bientôt. Depuis combien de temps est-elle au parlement ?

– Elle a été élue quand elle avait vingt-et-un ans, la députée la plus jeune depuis un demi-siècle.

– Jusqu'à quand est-elle là ?

– Jusqu'aux prochaines élections législatives.

– Et comment trouvez-vous Dubuffet, le sénateur chargé des questions de chômage ?

– Il crie plus fort que les autres élus mais il s'exprime nettement moins bien qu'eux. C'est lui qui devrait être au chômage.

– On dirait que vous ne l'appréciez pas ! Depuis quand le connaissez-vous ?

– Nous étions amis quand nous étions jeunes députés, mais à présent nous nous voyons beaucoup moins qu'avant. Il se présentera aux élections, j'en suis sûr, et il gagnera peut-être à nouveau. Tout ce qui l'intéresse, c'est le pouvoir.

– Mais voyons, il faut que vous soyez optimiste et enthousiaste, et, surtout, il faut que vous ayez une attitude positive !

– Si vous insistez, mais il ne faut pas que je sois idiot non plus. La politique est une chose beaucoup trop sérieuse pour être confiée aux politiciens. Il arrive que certains hommes ou femmes politiques soient meilleurs que d'autres, mais c'est l'exception plutôt que la règle.

– Il me semble que vous êtes devenu un peu cynique. Ai-je raison ?

– Il est important, non, essentiel que nous soyons très attentifs. Pour cela, il suffit de voter pour celui ou celle qui fera le moins de dégâts. De toute façon, vous savez aussi bien que moi que les partis sont tous pareils : la droite, c'est l'exploitation de l'homme par l'homme, alors que la gauche, c'est exactement le contraire.

COMPRENDER EL DIÁLOGO
PALABRAS Y FRASES

→ Ya vimos en el Módulo 2 que algunos sustantivos tienen una forma tanto masculina como femenina y que el lenguaje está evolucionando constantemente a este respecto. La arena política es un buen ejemplo. El masculino **un député**, *un diputado*, se utiliza tanto para los hombres como para las mujeres. En los últimos años, sin embargo, el femenino **une députée** se va haciendo cada vez más común. Del mismo modo, **un ministre** se usa para un hombre y **une ministre** para una mujer. El uso del sustantivo general **l'homme**, en el sentido de *la humanidad*, está siendo reconsiderado: **les droits de l'Homme** («los derechos del hombre»), va perdiendo terreno frente a **les droits humains**.

→ **dire**, *decir*, y **voir**, *ver*, se utilizan en una serie de expresiones e interjecciones comunes. El condicional **on dirait que** (literalmente «se diría que») expresa una percepción: **On dirait qu'il va neiger**, *Parece que va a nevar*. La primera persona del plural, **Voyons**, usada al principio de una oración es similar a *Vamos a ver*, para expresar desacuerdo o molestia: **Voyons, tu sais bien que c'est impossible**, *Vamos a ver, sabes bien que es imposible*. Otra oración exclamativa común es **Voyons voir**, que significa *Veamos, A ver*. **Voyons voir, qui m'a envoyé ce message ?**, *A ver, ¿quién me ha enviado este mensaje?*

→ **le chômage**, *el desempleo, el paro*, deriva de **chômer**, *permanecer ocioso*. El sustantivo se usa con el verbo **être**: **Éric est au chômage depuis six mois**, *Eric está en paro desde hace seis meses*. Por extensión, también puede significar *la prestación por desempleo*, **Je suis étudiant: est-ce que j'ai droit au chômage ?**, *Soy estudiante: ¿tengo derecho al paro?* Observa también **un chômeur / une chômeuse**, *un/a parado/a*. En la misma línea, **la retraite**, *la jubilación*, se usa más comúnmente en **prendre sa retraite** o **être à la retraite**, *jubilarse* o *estar jubilado*. El sustantivo es **un(e) retraité(e)**, *un/a jubilado/a*. Al igual que **le chômage**, **la retraite** también puede tener un significado extendido: *la pensión*: **Mon père reçoit une retraite confortable**, *Mi padre recibe una pensión cómoda*.

→ **arriver**, *llegar* (Módulo 7), también puede significar *suceder*. **L'accident est arrivé hier**, *El accidente ocurrió ayer*. (Una expresión útil es **Ce sont des choses qui arrivent**, *Son cosas que pasan*). El verbo se puede usar de manera impersonal, como en español: **Il arrive que nous soyons en retard, mais c'est rare**, *Ocurre que / Puede suceder que a veces llegamos tarde, pero es raro*. En este tipo de oración, el resultado es incierto, por lo que usamos el subjuntivo.

→ **combien de temps**, *cuánto tiempo*, se usa con varias preposiciones, especialmente con **depuis** y **pour**. **Depuis combien de temps habitez-vous ici ?** *¿Desde hace* *cuánto (tiempo) vive usted aquí?* **Pour combien de temps sont-ils à Paris ?**, *¿Por cuánto tiempo están en París?* En la forma interrogativa coloquial, se invierte el orden en las dos partes de la oración: **Vous habitez ici depuis combien de temps ?; Ils sont à Paris pour combien de temps ?**

NOTAS CULTURALES

La política, **la politique**, es un tema apasionado de debate en Francia. El país es una república constitucional, **la République française**, cuyo lema es **Liberté, Égalité, Fraternité** (*libertad, igualdad, fraternidad*). El sistema político está organizado alrededor del parlamento, **le parlemente**, con una cámara baja y una cámara alta, **la Chambre des députés** y **le Sénat**, cuyos miembros, **les députés** y **les sénateurs**, son elegidos cada cinco y nueve años, respectivamente. *Las elecciones generales*, **les élections législatives**, se celebran cada cinco años. *Un parlamentario* es conocido como **un élu** (del participio pasado del verbo **élire**, *elegir*). La autoridad ejecutiva la ejerce en nombre del pueblo el presidente, **le président de la République**, que cumple una legislatura de cinco años, conocida como **un quinquennat**. Çel presidente nombra a sus *ministros*, **les ministres (un(e) ministre)**, cada uno de los cuales dirige *un ministerio* (**un ministère**).

Como en la mayoría de los países, *los partidos políticos*, **les partis politiques** (masc.) cubren un amplio espectro de filosofías que a menudo se identifican como *la derecha*, **la droite**, o *la izquierda*, **la gauche**.

 GRAMÁTICA
FORMAS DE LOS ADVERBIOS COMPARATIVOS Y SUPERLATIVOS

Sabemos que los adverbios son invariables. Para hacer comparaciones positivas y negativas, usamos las mismas estructuras que con los adjetivos: **plus … que** y **moins … que**:
L'inflation monte plus rapidement que mon salaire !
¡La inflación aumenta más rápido que mi salario!
J'apprends moins rapidement que toi, *Yo aprendo menos rápido que tú*.
La comparación de igualdad se forma con **aussi … que**:
Le projet avance aussi rapidement que possible.
El proyecto avanza lo más rápido posible (tan rápido como se puede).
Muchos adverbios no terminan en **-ment**, pero se aplica la misma regla:
Le vent est fort aujourd'hui. → Le vent est moins fort qu'hier.
El viento es fuerte hoy. → El viento es menos fuerte que ayer.

Y, por supuesto, hay un par de adverbios irregulares. Ya hemos visto **mieux**, el comparativo de **bien**, en el Módulo 21. Otra forma considerada a menudo como irregular es **peu**:

Il lit très peu → **Il lit moins que moi.** *Lee muy poco.* → *Lee menos que yo.*

En todos los casos, el superlativo se forma simplemente agregando el artículo definido **le**:

Il avance le plus rapidement possible, *Avanza lo más rápido posible.*
Je bosserai le plus longtemps possible, *Curraré el mayor tiempo posible.*
Il lit le moins de nous tous, *Él lee el que menos de todos.*

FORMAS IMPERSONALES

Conocemos formas verbales impersonales, como **Il pleut**, *Llueve*, así como las construcciones formadas con **il y a**. Hay otras estructuras impersonales, formadas a partir de la tercera persona del singular de los verbos **arriver**, **suffire**, **sembler**, **être** y **falloir**, que se usan de forma idiomática y se deben traducir de acuerdo con el contexto.

- **Il arrive que…**, *Ocurre que… / Sucede que…*:
Il arrive que j'oublie mon mot de passe, *A veces olvido mi contraseña.*
- **Il est important / essentiel que…**, *Es importante / vital / esencial que…*:
Il est important d'arriver toujours à l'heure, *Es importante llegar siempre a tiempo.*
- **Il suffit de…**, *Es suficiente con… / Basta con…*:
Il suffit d'entrer votre nom, puis valider, *Basta con poner su nombre, y luego validar.*
- **Il semble que…**, *Parece que…*:
Il semble que vous êtes satisfait, *Parece que está usted satisfecho.*

Algunas de estas expresiones, por ejemplo, **il faut que**, *es necesario que*, *hay que*, implican una suposición o un requisito. En este caso, tenemos que usar el subjuntivo (ver más abajo).

▲ CONJUGACIONES

EL SUBJUNTIVO DE *ÊTRE* Y *AVOIR*

El subjuntivo permite expresar un sentimiento, una orden o un deseo. Por esa razón, se tiene que usar con ciertas construcciones, especialmente con **il faut que**. Por el momento, nos concentraremos en los dos verbos más comunes (y, por supuesto, irregulares) utilizados en este tipo de construcción: **être** y **avoir**:

●VOCABULARIO

confier *confiar*
crier *gritar*
discuter *comentar, hablar*
(s') exprimer *expresar(se)*
insister *insistir*
(se) présenter *presentar(se)* (en unas elecciones)
sembler *parecer*
voter (pour) *votar (por)*

une attitude *una actitud*
le chômage *el paro, el desempleo*
le contraire *lo contrario* (ver **au contraire**, Módulo 10)
les dégâts *los daños*
un(e) député(e) *un/a diputado/a*
idiot *estúpido, idiota*
optimiste *optimista*
exactement *exactamente*
nettement *claramente*
une élection *una elección*
un(e) élu(e) *un/a parlamentario/a*
une exception *una excepción*

l'exploitation *la explotación*
un(e) ministre *un/a ministro/a*
un ministère *un ministerio*
le parlement *el parlamento*
un parti (politique) *un partido (político)*
la politique *la política*
le pouvoir *el poder*
la retraite *la jubilación*
un sénateur *un senador*

sérieux(-euse) *serio/a*
charge(e) de *encargado/a de*
cynique *cínico*
enthousiaste *entusiasta*

Ce sont des choses qui arrivent, *Esas cosas pasan*
Depuis combien de temps ? *¿Desde hace cuánto tiempo…?*
Pour combien de temps ? *¿Durante cuánto tiempo…?*
Voyons ! *¡Vamos a ver!*
Voyons voir *Veamos / A ver*

être		avoir	
je sois	nous soyons	j'aie	nous ayons
tu sois	vous soyez	tu aies	vous ayez
il/elle soit	ils/elles soient	il/elle ait	ils/elles aient

Il faut que tu sois à la gare à neuf heures, *Es necesario que estés en la estación a las nueve.* **Il faut que nous ayons une discussion**, *Es necesario que hablemos.* Aprenderemos más sobre el subjuntivo en el Módulo 26.

> Siempre que encuentres una palabra nueva, por ejemplo, un sustantivo, mira si está relacionado con un verbo que puedas conocer (o viceversa). Esta es una de las formas más simples de conseguir un buen vocabulario.

EJERCICIOS

1. USA EL SUPERLATIVO (SL) O EL COMPARATIVO DE SUPERIORIDAD (S), INFERIORIDAD (I) O IGUALDAD (IG) SEGÚN SE INDICA

a. IG: Je travaille (*vite*: ……………………….) ta collègue.

b. S: Son projet avance (*rapidement*: ………………………..……) le tien.

c. I: Mes amis gagnent (*peu*: ……………………..) moi.

d. SL: Prononcez la phrase (*fort*: ……………………) possible.

e. S/I: Je vois mes amis (*souvent*: ……………………..) avant.*

* Son posibles dos formas: superioridad e inferioridad.

2. COMPLETA LAS FRASES CON LA FORMA IMPERSONAL

a. **sembler** → ………………………... vous n'aimez pas le fromage bleu.

b. **suffire** → …………………………. appuyer sur ce bouton si vous voulez un café.

c. **arriver** → …………………………. j'oublie les clés à la maison.

d. **être** →…………………….…….. important de répondre à ses questions.

e. **falloir** → …………………………. je sois à Paris après-demain au plus tard.

3. PON *ÊTRE* Y *AVOIR* EN SUBJUNTIVO

a. Il faut que vous (*être*: ……………………..) à l'heure pour l'avion.

b. Il faut que je (*avoir*: ……………………..) une réponse le plus rapidement possible.

c. Il faut que nous (*être*: …………………….) nombreux.

d. Il faut que tu (*avoir*: …………………….) confiance en moi.

e. Il faut que Jean-Michel et Sylvie (*être*: ……………………..) là pour ma fête.

4. TRADUCE AL FRANCÉS

a. – ¿Desde hace cuánto tiempo que me espera?* – Llevo aquí dos horas.

b. Sabe(s)** tan bien como yo que el paro está aumentando más rápido que antes.

c. – ¿Por cuánto tiempo está usted en París? – Tanto tiempo como sea posible.

d. – Tenemos que ser*** entusiastas y optimistas. – ¿Hasta cuándo?

e. «La política es algo demasiado serio como para dejársela a los políticos». Charles de Gaulle

* Usa la 2.ª y 3.ª interrogativas
*** Usa **vous** y **tu***
*** Utiliza el subjuntivo

26.
ALQUILAR UN COCHE
LOUER UNE VOITURE

OBJETIVOS

- DAR DIRECCIONES
- EXPLICAR PREFERENCIAS
- HACER RECOMENDACIONES

CONTENIDOS

- EL SUBJUNTIVO CON LAS FORMAS IMPERSONALES
- MÁS PREPOSICIONES
- *AUTANT DE / QUE*

MEJOR TOMAR LA AUTOPISTA

— ¿Qué tipo de vehículo desearía alquilar, señora?

— Me gustaría un coche de bajo consumo de combustible con un motor diesel, pero debe ser rápido y el precio debe ser inferior a seiscientos euros si es posible.

— Puedo ofrecerte el nuevo Y70. Circula tan rápido como un coche deportivo y es tan grande como una furgoneta, pero consume tanto como un automóvil urbano pequeño y tiene *(hay)* tanto espacio como en un sedán. Tenemos un paquete ventajoso por cuatro días a seiscientos treinta euros, todo incluido.

— Está un poco por encima de mi presupuesto, pero lo cogeré. Aquí está mi carné de conducir.

— Y también necesito una tarjeta de crédito. Por favor, teclee su código. Gracias.

— ¿Podría ayudarme? Voy a Beaune, pero no conozco mucho la zona. ¿Cuál es el camino más rápido?

— ¿Ha estado ya en Borgoña?

— Fui una vez a Vézelay, pero hace mucho tiempo.

— Es mejor que tome la autopista a Dijon y luego la carretera principal. ¿Está claro?

Aquí está el contrato de alquiler y las llaves. El vehículo está estacionado al fondo del parking, que está frente a la oficina de correos. No tiene pérdida *(se puede perder)*. Salga de aquí, vaya al final de la calle y gire a la izquierda. Necesitará esta ficha para poder salir del garaje sin tener que pagar. Es necesario que haga un repostaje antes de irse porque el depósito está casi vacío y también tiene que pensar en revisar la presión de los neumáticos porque no he tenido tiempo de hacerlo. Ah, es posible que encuentre algunos rasguños en el capó y en el maletero. Es una pena que no haya venido la semana pasada: todos nuestros vehículos estaban en buenas condiciones, pero en este momento carecemos de personal.

IL VAUT MIEUX PRENDRE L'AUTOROUTE.

— Quel type de véhicule souhaiteriez-vous louer, madame ?

— Je voudrais une voiture économe en carburant avec un moteur diesel, mais il faut qu'elle soit rapide et que le prix soit en-dessous de six cents euros si possible.

— Je peux vous proposer la toute nouvelle Y70. Elle roule aussi vite qu'une voiture de sport et elle est aussi grande qu'une camionnette mais elle consomme autant qu'une petite citadine et il y a autant de place que dans une berline. Nous avons un forfait avantageux pour quatre jours à six cent trente euros, tout compris.

— C'est un peu au-dessus de mon budget, mais je la prendrai. Voici mon permis de conduire.

— Et il me faut aussi une carte de crédit. Tapez votre code s'il vous plait. Merci.

— Vous pourriez peut-être m'aider ? Je vais à Beaune mais je connais peu la région. Quel est le chemin le plus rapide ?

— Êtes-vous déjà venue en Bourgogne ?

— Je suis allée une fois à Vézelay mais il y a très longtemps.

— Il vaut mieux que vous preniez l'autoroute jusqu'à Dijon et ensuite la route départementale. C'est clair ?

Voici donc le contrat de location et les clés. Le véhicule est stationné au fond du parking, qui se trouve en face de la poste. Vous ne pouvez pas le manquer. Sortez d'ici, allez au bout de la rue et tournez à gauche. Vous aurez besoin de ce jeton pour que vous puissiez sortir du garage sans payer. Il faut que vous fassiez le plein avant de partir car le réservoir est presque vide et il faut aussi penser à vérifier la pression des pneus car je n'ai pas eu le temps de le faire. Oh, il est possible que vous trouviez quelques rayures sur le capot et le coffre. C'est dommage que vous ne soyez pas venue la semaine dernière : tous nos véhicules étaient en bon état mais nous manquons de personnel en ce moment.

COMPRENDER EL DIÁLOGO
PALABRAS Y FRASES

→ El adjetivo **économe**, literalmente «económico», «ahorrativo», se puede traducir de diferentes maneras: **Ma mère est très économe**, *Mi madre es muy ahorrativa / cuidadosa con el dinero*. De manera similar, **un couteau économe** es *un pelador de verduras* (elimina solo la capa más fina de cáscara). Este adjetivo se usa con frecuencia cuando se habla de eficiencia energética y de consumo: **L'immeuble est économe en énergie**, *El edificio es energéticamente eficiente*; **Cette nouvelle voiture est économe en carburant**, *Este nuevo coche es de bajo consumo de combustible*.

→ **un forfait** significa básicamente *un precio fijo* o *un precio establecido*. Se suele utilizar en los paquetes todo incluido, o en oferta, que comprende un conjunto de servicios: **Nous avons un forfait avion-hôtel**, *Tenemos un paquete de avión más hotel*. En los deportes de invierno, **un forfait de ski** (o simplemente **forfait ski**) es equivalente a *un pase de esquí*, es decir, una cantidad fija que cubre el uso de equipos y remontes. Los operadores de telefonía móvil ofrecen **un forfait illimité**, *un plan de llamadas ilimitado*.

→ **une cité** es una palabra literaria para *una ciudad* (ver Notas culturales, Módulo 17), pero la palabra de uso común es **une ville** (que sirve tanto para *un pueblo* como para *una ciudad*). Pero **un(e) citadin(e)** se refiere a *un habitante de la ciudad* o *urbanita*. **Une voiture citadine**, abreviado normalmente en **une citadine**, es *un coche de ciudad* o *un coche pequeño*. En el francés contemporáneo, sin embargo, **une cité** también se utiliza para referirse a las urbanizaciones, generalmente en barrios desfavorecidos del extrarradio: **Le problème des cités est très complexe**, *El problema de las urbanizaciones en barrios desfavorecidos es muy complejo*.

→ **une voiture**, *un coche* (atención: es un sustantivo femenino), se usa a menudo indistintamente con **un véhicule**, *un vehículo*, aunque este último se puede usar también para **un camion**, *un camión*, **une camionnette**, *una furgoneta*, **un bus**, *un autobús*, o incluso **un deux-roues**, *un vehículo de dos ruedas*. Otras palabras útiles para el automóvil son: **un pneu**, *un neumático* (forma abreviada y muy usada de **un pneumatique** – observa la pronunciación del fonema **pn**), **le capot**, *el capó*, **le coffre**, *el maletero*, **une portière**, *una puerta*, **un phare**, *un faro* (también *un faro* de la costa), **le tableau de bord**, *el salpicadero*, **un siège**, *un asiento* y **le réservoir (de carburant)**, *el depósito / tanque (de combustible)*. Si vas a repostar, ten cuidado al buscar **l'essence** (f.), *la gasolina* o **le diesel**, *el diésel*, y evita **le fioul**, que es *fuel oil*. ¡Si te confundes puede ser desastroso! **Faire le plein**, «hacer el lleno», significa *repostar, llenar el depósito*.

→ **poste** es un sustantivo de doble género (ver Módulo 18). El masculino, **un poste**, significa *un trabajo* o *un puesto* (**Il a un nouveau poste dans l'entreprise**, *Tiene un nuevo puesto en la empresa*), o **an office**, **station**, etc. (**un poste de police**, *un puesto de policía*). El femenino, **un poste**, significa *el servicio postal* y, por extensión, *una oficina de correos*. Pero si estás buscando dónde puedes enviar una carta o paquete, es mejor que uses el término completo: **Où se trouve le bureau de poste le plus proche, s'il vous plaît ?**, *¿Dónde está la oficina de correos más cercana, por favor?* (Recuerda también que puedes comprar *un sello*, **un timbre**, en **un tabac**, mira el Módulo 23).

→ **manquer**, *faltar*, puede ser un verbo incómodo. Con la preposición **de**, es más sencillo: **Nous manquons de ressources**, *Carecemos de recursos*. Pero cuando hablamos de extrañar a alguien o algo, el orden de las palabras es al revés que en español. **Tu me manques**, *Te extraño* (literalmente «me faltas»). Del mismo modo, **Est-ce que je te manque ?**: *¿Me extrañas?* («Te falto»). Para recordar esta estructura inversa, comienza siempre por la persona o cosa más importante (la que falta). Vale la pena practicar repitiendo y memorizando nuestros dos ejemplos.

NOTAS CULTURALES

Francia tiene una de las redes viales más extensas del mundo, que abarca más de un millón de kilómetros. Más del 70% del sistema está compuesto por *autopistas*, **les autoroutes** (f.), que están gestionadas por empresas privadas. El país también cuenta con *carreteras nacionales*, **les routes nationales** (f.), *carreteras comarcales*, **les routes départementales** (f.) y otras carreteras secundarias de una sola vía, **les routes communales**. Cada categoría está numerada y designada por su letra inicial: **A**, **D** o **C**. Las autopistas cobran peajes, que se cobran (o pagan con tarjeta de crédito) en cabinas o máquinas automáticas, con la palabra **péage** (masc.). Algunas de estas carreteras tienen nombres evocadores, como **l'Autoroute du soleil**, «la autopista del sol» (la A6 / A7, desde París a Lyon) y **l'Autoroute des deux mers**, «la autopista de los dos mares» (la A61, desde Narbonne a Toulouse). Para hacer una parada en un largo viaje por carretera, muchos conductores se detienen en **une station-service**, *una estación de servicio*, o en **une aire de repos**, *una zona de descanso*. Las autopistas pueden estar muy llenas, especialmente durante la temporada de verano, en julio y agosto. Todos los años, el Ministerio de Transporte publica un mapa especial, conocido como **la carte Bison Futé** («Búfalo Bill»), que indica las zonas de atasco y recomienda **les itinéraires bis**, *los itinerarios alternativos*. Aun así, es casi imposible evitar el **chassé-croisé**, *la operación salida*, entre **les juillétistes** y **les aoûtiens**, cuando los turistas que regresan a casa en *julio* (**juillet**) se cruzan con los que salen en *agosto* (**août**). A los que van a visitar Francia durante este periodo se les recomienda tomar el tren.

La Bourgogne, *Borgoña*, es una de las regiones más bellas de Francia, reconocida tanto por su paisaje bucólico como por su comida y su vino. Las principales ciudades son la capital administrativa, Dijon, la capital del vino, Beaune, y la ciudad de Vézelay, ubicada en la cima de una colina, con una impresionante basílica del siglo XI.

GRAMÁTICA

MÁS PREPOSICIONES

Hemos aprendido la mayoría de las preposiciones comunes, incluidas un par que están compuestas por más de una palabra: **au milieu de**, *en medio de* (Módulo 13) y **à cause de**, *debido a* (Módulo 22). Aquí tienes otras preposiciones comunes formadas por varias palabras:

au fond de	dentro de / al fondo de
au bord de	al borde de / a orillas de, etc.
au bout de	después de / al final de (ver Módulo 10)
au-dessous de	debajo de / por debajo de
au-dessus de	encima de / por encima de / arriba de

Le garage est au fond du jardin, *El garaje está al fondo del jardín*.
La ville de Menton est au bord de la Méditerranée, *La ciudad de Menton está a orillas del Mediterráneo*.
Au bout d'une heure, j'étais fatigué, *Después de una hora, estaba cansado*.
La température est passé au-dessous de zéro, *La temperatura estaba por debajo de cero*.
Mettez le tableau au-dessus du lit, *Pon el cuadro encima de la cama*.

También se encontrarás **en dessous** y **en dessus** (sin guion). Hay una ligera diferencia de significado, pero en el francés cotidiano son intercambiables.

Las preposiciones son importantes, así que acuérdate de revisarlas regularmente.

COMPARATIVO DE IGUALDAD: *AUTANT DE / QUE*

En el módulo anterior vimos la comparación de la igualdad formada con **aussi … que** (*tan* + adjetivo + *como*). También podemos usar el adverbio **autant**, con **de** o **que**, para hacer una comparación.

Autant de generalmente se usa con un sustantivo: **Le Grand Paris, a autant d'habitants que les Pays-Bas**, *El Gran París tiene tantos habitantes como los Países Bajos*.

Autant que se usa con un verbo: **Je travaille autant que lui mais je gagne moins**, *Trabajo tanto como él, pero gano menos*.

Ten cuidado de no confundir **autant que** con **aussi ... que**, que se utiliza con un adjetivo o adverbio (en lugar de un sustantivo o verbo).

Je suis aussi fort que toi, *Soy tan fuerte como tú* (no **autant fort**).

J'aime ce roman autant que toi, *Me gusta esa novela tanto como a ti* (no **aussi que**).

Por último, **autant** se puede usar solo: **Elle travaille toujours autant**, *Ella trabaja siempre mucho*.

▲ CONJUGACIONES
EL MODO SUBJUNTIVO

Nos encontramos con el subjuntivo por primera vez en el módulo anterior. Se llama así porque los verbos de este modo rara vez se sostienen solos, sino que están «unidos» a otra oración, de la que dependen. El subjuntivo es muy común en el francés cotidiano. Expresa la actitud del hablante, especialmente sus dudas, deseos, lamentos o incertidumbres.

Para formar el subjuntivo de la mayoría de los verbos, toma la tercera persona del plural del presente como raíz y añade estas terminaciones:

je	-e	nous	-ions
tu	-es	vous	-iez
Il/elle	-e	ils/elles	-ent

Aquí tienes los tres grupos:

manger	finir	attendre
je mange	je finisse	j'attende
tu manges	tu finisses	tu attendes
il/elle mange	il/elle finisse	il/elle attende
nous mangions	nous finissions	nous attendions
vous mangiez	vous finissiez	vous attendiez
ils/elles mangent	ils/elles finissent	ils/elles attendent

Ya hemos aprendido las formas irregulares de **être** y **avoir**. Aquí tienes otros tres verbos irregulares frecuentes: **faire**, **pouvoir** y **vouloir**:

faire	pouvoir	vouloir
je fasse	je puisse	je veuille
tu fasses	tu puisses	tu veuilles
il/elle fasse	il/elle puisse	il/elle veuille
nous fassions	nous puissions	nous voulions
vous fassiez	vous puissiez	vous vouliez
ils/elles fassent	ils/elles puissent	ils/elles veuillent

Algunos otros verbos comunes también tienen subjuntivos irregulares, en particular **aller**, **venir** y **savoir**.

El negativo se forma, como es habitual, con **ne … pas**: **tu ne sois pas, ils ne puissent pas**, etc. Para el interrogativo, la tercera forma (invertida) es la forma más común: **Veux-tu que je t'attende ?**, etc.

Una palabra reveladora que anuncia una oración de subjuntivo es **que**, especialmente en expresiones impersonales como **il faut que**, **il est possible que**, **il est important que, il vaut mieux que** y **c'est dommage que**:

Il faut que tu sois patiente, *Tienes que ser paciente.*
Il vaut mieux que nous louions une citadine, *Lo mejor será que alquilemos un coche de ciudad.*
Il est possible que vous ne puissiez pas partir, *Es posible que no pueda irse.*
Il est important que je fasse le plein, *Es importante que yo llene el depósito.*

Sin embargo, recuerda que **que** por sí solo no necesariamente anuncia un subjuntivo. Además, con expresiones impersonales, es posible evitar el subjuntivo por completo eliminando el relativo y el pronombre y sustituyéndolos por el infinitivo:

Il faut que tu sois patient → Il faut être patient
Il vaut mieux que nous louions une citadine → Il vaut mieux louer une citadine
Il est important que je fasse le plein → Il est important de faire le plein

 EJERCICIOS

1. PON EN SUBJUNTIVO LOS VERBOS ENTRE PARÉNTESIS

a. Il faut que nous (*faire*) une liste pour les courses.

b. Il vaut mieux que tu (*partir*) de bonne heure car demain est un jour férié.

c. Il n'est pas possible que votre papa (*pouvoir*) continuer à travailler comme ça. Il est trop âgé.

d. Il est important que vous (*attendre*) sa réponse avant de continuer.

e. C'est dommage que vous ne (*avoir*) pas attendu la fin du film.

VOCABULARIO

consommer *consumir*
manquer *faltar*
proposer *proponer*
rouler *circular* (ver Módulo 22)
stationner *estacionar, aparcar*
taper *teclear*
vérifier *comprobar, verificar*

une aire (de repos) *un área (de descanso)*
une autoroute *una autopista*
un(e) citadin(e) *un/a urbanita*
une (voiture) citadine *un coche de ciudad*
un camion *un camión*
une camionnette *una furgoneta*
une carte de crédit *una tarjeta de crédito*
un capot *un capó*
un chemin *un camino*
un coffre *un maletero*
un contrat *un contrato*
un forfait *un paquete*
un jeton *una ficha*
la location *un alquiler*
un péage *un peaje*
un permis de conduire *un carné de conducir*
le personnel *el personal*
un moteur *un motor*
un pneu *un neumático*
un poste *un trabajo, un puesto*
une poste *una oficina de correos*
la pression *la presión*
une rayure *un rasguño*
un réservoir (de carburant) *un depósito (de carburante)*
une route *una carretera*
un timbre (o **timbre-poste**) *un sello*
un véhicule *un vehículo*
avantageux/-euse *atractivo/a, ventajoso/a*
économe *económico, ahorrativo*
en bon état *en buen estado*
vide *vacío*
au bord de *al borde de*
autant que / de *tan ... como (comparación)*
au-dessous *debajo de*
au-dessus *encima de*
au fond de *al fondo de*

C'est clair ? *¿Está claro?*
Tapez votre code *Teclee su código (PIN)*
Tu me manques / Vous me manquez *Te extraño / Le extraño*
Vous pourriez / Tu pourrais peut-être m'aider ? *¿Podría(s) ayudarme?*
Vous ne pouvez pas / Tu ne peux pas le manquer *No tiene(s) pérdida.*

¡Felicidades! Has llegado al final de este curso Objetivo: Idiomas. Esperamos que lo hayas disfrutado. Pero recuerda, como te dijimos en la Introducción, aquí es donde realmente comienza tu trabajo. Aprovecha cada oportunidad para escuchar, leer y hablar francés regularmente. O mejor aún, ¡visita Francia! Aprender un idioma es como dominar cualquier otra habilidad: si no lo usas, lo pierdes. **Bonne chance !**

2. CAMBIA EL SUBJUNTIVO POR UNA FORMA IMPERSONAL ELIMINANDO LOS PRONOMBRES PERSONALES.

a. Il faut que vous soyez à l'heure pour l'avion.

b. Il faut que j'aie une réponse le plus rapidement possible.

c. Il faut que tu fasses le plein avant de partir.

d. Il faut que nous soyons nombreux.

e. Il vaut mieux que vous ayez une version récente du programme.

3. ELIGE UNA PREPOSICIÓN PARA SUSTITUIR LAS PALABRAS EN ESPAÑOL (Y CAMBIA EL ARTÍCULO DEFINIDO SI ES NECESARIO)

a. La voiture est (*al fondo de*) le parking. →

b. Je me suis endormi (*después de*) dix minutes. →

c. Madeleine a laissé sa voiture (*al lado de*) la route. →

d. Le thermomètre est (*debajo de*) deux degrés. →

e. La chambre est (*encima de*) le garage. →

4. TRADUCE AL FRANCÉS

a. Estelle se fue a Nimes hace un mes. La extraño.

b. Tienes que repostar. El depósito está casi vacío.

c. – ¿Sabe* cuál es la ruta más rápida? – Sí, tiene que coger la autopista.

d. Venga mejor la semana que viene. Habrá menos gente.

e. Sandra trabaja tanto como yo, pero ella gana menos que yo. Y tiene mucha más experiencia que yo.

* Usa la 2.ª y 3.ª interrogativa

SOLUCIONES A LOS EJERCICIOS

En las páginas siguientes encontrarás todas las soluciones a los ejercicios de los módulos anteriores. Los ejercicios grabados están señalizados con el icono 🔊 seguido del número de pista del CD o pista en *streaming*. Están en la misma pista que el diálogo de la lección, después de este; por lo tanto, tienen el mismo número de pista.

1. PRESENTACIONES

1. a. suis – est **b.** a **c.** sont **d.** êtes **e.** ont – a

2. a. Alain n'est pas français. **b.** Ils ne sont pas en retard. **c.** Virginie n'a pas deux sœurs. **d.** Lyon n'est pas une belle ville. **e.** Nous ne sommes pas à la Sorbonne. **f.** Je ne suis pas belge.

3. a. l' / une (fem.) **b.** la / une (fem.) **c.** le / un (masc.) **d.** la / une (fem.) **e.** le / un (masc.) **f.** la / une (fem.) **g.** la / une (fem.) **h.** le / un (masc.) **i.** le / un (masc.) **j.** le / un (masc.) **k.** la / une (fem.)

03 🔊 **4. a.** Salut Jean, tu vas bien ? – Très bien, merci. **b.** Vous êtes belge ? – Pas du tout. Je suis suisse. **c.** Lyon est une belle ville. **d.** Elle est en retard. – Moi aussi. **e.** Au revoir. – Attendez-moi !

2. CONOCER A ALGUIEN

1. a. faisons **b.** fais **c.** fait **d.** faites

2. a. une serveuse **b.** un journaliste **c.** une avocate **d.** une directrice **e.** un informaticien

3. a. gentilles **b.** petite **c.** malades **d.** spécialisé **e.** petite

04 🔊 **4. a.** Il enseigne les maths dans une école primaire. **b.** Est-ce que vous êtes mariée, Sophie ? – Oui, et j'ai un fils. **c.** Qu'est-ce que vous faites comme travail ? **d.** Vous avez combien d'élèves dans votre classe en ce moment ? **e.** Il est directeur d'une petite agence de voyages à Lyon.

3. EN LA BRETAÑA

1. a. pouvons **b.** vais **c.** veulent **d.** peut **e.** veulent

2. a. Est-ce qu'il est / Est-il ? **b.** Est-ce qu'elles connaissent / Connaissent-elles **c.** Est-ce que vous prenez / Prenez-vous **d.** Est-ce que nous sommes / Sommes-nous **e.** Est-ce qu'ils font / Font-ils

3. a. Il n'est pas... **b.** Elles ne connaissent pas... **c.** Vous ne prenez pas... **d.** Nous ne sommes pas... **e.** Ils ne font pas...

4. a. quelle **b.** Quelle **c.** Quels **d.** Quelles **e.** du café ... de la ... des crêpes.

05 🔊 **5. a.** Est-ce que vous êtes / Es-tu de Nice ? – Non, je suis de Paris. **b.** L'hôtel est à deux kilomètres de l'école. **c.** Prenez cette carte. – Merci beaucoup de votre aide. **d.** Pouvez-vous / Peux-tu me donner un conseil ? – Bien sûr. **e.** Nous n'avons pas beaucoup de temps. – Vous pouvez partir en bus ce soir.

4. CASA Y FAMILIA

1. a. habitent **b.** cherchons **c.** prépares **d.** cuisinez **e.** mange ... aime

2. a. ne trouve pas **b.** n'est pas **c.** n'habitent pas **d.** n'aidons pas **e.** ne parlez pas

3. a. Nos ... mon **b.** son **c.** ton **d.** vos **e.** Leurs ... leur

06 🔊 **4. a.** Les couteaux, les fourchettes et les cuillères sont toujours dans le lave-vaisselle. **b.** Ma sœur travaille à la Sorbonne à Paris mais elle va à Rennes. **c.** J'ai faim et j'ai soif. – Moi aussi ! **d.** Allez chercher les assiettes dans le placard dans le salon. **e.** Est-

ce que je peux vous aider à faire quelque chose ? – Non merci. Tout est prêt.

5. ¿DÓNDE ESTÁ…?

1. a. Pouvez-vous m'aider ? **b.** Nous ne les connaissons pas. **c.** Est-ce que Marie aime son travail ? – Elle l'adore ! **d.** Est-ce que tu l'achètes, cette carte ? **e.** Je t'attends au musée d'Orsay.

2. a. ne savons pas **b.** Continuez … tournez **c.** vont **d.** coûtent **e.** sais – sais

3. a. à droite… angle **b.** ce pas **c.** Tout **d.** Combien **e.** mieux

07 🔊 **4. a.** quinze **b.** vingt-deux **c.** quarante-cinq **d.** trente-trois **e.** soixante-dix **f.** soixante et un **g.** douze **h.** vingt et un **i.** dix-sept

07 🔊 **5. a.** Il ne la comprend pas. Est-ce que tu peux l'aider ? **b.** J'aime ces tomates. Où est-ce que tu les achètes ? **c.** Combien coûtent les billets ? – Ils coûtent vingt-sept euros. **d.** Est-ce que vous savez / Savez-vous où je peux trouver un restaurant? **e.** Il vaut mieux prendre le métro. Le musée d'Orsay est assez loin.

6. ¿QUÉ HORA ES?

1. a. maigrit … grossit **b.** réussit **c.** choisissez **d.** découvrons **e.** refroidir

2. a. ne remplis pas **b.** Est-ce que vous finissez **c.** ne réfléchissent pas **d.** ne choisissons pas **e.** Est-ce qu'ils reviennent

08 🔊 **3. a.** midi moins le quart / onze heures quarante-cinq **b.** six heures dix **c.** trois heures et quart / trois heures quinze **d.** dix heures moins vingt / neuf heures quarante **e.** huit heures et demie / huit heures trente **f.** quatre heures vingt-cinq **g.** deux heures moins vingt-cinq / une heure trente-cinq **h.** trois heures moins dix / deux heures cinquante **i.** neuf 08 🔊 heures cinq

4. a. Voici votre table et voilà le menu, au mur. **b.** Qu'est-ce que vous allez choisir ? – Laissez-moi réfléchir. **c.** Nous n'avons pas / On n'a pas le temps de déjeuner ensemble. J'ai un rendez-vous. **d.** Est-ce qu'ils connaissent un bon endroit dans le quartier? **e.** Allons-y tout de suite. – Non, revenons après-demain.

7. UNA CITA

1. a. devons **b.** dois **c.** dois **d.** devez **e.** doivent

2. a. ne dois pas **b.** Est-ce que je dois **c.** ne devez pas **d.** Est-ce que tu dois

09 🔊 **3. a.** sous **b.** devant **c.** derrière **d.** jusqu'au **e.** depuis **f.** depuis

4. a. Pouvez-vous épeler votre nom, s'il vous plaît ? – R.O.M.A.I.N. T.A.R.D.Y **b.** Allumez la lumière avant d'entrer dans la cuisine. **c.** Il y a une trentaine de personnes devant le musée. **d.** Nous devons partir à cinq heures / dix-sept heures au plus tard. **e.** Monsieur Desprats a envie de vous rencontrer. – Il est très gentil, mais je dois partir.

8. ESTE FIN DE SEMANA

1. a. ne recevons **b.** voyez **c.** pleut **d.** ne veulent pas **e.** déçois
* Remember the rule concerning the use of the cedilla under the letter "c" before "a", "o" and "u". See Pronunciation.

2. a. Je ne les aime plus **b.** Nous n'allons jamais au travail en voiture. **c.** Tu ne comprends rien. **d.** Mes grand-parents ne viennent jamais à Paris. **e.** Je ne fume plus.

3. a. soixante-dix-sept **b.** quatre-vingt-neuf **c.** quatre-vingt-treize **d.** soixante-quatorze **e.** quatre-vingt **f.** soixante et onze **g.** quatre-vingt-douze **h.** soixante-dix-huit **i.** quatre-vingt-cinq **j.** quatre-vingt-onze **k.** quatre-vingt-dix-neuf **l.** quatre-vingt-huit

4. a. Simon est très occupé en ce moment. – Comme d'habitude ! **b.** Quel temps fait-il à Marseille cette semaine ? – Il fait beau et très chaud. **c.** Je ne bois pas de café l'après-midi. – Moi non plus. Ça m'empêche de dormir. **d.** Il n'y a plus de trains directs. – C'est vrai ? **e.** Qu'est-ce que tu deviens ? – Je suis obligé de louer une voiture et descendre dans le Midi ce week-end.

9. VACACIONES

1. a. pourrions **b.** Est-ce que tu voudrais **c.** ne pourrait pas **d.** Est-ce que vous voudriez **e.** Est-ce que vous pourriez

2. a. Comment pouvons-nous prendre rendez-vous ? **b.** Combien peux-tu payer ? **c.** Où habitent-ils ? **d.** Pourquoi veut-elle partir en mai ? **e.** Quand voulez-vous venir ?

3. a. français **b.** dernière **c.** gentilles **d.** complète **e.** seule **f.** chères **g.** neuve **h.** ancienne **i.** heureux **j.** complets

4. a. L'hôtel est complet en juin, juillet et août, et il ferme de novembre à mars. **b.** À quoi pensez-vous ? – Les ponts dans la deuxième quinzaine de mai. **c.** Comment est-ce que nous pouvons prendre rendez-vous ? **d.** Elle a raison, c'est bon marché : un séjour en Corse pour cinq cents euros. **e.** Combien ça coûte / Combien est-ce que ça coûte ? – Deux cent cinquante euros. – Ça me va.

10. DESCANSAR

1. a. se réveillent ... se rasent ... s'habillent **b.** se disputent **c.** me lève ... me couche **d.** nous dépêchons ... nous occupons **e.** vous reposez ... vous amusez.

2. a. te rases **b.** ne nous disputons pas **c.** ne vous dépêchez pas **d.** occuper **e.** ne me couche jamais

3. a. doucement **b.** facilement **c.** rarement **d.** vraiment **e.** complètement

4. a. Qu'est-ce que vous pensez de tout ça ? – Je m'amuse énormément. **b.** Il s'ennuie facilement et parfois il s'endort avant la fin de l'émission. **c.** Mes amis arrivent à la gare aux alentours de dix heures. Ils sont épuisés. **d.** On ne se dispute jamais parce qu'on se parle rarement. **e.** Elle doit s'occuper de sa fille, qui se réveille toujours de bonne heure.

11. DE COMPRAS

1. a. Ces **b.** ceux **c.** celles-ci ... celles-là **d.** celle **e.** Ce ... celles-là
2. a. *vieille* maison **b.** robe *bleue* **c.** *joli* pantalon **d.** *petit* magasin **e.** l'art *moderne*. **f.** *gros* pull
3. a. de *beaux* manteaux **b.** de *vieux* villages **c.** de *jeunes* informaticiens **d.** de *gentilles* collègues **e.** de *mauvais* films
4. a. Je cherche un nouveau manteau. – Quelle taille faites-vous ? / Quelle est votre taille ? **b.** Et des nouvelles chaussures. – Quelle pointure faites-vous ? / Vous chaussez du combien ? **c.** Celui-ci / Celle-ci est un excellent choix. Il / Elle vous va très bien. **d.** Est-ce que tu fais du shopping / des courses ? – Non, je fais du lèche-vitrines. **e.** Elle veut acheter un pantalon, un jean, un collant, deux chemises de nuit, un tailleur et trois shorts.

12. CONVERSACIÓN TELEFÓNICA

1. a. apprenez-vous **b.** ne dites pas **c.** vendent **d.** lis **e.** connais ... sais
2. a. qui **b.** que **c.** qui **d.** qui **e.** qui ... que
3. a. connais **b.** sais **c.** sait **d.** sais ... connais
4. a. Ne quittez pas, J'ai un autre appel. Désolé, je vais vous laisser. **b.** Parlez plus fort s'il vous plaît. Je ne vous entends pas. **c.** Elle est un peu inquiète pour son frère. – Le frère que je connais ? **d.** Je connais une société qui cherche des gens qui parlent l'arabe. **e.** Pas de problème. Il te rappelle plus tard si tu veux.

13. HABLAR DE LAS VACACIONES

1. a. avons réservé **b.** n'ai pas nagé ... j'ai fait **c.** Où est-ce que vous avez / Où avez-vous passé **d.** avez aimé **e.** n'avons pas trouvé
2. a. fatigués **b.** compliquées **c.** terminé **d.** aimées **e.** visité
3. a. plus intéressant que **b.** moins grand que **c.** n'est pas plus cher que **d.** aussi difficile que
4. a. C'était comment, Bastia? – C'est une belle ville mais moins belle que Calvi. **b.** Nous faisons du ski chaque année en janvier. C'est très chouette. **c.** Il y a beaucoup de monde sur la plage ce matin. – Oui, tout le monde aime nager. **d.** L'agent de voyage a-t-il téléphoné hier ? – Non, malheureusement. **e.** Vous connaissez bien / Est-ce que vous connaissez bien la Corse ?– Non, je ne voyage jamais. C'est trop fatiguant.

14. BUSCAR PISO

1. a. fourni **b.** n'ai pas réussi **c.** Est-ce que vous avez / Avez-vous rempli **d.** ont converti **e.** Est-ce que tu as réfléchi / As-tu réfléchi
2. a. As-tu fini **b.** Ont-ils réussi **c.** Avons-nous réfléchi **d.** Ont-elles fourni
3. a. meilleur **b.** le plus cher **c.** pires **d.** moins grandes ... plus rapides. **e.** le pire
4. a. Les résultats de leur équipe sont pires que la semaine dernière. – Tant pis. **b.** Vous avez / Tu as quelque chose à faire la semaine prochaine, Madeleine ? – Je ne suis pas tout à fait prête. **c.** Le studio au

rez-de-chaussée est plus bruyant et moins clair que l'appartement au deuxième étage. **d.** Tout cela est très bien mais est-ce vous avez / avez-vous fini vos études ? **e.** Il y a une épicerie et deux supermarchés dans les environs. – Tu n'es pas loin du centre-ville, j'espère ?

15. ESCUCHAR MÚSICA

1. a. a appris **b.** As-tu répondu ... J'ai répondu **c.** n'ai pas lu **d.** est-ce que vous avez connu **e.** J'ai appris ... je n'ai pas compris
2. a. la mienne **b.** le mien **c.** les tiennes **d.** les nôtres **e.** les leurs
3. a. vieux copain **b.** femme intelligente ... mari sympathique **c.** mauvaise nouvelle ... grand musicien **d.** petits verres ... placard rouge **e.** deuxième disque ... meilleur

17 🔊 **4. a.** Où est ce qu'il a mis sa tablette ? – La voilà. – Mais ce n'est pas la sienne ; c'est la mienne. **b.** Qu'est-ce qu'il t'a dit ? – Qu'il a perdu sa mère il y a vingt ans. **c.** Armand est bibliothécaire pendant la semaine mais il travaille dans une librairie le samedi et le dimanche. **d.** Et que fait sa femme ? – C'est une excellente comédienne. **e.** J'ai vu sa première pièce de théâtre la semaine dernière mais je n'ai pas vraiment compris le message.

16. LA HISTORIA DE UNA VIDA

1. a. sont sorties ... ne sont pas rentrées **b.** est parti ... est parti **c.** sont nées ... sont mortes **d.** sommes sortis ... ne sommes pas allés **e.** sont arrivés ... sont déjà partis.
2. a. toute ... tout **b.** tout ... tout **c.** Tous ... toutes **d.** toutes ... Tout **e.** Tous ... tout
3. a. mil neuf cent quatre-vingt-quatre / dix-neuf cent quatre-vingt-quatre **b.** huit cent vingt-sept **c.** mil huit cent trente-deux / dix-huit cent trente-deux **d.** deux mille dix neuf **e.** mil cent / onze cent **f.** mil neuf cent quatre-vingt-dix-neuf / dix-neuf cent quatre-vingt-dix-neuf **g.** mil cinq cent cinquante-cinq / quinze cent cinquante-cinq **h.** mil soixante-six **i.** mil six cent / seize cent **j.** deux mille

18 🔊 **4. a.** Je pense que tous les étudiants ont le droit de prendre des vacances à Noël. – Tout à fait. **b.** Elle a étudié le droit et elle est devenue l'une des plus jeunes avocates de France. **c.** Nous sommes tombés amoureux, et nous sommes restés ensemble pendant une vingtaine d'années. **d.** Avez-vous entendu la nouvelle ? La comédienne Jeanne Morteau est morte à l'âge de quatre-vingt-douze ans. **e.** Elle a obtenu sa maîtrise en moins de trois ans. – Elle est vraiment douée !

17. ¡VAMOS AL MERCADO!

1. a. nous y allons **b.** il n'y habite plus **c.** ils y pensent **d.** Ils y passent **e.** je peux y aller
2. a. J'en veux deux **b.** ils en ont **c.** vous pouvez m'en parler **d.** J'en ai besoin **e.** Tout le monde en parle
3. a. lui **b.** leur **c.** lui **d.** nous **e.** m'

19 🔊 **4. a.** Pouvez-vous me donner vos coordonnées s'il vous plaît ? **b.** Est-ce que Bruno vous a écrit ? Répondez-moi ! Sinon, téléphonez-lui vite ! **c.** Ils ont perdu le match de football. – Quel dommage ! **d.** Est-ce que je peux vous accompagner au marché ? – Bien sûr, tout le monde y va le week-end. **e.** Pas de nouvelles, bonnes nouvelles.

18. LAS DIETAS

1. a. prendrai **b.** mangera **c.** perdrons **d.** passeront **e.** aiderez
2. a. Est-ce que tu seras **b.** Nous n'aurons pas **c.** Est-ce que Émilie pourra **d.** ils ne feront pas **e.** Est-ce que vous irez
3. a. J'ai passé **b.** n'est pas retournée **c.** sont rentrés **d.** avons sorti **e.** sont entrés ... ont entré
20 🔊 **4. a.** La femme de Fabien a retourné toute la maison pour trouver son (téléphone) portable. **b.** Dans notre nouveau quartier, nous aurons deux fromageries, trois boulangeries et une boucherie. **c.** Je pense que tu n'es pas contente/heureuse, Marion. – Si, si, tout va très bien, merci. **d.** Mettez vos clés dans votre poche, sinon vous les perdrez. **e.** Benjamin dit qu'il n'achètera plus de chocolat. – Il fait des économies de bout de chandelle !

19. LA RESERVA

1. a. *À combien* sont les oignons ? **b.** *À quelle heure* arrive Marion ? **c.** *À qui* veulent-elles parler ? **d.** *De combien* de places avez-vous besoin ? **e.** *À quoi* pensez-vous ?
2. a. Ce mail vient de qui ? **b.** Il veut parler à qui ? **c.** Ils ont besoin de quoi ? **d.** Vous pensez à quoi ? **e.** Ils arrivent d'où ?
3. a. chaque **b.** Chacun **c.** chacune **d.** Chacun **e.** chacun
21 🔊 **4. a.** Cette caméra coûte seulement deux cents euros. – C'est une bonne affaire ! **b.** Sophie m'a demandé de l'appeler à dix heures. – Appelle-la, tu es en retard. **c.** Il faut deux heures pour aller de Paris à Bordeaux en train. – C'est tout ? **d.** Qui est à l'appareil ? – C'est moi, Arnaud. – Je te rappellerai dans une demi-heure. **e.** J'ai encore des chambres, mais il faut faire vite. – Pas de soucis.

20. EL DEPORTE

1. a. du ... le **b.** à **c.** sur **d.** te ... au **e.** (no preposition) ... de **f.** au ... de **g.** de
2. a. un animal → des animaux **b.** un bateau → des bateaux **c.** un journal → des journaux **d.** un tuyau → des tuyaux **e.** un genou → des genoux
3. a. nous demandons / demandons **b.** Avez-vous trouvé / se trouve **c.** t'entends / m'entends **d.** Passez / se passe
22 🔊 **4. a.** Je ne m'y connais pas en rugby mais je ferai un effort si ça te/vous fait plaisir. **b.** Il faut apprendre à être patient. – Il n'en est pas question. **c.** Ça te / vous dit de voir un film ce soir ? Ça vaut la peine d'arriver de bonne heure au cinéma. **d.** Peux-tu /

Pouvez-vous m'aider à finir ce travail ? – Je ne peux pas faire trente-six / trente-six mille choses à la fois. **e.** Vous cherchez le métro ? – Non, nous attendons le bus. – Venez-avec moi. – Ça marche !

21. LA ENFERMEDAD

1. a. lui **b.** leur **c.** nous **d.** en **e.** leur
2. a. la lui **b.** n'y **c.** m'en **d.** la lui **e.** les leur
3. a. mieux **b.** meilleurs **c.** mieux **d.** le meilleur **e.** les meilleures
4. a. Je n'ai pas l'adresse de Marie avec moi. – Je vous/te la donnerai quand je vous/te verrai demain. **b.** Comment ça, ils ont refusé mon invitation ? Ça ne se fait pas. **c.** Qu'est-ce qu'elle a ? Elle se sent malade ? – Il parait qu'elle a de la fièvre. **d.** Est-ce que tu as envoyé le rapport à ton médecin ? – Oui, je le lui ai envoyé sans attendre. **e.** Vous avez l'air en forme. – N'importe quoi ! Je suis très malade.

22. LA VIDA PROFESIONAL

1. a. vivions ... travaillais **b.** voulais **c.** pensait ... j'étais **d.** étaient ... étaient **e.** habitaient
2. (a.) étions **(b.)** allions **(c.)** promenions **(d.)** mangions **(e.)** regardions **(f.)** louait
3. a. à ... au **b.** en ... aux **c.** en ... en **d.** à (no preposition) **e.** du ... (no preposition)
4. a. Emmanuelle et ses amis travaillent pour une grosse boîte aux Ulis. – Ils se débrouillent bien. **b.** Michelle s'est levée à dix heures et son mari s'est levé à midi. – Ah bon ? **c.** Elle est devenue riche très vite, et elle a acheté une maison au Mans. **d.** Ils sont partis au Canada quand ils étaient très jeunes. – Tant mieux pour eux ! **e.** Est-ce que tu pensais que ces émissions auraient du succès ? – Pas vraiment.

23. PASARLO BIEN

1. a. viennent ... viendront **b.** pourras ... l'as perdu **c.** allez ... prenez **d.** irons ... fait **e.** invites ... viendra
2. a. Ce qui **b.** ce que **c.** ce qui **d.** Ce que **e.** ce qui
3. a. On est très contents de vous avoir ici avec nous. **b.** on **c.** On ne l'a pas vu ... on lui a parlé **d.** Nous préférons ... nous attendons **e.** Ce qu'on pense ... qu'on doit
4. a. Ils ont sauté au plafond quand on leur a donné la mauvaise nouvelle. C'est pour cette raison qu'ils sont de mauvaise humeur. **b.** Est-ce que vous êtes au courant que les magasins seront fermés demain et lundi ? **c.** On a / nous avons du pain sur la planche : on doit / nous devons organiser la fête de Nelly. **d.** Qu'est-ce qui ne vas pas, Monique ? – J'ai le cafard parce que mon ex sort avec ma meilleure amie. **e.** Je vais peut-être les inviter. – Tu peux toujours essayer. Ça ne mange pas de pain.

24. LA LOTERÍA

1. a. ferais ... gagnais **b.** n'achèterai pas **c.** voudrais ... avais ... ferait **d.** démissionnerait ... n'irait plus

e. n'habiterais pas ... pouvais
2. a. Elle n'aime pas beaucoup ses films car ils sont beaucoup trop tristes. **b.** Tu es égoïste : tu ne penses jamais à moi. **c.** Il m'a dit qu'il va certainement partir demain. **d.** J'ai toujours pensé qu'ils étaient nos amis mais j'avais tort. **e.** Nous l'avons souvent vu à la télévision : c'est une star !
3. a. les yeux de la tête **b.** par la fenêtre **c.** te *changer* les idées **d.** sur l'or **e.** le coup de foudre
4. a. Ça vous / te dit de passer la soirée avec nous ? – À vrai dire / À dire vrai, je n'ai pas beaucoup de temps. **b.** Je suis convaincu que vous feriez / tu ferais pareil si vous étiez / tu étais à notre place. **c.** Je me suis rendu compte que leur nouveau quartier est très branché. – Franchement, nous n'y avons / on n'y a jamais pensé. **d.** Il partirait demain s'il pouvait, juste pour se changer les idées. **e.** Les deux magasins sont pareils : assez chic et très cher.

25. LA POLÍTICA

1. a. aussi vite que **b.** plus rapidement que **c.** moins que **d.** le plus fort **e.** plus (S) / moins (I) souvent qu'
2. a. Il semble que **b.** Il suffit d' **c.** Il arrive que **d.** Il est important de **e.** Il faut que
3. a. soyez **b.** j'aie **c.** soyons **d.** aies **e.** soient
4. a. Depuis combien de temps m'attendez-vous / est-ce que vous m'attendez ? – Je suis ici depuis deux heures. **b.** Vous savez / Tu sais aussi bien que moi que le chômage monte plus vite qu'avant. **c.** Pour combien de temps êtes-vous à Paris ? – Le plus longtemps possible. **d.** Il faut que nous soyons enthousiastes et optimistes. – Jusqu'à quand ? **e.** « La politique est une chose beaucoup trop sérieuse pour être confiée aux politiciens. » Charles de Gaulle

26. ALQUILAR UN COCHE

1. a. fassions **b.** partes **c.** puisse **d.** attendiez **e.** n'ayez
2. a. Il faut *être* **b.** Il faut *avoir* **c.** Il faut *faire* **d.** Il faut *être* **e.** Il vaut mieux *avoir*
3. a. au fond du **b.** au bout de **c.** au bord de **d.** au-dessous de **e.** au-dessus du
4. a. Estelle est partie à Nîmes il y a un mois. Elle me manque. **b.** Il faut que vous fassiez le plein tout de suite. Le réservoir est presque vide. **c.** Connaissez-vous / Est-ce que vous connaissez le chemin le plus rapide ? – Oui, il faut prendre l'autoroute. **d.** Il vaut mieux que vous veniez la semaine prochaine. Il y aura moins de monde. **e.** Sandra travaille autant que moi mais elle gagne moins que moi. Et elle a autant d'expérience que moi.

MODELOS DE CONJUGACIONES

◆ VERBOS

Hay tres grupos principales de verbos, que se distinguen por sus terminaciones en infinitivo. Estas son: **-er** (la más común), **-ir** y **-re**. Aquí tienes un modelo de cada uno de los grupos, con los tiempos y modos que hemos visto:

1) VERBOS ACABADOS EN -ER

La mayoría son regulares. Cualquier verbo nuevo que se añada al idioma, por ejemplo, **texter**, *escribir un mensaje de texto*, pertenece a esta categoría.
* **penser**, *pensar*

Participio presente: **pensant**; participio pasado: **pensé**
Presente

je pense	pienso	nous pensons	pensamos
tu penses	piensas	vous pensez	pensáis
il/elle pense	piensa	ils/elles pensent	piensan

Futuro

je penserai	pensaré	nous penserons	pensaremos
tu penseras	pensarás	vous penserez	pensaréis
il/elle pensera	pensará	ils/elles penseront	pensarán

Pretérito perfecto (**passé composé**)

j'ai pensé	he pensado	nous avons pensé	hemos pensado
tu as pensé	has pensapdo	vous avez pensé	habéis pensado
il/elle a pensé	ha pensado	ils/elles ont pensé	han pensado

Imperfecto

je pensais	pensaba	nous pensions	pensábamos
tu pensais	pensabas	vous pensiez	pensabais
il/elle pensait	pensaba	ils/elles pensaient	pensaban

Condicional

je penserais	pensaría	nous penserions	pensaríamos
tu penserais	pensarías	vous penseriez	pensaríais
il/elle penserait	pensaría	ils/elles penseraient	pensarían

Subjuntivo

je pense	piense	nous pensions	pensemos
tu penses	pienses	vous pensiez	penséis
il/elle pense	piense	ils/elles pensent	piensen

2) VERBOS ACABADOS EN -IR

• **finir**, *terminar*
Participio presente: **finissant**; participio pasado: **fini**
Presente

je finis	termino	nous finissons	terminamos
tu finis	terminas	vous finissez	termináis
il/elle finit	termina	ils/elles finissent	terminan

Futuro

je finirai	terminaré	nous finirons	terminaremos
tu finiras	terminarás	vous finirez	terminaréis
il/elle finira	terminará	ils/elles finiront	terminarán

Pretérito perfecto (**passé composé**)

j'ai fini	he terminado	nous avons fini	hemos terminado
tu as fini	has terminado	vous avez fini	habéis terminado
il/elle a fini	ha terminado	ils/elles ont fini	han terminado

Imperfecto

je finissais	terminaba	nous finissions	terminábamos
tu finissais	terminabas	vous finissiez	terminabais
il/elle finissait	terminaba	ils/elles finissaient	terminaban

Condicional

je finirais	terminaría	nous finirions	terminaríamos
tu finirais	terminarías	vous finiriez	terminaríais
il/elle finirait	terminaría	ils/elles finiraient	terminarían

Subjuntivo

je finisse	termine	nous finissions	terminemos
tu finisses	termines	vous finissiez	terminéis
il/elle finisse	termine	ils/elles finissent	terminen

3) VERBOS ACABADOS EN -RE

Este grupo está compuesto por verbos irregulares. Tiene dos subgrupos: los que acaban en **-oir** y los que acaban en **-ir** que no tienen un participio presente acabado en **-issant**.

• **apprendre**, *aprender*
Participio presente: **apprenant**; participio pasado: **appris**
Presente

j'apprends	aprendo	nous apprenons	aprendemos
tu apprends	aprendes	vous apprenez	aprendéis
il/elle apprend	aprende	ils/elles apprennent	aprenden

Futuro

j'apprendrai	aprenderé	nous apprendrons	aprenderemos
tu apprendras	aprenderás	vous apprendrez	aprenderéis
il/elle apprendra	aprenderá	ils/elles apprendront	aprenderán

Pretérito perfecto (**passé composé**)

j'ai appris	he aprendido	nous avons appris	hemos aprendido
tu as appris	has aprendido	vous avez appris	habéis aprendido
il/elle a appris	ha aprendido	ils/elles ont appris	han aprendido

Imperfecto

j'apprenais	aprendía	nous apprenions	aprendíamos
tu apprenais	aprendías	vous appreniez	aprendíais
il/elle apprenait	aprendía	ils/elles apprenaient	aprendían

Condicional

j'apprendrais	aprendería	nous apprendrions	aprenderíamos
tu apprendrais	aprenderías	vous apprendriez	aprenderíais
il/elle apprendrait	aprendería	ils/elles apprendraient	aprenderían

Subjuntivo

j'apprenne	aprenda	nous apprenions	aprendamos
tu apprennes	aprendas	vous appreniez	aprendáis
il/elle apprenne	aprenda	ils/elles apprennent	aprendan

• **boire**, *beber*
Participio presente: **buvant**; participio pasado: **bu**
Presente

je bois	bebo	nous buvons	bebemos
tu bois	bebes	vous buvez	bebéis
il/elle boit	bebe	ils/elles boivent	beben

Futuro

je boirai	beberé	nous boirons	beberemos
tu boiras	beberás	vous boirez	beberéis
il/elle boira	beberá	ils/elles boiront	beberán

Pretérito perfecto (**passé composé**)

j'ai bu	he bebido	nous avons bu	hemos bebido
tu as bu	has bebido	vous avez bu	habéis bebido
il/elle a bu	ha bebido	ils/elles ont bu	han bebido

Imperfecto

je buvais	bebía	nous buvions	bebíamos
tu buvais	bebías	vous buviez	bebíais
il/elle buvait	bebía	ils/elles buvaient	bebían

Condicional

je boirais	bebería	nous boirions	beberíamos
tu boirais	beberías	vous boiriez	beberíais
il/elle boirait	bebería	ils/elles boiraient	beberían

Subjuntivo

je boive	beba	nous buvions	bebamos
tu boives	bebas	vous buviez	bebáis
il/elle boive	beba	ils/elles boivent	beban

- **lire**, *leer*

Participio presente: **lisant**, participio pasado: **lu**

Presente

je lis	leo	nous lisons	leemos
tu lis	lees	vous lisez	leéis
il/elle lit	lee	ils/elles lisent	leen

Futuro

je lirai	leeré	nous lirons	leeremos
tu liras	leerás	vous lirez	leeréis
il/elle lira	leerá	ils/elles liront	leerán

Pretérito perfecto (**passé composé**)

j'ai lu	he leído	nous avons lu	hemos leído
tu as lu	has leído	vous avez lu	habéis leído
il/elle a lu	ha leído	ils/elles ont lu	han leído

Imperfecto

je lisais	leía	nous lisions	leíamos
tu lisais	leías	vous lisiez	leíais
il/elle lisait	leía	ils/elles lisaient	leían

Condicional

je lirais	leería	nous lirions	leeríamos
tu lirais	leerías	vous liriez	leeríais
il/elle lirait	leería	ils/elles liraient	leerían

Subjuntivo

je lise	lea	nous lisions	leamos
tu lises	leas	vous lisiez	leáis
il/elle lise	lea	ils/elles lisent	lean

4) AUXILIARES

Estos son los principales verbos irregulares. Primero, los dos auxiliares **être** y **avoir**.
- **être**, *ser / estar*

Participio presente: **étant**; participio pasado: **été**

Presente

je suis	soy	nous sommes	somos
tu es	eres	vous êtes	sois
il/elle est	es	ils/elles sont	son

Futuro

je serai	seré	nous serons	seremos
tu seras	serás	vous serez	seréis
il/elle sera	será	ils/elles seront	serán

Pretérito perfecto (**passé composé**)

j'ai été	he sido	nous avons été	hemos sido
tu as été	has sido	vous avez été	habéis sido
il/elle a été	ha sido	ils/elles ont été	han sido

Imperfecto

j'étais	era	nous étions	éramos
tu étais	eras	vous étiez	erais
il/elle était	era	ils/elles étaient	eran

Condicional

je serais	sería	nous serions	seríamos
tu serais	serías	vous seriez	seríais
il/elle serait	sería	ils/elles seraient	serían

Subjuntivo

je sois	sea	nous soyons	seamos
tu sois	seas	vous soyez	seáis
il/elle soit	sea	ils/elles soient	sean

- **avoir**, *tener*

Participio presente: **ayant**; participio pasado: **eu**

Presente

j'ai	tengo	nous avons	tenemos
tu as	tienes	vous avez	tenéis
il/elle a	tiene	ils/elles ont	tienen

Futuro

j'aurai	tendré	nous aurons	tendremos
tu auras	tendrás	vous aurez	tendréis
il/elle aura	tendrá	ils/elles auront	tendrán

Pretérito perfecto (**passé composé**)

j'ai eu	he tenido	nous avons eu	hemos tenido
tu as eu	has tenido	vous avez eu	habéis tenido
il/elle a eu	ha tenido	ils/elles ont eu	han tenido

Imperfecto

j'avais	tenía	nous avions	teníamos
tu avais	tenías	vous aviez	teníais
il/elle avait	tenía	ils/elles avaient	tenían

Condicional

j'aurais	tendría	nous aurions	tendríamos
tu aurais	tendrías	vous auriez	tendríais
il/elle aurait	tendría	ils/elles auraient	tendrían

Subjuntivo

j'aie	tenga	nous ayons	tengamos
tu aies	tengas	vous ayez	tengáis
il/elle ait	tenga	ils/elles aient	tengan

5) MODALES

Un verbo modal se usa junto a otro verbo para hablar sobre una posibilidad no expresada en el primero. En francés solo hay tres verbos modales, todos ellos irregulares: **devoir**, **pouvoir** y **vouloir**:

• **devoir**, *deber*

Participio presente: **devant**; participio pasado: **dû**

Presente

je dois	*debo*	nous devons	*debemos*
tu dois	*debes*	vous devez	*debéis*
il/elle doit	*debe*	ils/elles doivent	*deben*

Futuro

je devrai	*deberé*	nous devrons	*deberemos*
tu devras	*deberás*	vous devrez	*deberéis*
il/elle devra	*deberá*	ils/elles devront	*deberán*

Pretérito perfecto (**passé composé**)

j'ai dû*	*he debido*	nous avons dû	*hemos debido*
tu as dû	*has debido*	vous avez dû	*habéis debido*
il/elle a dû	*ha debido*	ils/elles ont dû	*han debido*

Imperfecto

je devais	*debía*	nous devions	*debíamos*
tu devais	*debías*	vous deviez	*debíais*
il/elle devait	*debía*	ils/elles devaient	*debían*

Condicional

je devrais	*debería*	nous devrions	*deberíamos*
tu devrais	*deberías*	vous devriez	*deberíais*
il/elle devrait	*debería*	ils/elles devraient	*deberían*

Subjuntivo

je doive	*deba*	nous devions	*debamos*
tu doives	*debas*	vous deviez	*debáis*
il/elle doive	*deba*	ils/elles doivent	*deban*

- **pouvoir**, *poder*

Participio presente: **pouvant**; participio pasado: **pu**

Presente

je peux	*puedo*	nous pouvons	*podemos*
tu peux	*puedes*	vous pouvez	*podéis*
il/elle peut	*puede*	ils/elles peuvent	*pueden*

Futuro

je pourrai	*podré*	nous pourrons	*podremos*
tu pourras	*podrás*	vous pourrez	*podréis*
il/elle pourra	*podrá*	ils/elles pourront	*podrán*

Pretérito perfecto (**passé composé**)

j'ai pu	*he podido*	nous avons pu	*hemos podido*
tu as pu	*has podido*	vous avez pu	*habéis podido*
il/elle a pu	*ha podido*	ils/elles ont pu	*han podido*

Imperfecto*

je pouvais	*podía*	nous pouvions	*podíamos*
tu pouvais	*podías*	vous pouviez	*podíais*
il/elle pouvait	*podía*	ils/elles pouvaient	*podían*

Condicional

je pourrais	*podría*	nous pourrions	*podríamos*
tu pourrais	*podrías*	vous pourriez	*podríais*
il/elle pourrait	*podría*	ils/elles pourraient	*podrían*

Subjuntivo

j'aie	*pueda*	nous ayons	*podamos*
tu aies	*puedas*	vous ayez	*podáis*
il/elle ait	*pueda*	ils/elles aient	*puedan*

- **vouloir**, *querer*

Participio presente: **voulant**; participio pasado: **voulu**

Presente

je veux	*quiero*	nous voulons	*queremos*
tu veux	*quieres*	vous voulez	*queréis*
il/elle veut	*quiere*	ils/elles veulent	*quieren*

Futuro

je voudrai	*querré*	nous voudrons	*querremos*
tu voudras	*querrás*	vous voudrez	*querréis*
il/elle voudra	*querrá*	ils/elles voudront	*querrán*

Pretérito perfecto (**passé composé**)

j'ai voulu	*he querido*	nous avons voulu	*hemos querido*
tu as voulu	*has querido*	vous avez voulu	*habéis querido*
il/elle a voulu	*ha querido*	ils/elles ont voulu	*han querido*

Imperfecto

je voulais	*quería*	nous voulions	*queríamos*
tu voulais	*querías*	vous vouliez	*queríais*
il/elle voulait	*quería*	ils/elles voulaient	*querían*

Condicional

je voudrais	*querría*	nous voudrions	*querríamos*
tu voudrais	*querrías*	vous voudriez	*querríais*
il/elle voudrait	*querría*	ils/elles voudraient	*querrían*

Subjuntivo

je veuille	*quiera*	nous voulions	*queramos*
tu veuilles	*quieras*	vous vouliez	*queramos*
il/elle veuille	*quiera*	ils/elles veuillent	*quieran*

6) VERBOS DEFECTIVOS

Otro verbo muy irregular y muy común es **falloir**, que es defectivo (es decir, solo se utiliza en ciertas formas):

No tiene participio presente; participio pasado: **fallu**

Presente

| il faut | es necesario |

Futuro

| il faudra | será necesario |

Pretérito perfecto (**passé composé**)

| il a fallu | ha sido necesario |

Imperfecto

| il fallait | fue necesario |

Condicional

| il faudrait | sería necesario |

Subjuntivo

| il faille | sea necesario |

7) OTROS VERBOS IRREGULARES

Por último, dos verbos muy irregulares –pero muy útiles– son **aller** y **savoir**:
- **aller**, *ir*

Participio presente: **allant**; participio pasado: **allé**

Presente

je vais	voy	nous allons	vamos
tu vas	vas	vous allez	vais
il/elle va	va	ils/elles vont	van

Futuro

j'irai	iré	nous irons	iremos
tu iras	irás	vous irez	iréis
il/elle ira	irá	ils/elles iront	irán

Pretérito perfecto (**passé composé**)

je suis allé/allée	he ido	nous sont allés/allées	hemos ido
tu es allé/allée	has ido	vous avez êtes allés/allées	habéis ido
il/elle est allé/allée	ha ido	ils/elles sont allés/allées	*han* ido

Imperfecto

j'allais	*iba*	nous allions	*íbamos*
tu allais	*ibas*	vous alliez	*ibais*
il/elle allait	*iba*	ils/elles allaient	*iban*

Condicional

j'irais	*iría*	nous irions	*iríamos*
tu irais	*irías*	vous iriez	*iríais*
il/elle irait	*iría*	ils/elles iraient	*irían*

Subjuntivo

j'aille	*vaya*	nous allions	*vayamos*
tu ailles	*vayas*	vous alliez	*vayáis*
il/elle aille	*vaya*	ils/elles aillent	*vayan*

• **savoir**, *saber*
Participio presente: **sachant**; participio pasado: **su**
Presente

je sais	*sé*	nous savons	*sabemos*
tu sais	*sabes*	vous savez	*sabéis*
il/elle sait	*sabe*	ils/elles savent	*saben*

Futuro

je saurai	*sabré*	nous saurons	*sabremos*
tu sauras	*sabrás*	vous saurez	*sabréis*
il/elle saura	*sabrá*	ils/elles sauront	*sabrán*

Pretérito perfecto (**passé composé**)

j'ai su	he sabido	nous avons su	hemos sabido
tu as su	has sabido	vous avez su	habéis sabido
il/elle a su	ha sabido	ils/elles ont su	han

Imperfecto

je savais	sabía	nous savions	sabíamos
tu savais	sabías	vous saviez	sabíais
il/elle savait	sabía	ils/elles savaient	sabían

Condicional

je saurais	sabría	nous saurions	sabríamos
tu saurais	sabrías	vous sauriez	sabríais
il/elle saurait	sabría	ils/elles sauraient	sabrían

Subjuntivo

je sache	sepa	nous sachions	sepamos
tu saches	sepas	vous sachiez	sepáis
il/elle sache	sepa	ils/elles sachent	sepan

8) NOTAS Y RECORDATORIOS

— El **passé composé** se traduce normalmente por el pretérito perfecto o por el indefinido.

— El participio pasado se utiliza con los auxiliares **avoir** o **être** para formar el pretérito perfecto. Con **avoir**, el participio concuerda con un objeto directo que va antes del verbo. **J'ai envoyé les lettres** pero **Les lettres que j'ai envoyées**. Cuando el auxiliar es **être**, el participio concuerda con el sujeto: **Il est allé**, **Elle est allée**, **Ils sont allés**, etc.

— Todos los verbos reflexivos forman el pretérito con **être** (**Elle s'est assise par terre**, *Ella se ha sentado en el suelo*; **Nous nous sommes rencontrés il y a vingt ans**, *Nos conocimos hace 20 años*).

— El participio presente y el pasado se pueden usar como adjetivos, en cuyo caso siempre concuerdan en género y número con el sustantivo al que acompañan (**une personne intéressante**, *una persona interesante*; **les clés perdues**, *las llaves perdidas*).

Diseño gráfico, cubierta e interior: Sarah Boris
Maquetación: Violeta Cabal
Ingeniero de sonido: Leonard Mule @ Studio du Poisson Barbu
Adaptado al español por Belén Cabal

@ 2019, Assimil.
Depósito legal: octubre 2019
N.º de edición: 3884
ISBN : 978-2-7005-0844-4

Impreso en China por Toppan Leefung